현대인의
눈으로 본 성경

현대인의
눈으로 본 성경

정명철 지음

성경 안에는 세상의 모든 것이 녹아 있다

성경이야말로 모든 과학적 사실들과 인간이 사유하고 있는 모든 철학적, 종교적,
인문적 행위를 포함할 뿐만 아니라, 그 모든 것의 근본이 된다

좋은땅

성경 속의 사실과 진실

사실은 있는 그대로의 세상 모든 것이고,

진실은 오해와 착각과 망상과 거짓 뒤에 있는

사실이다.

하지만,

얼음이 녹으면 그 아래가 드러난다.

저자 : 정명철 / 예수그리스도교회 담임목사

저서 : 조직신학 입문, 오순절신학의 실체, 왕초보 예수믿기 이렇게, 십자

가에서 떨어진 목사, 소설 남북통일, 소설 외옹치의 추억

e-mail : eam41@naver.com

이 책은 제목 그대로 성경에 관한 것입니다. 神이 있나 없나를 따지거나, 성경을 과학으로 증명하려는 창조과학 관련의 책이 아님을 먼저 밝힙니다. 또한 크리스천만이 아니라 타 종교인과 비종교인 등 모든 독자들을 위한 것이기도 합니다.

굳이 말하자면 2024년을 사는 인류의 눈으로 성경을 다시 천천히 읽어 보는 것입니다.

급속도로 발전하는 현대 과학과, 예전과는 전혀 다른 현대인들의 의식 수준에 따라 성경을 이해하여, 현대를 사는 크리스천들의 신앙적 혼란을 함께 해결하고 신앙을 더욱 견고하게 하려 함도 있습니다.

이제부터 이 책에서는 성경을 있는 그대로 읽을 것입니다.
더불어 현대 사회의 일반적인 상식 수준의 여러 지식들도 언급될 것입니다. 이는 이제 모든 크리스천들도 2천 년 전부터 박제된 성경을 보는 의식에서 나와야 하기 때문입니다. 이 책이 바로 그렇게 해 줄 것입니다. 독자들은 이 책을 읽으면서 그동안 눈에 보이지 않았던 여러 성경 속의 사실들을 찾게 될 것이고, 크리스천이든 아니든 독자들은 이로 인해 지적, 영적 즐거움과 깨달음을 얻게 될 것입니다.

특히 교회의 목회자들께서는 부디 이 책을 읽으시고 현대사회의 목회
현장에서 나름대로 큰 무기를 얻으시기를 바랍니다.

숨길 수 없는 사실 중의 하나는 1543년에 출판된 코페르니쿠스의 《천체의 회전에 관하여》로 지동설이 나오기 전까지 하늘은 땅을 중심으로 돌고 있다는 것(천동설)이 정설이었고 교회 역시 같은 입장이었습니다. 지동설을 주장하던 과학자들이 교회로부터 박해를 받았고 결국은 교회도 지동설을 받아들였습니다.

그런데 또 1859년 찰스 로버트 다윈이 "종의 기원"을 발표하며 진화론의 길을 열었습니다. 현재는 유전학의 발전으로 모든 생명체의 근원을 찾아가고 있습니다. 체세포만으로 새 생명체를 복제하고 있습니다.

그러나 교회에서는 지금도 하나님이 흙으로 사람을 만들고 호흡을 불어넣어서 사람이 되었다고 가르칩니다.

6천 년 전에 세상은 창조되어 세상의 역사는 지금도 6천 년이라고 교회에서는 말합니다.

지금까지 과학과 종교는 전혀 다른 영역이라고 했습니다. 그 가장 큰 이유는 제일 먼저, 창조 첫날 빛의 존재와 흙으로 만든 사람입니다. 그러니 아예 성경을 말하는 사람과, 과학을 말하는 사람의 인식은 창세기 1장부터 다르니 날이 갈수록 과학과 성경은 서로 다른 영역으로 여겨져 여기까지 왔습니다.

그러나 이제 지금까지는 인간이 이해하지 못했던 성경 속의 부분들이 인간의 눈에 보이기 시작했습니다.

2천 년 전 예수님이 이 땅에 오셔서 스스로 진리임을 선포하시고 유대인들만의 오만과 진리를 타파하셨고, 그 진리는 그리스도교가 되어 로마의 도로를 통해 전 세계로 퍼져 나갔습니다.

그 후 1517년 10월 31일 마르틴 루터의 선언으로 로마 교황 중심의 카톨릭에 저항하는 종교개혁이 일어났고, 그 사상은 마침 1440년 경 쿠텐베르크의 금속활자의 발명으로 성경이 여러 언어로 대량 출판되기 시작하며 다시 한번 전 세계로 퍼져 나가 현재의 개혁교회가 탄생했습니다.

현재는 놀랍게도 인터넷이나 여러 정보기술의 발전으로 온 세상이 동시간대에 모든 지식을 누구라도 공유할 수 있습니다.

이제 이런 시대에 크리스천들은 직접적으로 부딪히고 있는 현실과 성경과 교회의 문제들을 외면하지 아니하고 정면으로 바라보아야 할 시점에 와 있습니다.

하지만 천동설이나, 진화론이나, 인쇄기의 발명으로 직접 성경책을 읽

현대인의 눈으로 본 성경

어 본 사람들이 겪은 신앙적 충격과 같이, 어차피 이제는 온 세상이 인터넷으로 연결되어 모든 지식과 정보들을 실시간으로 서로 모두가 공유하는 시대이니, 이 책을 읽으시는 독자들도 먼저 그 충격과 당혹감을 느낄 마음의 준비는 하셔야 합니다.

이 책의 '사실'에서는 일반적인 현대인들이 가지고 있는 여러 가지 지식을 통해 얻은 과학과, 성경과, 교회와, 교리와, 종교들에 대한 실질적인 인식을 언급할 것이며, -이는 지금을 사는 현대인들이 무엇을 알고 있고, 어떤 생각을 하는지를 먼저 알아야 하기 때문입니다.- '진실'에서는 그 현대인들이 현재 가지고 있는 인식과 관점으로 지금까지의 선입견을 넘어 성경을 있는 그대로 바라볼 것입니다. 그리고 독자들은 결국 성경이 말하고자 하는 궁극적 결론을 알게 될 것이고, 이 책을 통해 그곳까지 가면서 그동안 궁금했던 많은 성경 속의 사실들을 찾아낼 것입니다.

알고 보니 세상은 우리가 상상도 못했던 전혀 다른 진짜 세상이 따로 있었습니다.

그것이 바로 이 책 "현대인의 눈으로 본 성경"입니다.

목차

제1장

──────◆──────

사실

1.
현대 과학에 대하여

　과학은 인간이 자연을 이해하는 학문입니다. (그 과학을 이용하여 인간에게 유용한 물건을 만드는 것은 기술이라고 합니다.) 그런데 그 자연을 하나님이 만드셨다고 성경엔 기록되어 있습니다. 하나님은 스스로를 창조주로 정의하고 있기 때문입니다. 그러므로 당연히 과학과 성경은 일치되어야 하는 것이 필연입니다.

　교회에서 말하는 교리(조직신학)는 인간의 사고능력으로 이해가 안 되는 성경의 부분들을 인간의 사고로 이해할 수 있도록 그 끊어진 부분들을 인간의 언어와 논리로 연결한 것입니다. 그러나 이제는 거의 성경의 모든 부분들이 인간의 사고와 능력으로 이해할 수 있는 단계까지 와 있습니다. 그것이 과학과, 그 과학을 이어주고 설명하는 인문학입니다. 이제는 인간이 그 과학의 눈부신 발전으로 성경을 교리로 한 번 걸러서 이해할 필요 없이 바로 성경을 쓰여 있는 그대로, 과학적 사실 그대로 이해할 수 있게 되었습니다.

　과학은 먼저 가설을 세워 이론을 만들고, 그 이론이 명백하게 증명이 되면 비로소 사실로 받아들입니다.

지금 이 책의 '사실'에서 말하는 과학 부분은, 먼저 이 책은 과학책이 아니고 성경에 관한 책이기 때문에 일반적으로 논쟁의 여지가 없고 일반 현대인들이 학교에서 배우는 수준의 내용까지를 언급하고 있습니다.

그 이유는 지금 교회 안과 밖의 청년들이나 불신자들이 교회에서 제일 난감하게 느끼고 있는 문제가 바로 학교와 사회에서 배우고 아는 과학적 내용들과 당연한 여러 지식들이 교회에서 듣는 설교 내용과 너무 다른 혼란에 있어 그 청년들이 교회를 떠나고 있기 때문입니다. 그분들에게 진심한 마음으로 성경과 과학과 사실과 진리는 전부 하나라고 말하는 것이 이 책의 내용입니다.

1) 우주

옛날부터 하늘이라 불리던 우주는 지금 우리가 사는 이 은하만 해도 태양과 같은 항성과 달과 같은 행성이 사천억 개 모여 있고, 이런 은하가 일조 개가 넘는 어마어마한 존재입니다. 하물며 지구로부터 가장 가까운 항성도 지구로부터 4.22광년 떨어진 '센타우르스 자리 프록시마'일 정도입니다. 이는 빛의 속도로 4.22년을 가야 한다는 뜻입니다.

인간은 그 우주가 시작도 끝도 없이 영원토록 가만히 있는 존재라고 여겨 왔고, 그나마 코페르니쿠스가 1543년 《천체의 회전에 관하여》를 출판하기 전까지는 그 모든 하늘이 지구를 중심으로 돌고 있다고 여겼습니다. 하지만 그 후 인간은 지구가 온 세상의 주인공이 아니라 태양을 중심으로 도는 하나의 작은 행성인 것을 인식하게 되었습니다.

그리고 1948년 이 우주는 하나의 축구공만 한 작은 -상상을 초월할 만큼 응축된 질량을 가진- 물질이 대폭발을 일으키며 탄생했다는 이른바 "빅뱅이론"이 발표되었고, 그때 생긴 최초의 빛인 '우주 배경 복사'가 이론으로만 존재하다가 1964년 실제로 관측되었고, 허블의 관측으로 이 우주가 팽창하고 있는 사실이 증명되었고, 2012년에는 빅뱅 당시 질량의 기원을 밝히는 '힉스 입자(질량을 만들어 주는 입자로, '神의 입자'라 불림)'까지 발견되어, "빅뱅이론"이 사실로 증명되었습니다.

그 우주의 팽창속도를 역산해서 우주의 역사가 138억 년인 것이 밝혀졌고, 또한 약 45억 년 전 태양과 지구 등 태양계가 탄생한 것이 암석과 화석 등 여러 연구를 통해 밝혀졌습니다.

그리고 우주의 거대한 별이 수명을 다하면 초신성 폭발을 일으키고 블랙홀이 되는데, 이 블랙홀은 강력한 밀도와 중력으로 인해 입자나 전자기복사, 빛을 포함한 그 어떤 것도 빠져나올 수 없는 시공간 영역입니다. 우리가 속한 은하의 중심에는 '초대질량블랙홀'이 있고, 이 모든 현상들은 실제로 관측되고 증명되는 사실들입니다.

항성들의 종말은, 가벼운 항성은 백색왜성이 되어 일생을 마무리하고,

무거운 항성은 초신성 폭발로 성간물질로 돌아가고, 나머지는 중성자성이나 항성블랙홀이 됩니다.

지구와 태양의 종말은, 약 50억 년 후, 태양이 핵융합반응 연료인 수소가 고갈되면 적색거성으로 부풀어 올라 자신을 도는 행성을 삼키거나, 백색왜성으로 수축되어 주변의 행성을 파괴하며 종말을 맞이하고, 지구는 어떤 경우에도 그때 태양에 흡수되며 불 속에서 종말을 맞이하는 것입니다. 흔히 요즘 말하는 세상의 종말이란 말은 대부분 지구의 종말이 아니라 현생인류나 현재문명의 종말을 의미하고 있기도 합니다. 태양, 지구, 우주의 종말은 현생인류와 현재문명의 종말과는 전혀 다른 말입니다. 이는 현생인류와 현재문명이 사라져도 이 지구와 우주는 충분히 유지될 수 있다는 것을 의미합니다.

아인슈타인의 '상대성원리'에 의하면 시간과 공간이 영원히 박제되어 죽은 것이 아니라, 얼마든지 늘어지고 줄어들고 굽고 피고 하는 존재이며, '초끈이론'에 의하면 지금 우리가 살고 있는 세상은 11차원의 세상으로 이루어져 있는데, 우리 인간은 지금 3차원의 세계만 인식하고 있고, 'M이론'에 의하면 이 우주는 지금 우리가 살고 있는 이 우주 하나만이 아니고 무한대의 우주('다중 우주론')가 존재한다고 합니다. 이것 역시 허황된 이야기가 아니고 분명하고도 인정받는 과학입니다. 11차원이란, 11개의 서로 다른 공간과 물리적 성질이 다른 세계가 동시에 서로 얽혀 있지만, 영원히 서로 만날 수 없는 세계와 공간을 말합니다. (그 차원과 공간과 서로 다른 우주를 이어주는 길을 '웜홀'이라고 말하기도 합니다.)

인간이 말하는 '시간'이라는 것은, 빅뱅 이후 우주가 퍼져나가는 방향을 말하며, 또 만물의 엔트로피(복잡성)가 증가하는 방향을 말하고, 인간에게는 개인적인 경험들이 축적되는 방향을 말합니다.

현재 지구상의 인간이 말하는 하루는 이 지구가 한 번 자전하는 시간이고, 한 달은 지구의 위성인 달이 지구를 한 번 공전하는 시간이고, 일 년은 지구가 태양을 한 번 공전하는 시간을 말합니다.

그러므로 우리가 말하는 1억 년은 지구가 태양을 1억 번 돌았다는 이야기입니다. (하지만, 이 우주는 우리 태양과 같은 항성이 4천 억 개가 모여 하나의 은하가 되고 그 은하가 1조 개가 모여 있는 곳으로 태양과 같은 항성은 아주 미미한 존재인 것은 사실입니다.)

그리고 태양계 속 금성의 공전 주기는 225일이고, 지구의 공전 주기는 365일이고, 토성의 공전 주기는 29.5년입니다. 이는 만약 우리가 토성에 가서 살면 그곳의 1년은 지구의 29.5년이란 이야기입니다.

시간이란 기점이 있어야 성립이 되는 것이고, 그 기점(시작점)이 없으면 아예 시간이란 존재하지 않습니다.

또한 지금 우리가 사용하고 있는 광자시계는 6인치 사이의 두 평행거울 사이를 광자가 1초에 10억 번을 왕복합니다. 그런 의미에서 이 지구가 태양을 10억 번을 돌아 10억 년이 지났다는 것도 이 거대한 우주 속에서

현대인의 눈으로 본 성경

는 별 의미가 없습니다. 이것이 있는 그대로의 사실입니다.

1929년 허블의 관측에 의해 우주가 팽창하고 있다는 사실을 알게 된 인간은 빅뱅 이후 당연히 그 팽창 속도가 점점 줄어들고 있을 거라 여겼으나, 1998년 미국과 호주의 연구팀은 그 속도가 오히려 빨라지고 있다는 관측 결과를 얻게 되었고, 그 결과치는 70억 년 전보다 오히려 15%나 빠르다는 것을 알게 되었습니다. 그것은 우주의 모든 질량에 작용하는 중력보다 더 큰 힘이 우주를 밀어내고 있다는 의미였습니다. 그것이 바로 정체를 알 수 없는 암흑 에너지였습니다. 그 후 NASA에 의해 우주 전체의 에너지 중 별과 은하, 행성, 가스 등 우리가 정체를 알고 있는 물질은 4%에 불과하며, 그 나머지는 암흑에너지 72%, 암흑물질 24%로 이루어져 있다는 사실이 밝혀졌습니다. 이것은 이 우주 공간이 그냥 아무것도 없는 허공이 아니라 -그 정체는 아직 분명히 모르지만- 관측으로 분명히 확인된 암흑에너지와 암흑물질로 채워져 있다는 사실입니다. 에너지는 분명히 질량이니, 결국 이 우주 공간은 그냥 허공이 아니고 물질이라는 이야기입니다.

양자역학의 '불확정성의 원리'에 의하면 우리 인간은 입자의 위치와 운동량을 동시에 정확하게 측정할 수 없습니다. 측정하는 순간 이미 그 상태는 변형되어 있기 때문입니다. 전자가 한 지점에서 다른 한 지점으로 이동하는데 직선으로만 가지 않습니다. 그것은 아무도 모릅니다. 측정 불가이기 때문입니다. 동시에 우주 끝까지 갔다가 그 지점으로 올 수도 있다는 이야기가 됩니다. 또한 하나의 전자는 동시에 다른 지점을 통과

합니다. (두 개로 깨어져 지나는 것이 아닙니다.) 역시 전자는 동시에 여러 지점에 있습니다. 양자역학이 나오기 전까지는 전자가 원자핵을 돌고 있다고 여겼으나 위의 이유로 지금은 원자핵을 전자가 막의 형태로 감싸고 있다고 말합니다.

박스 안에 살아 있는 고양이를 넣고 정확히 60분 후에 50%의 확률로 죽도록 해 놓고 60분이 지나 그 박스를 열기 전까지 그 고양이는 50%의 확률로 살아 있거나 죽어 있거나가 아니라, 살아 있는 동시에 죽어 있습니다. (중첩) 그 결과는 박스를 여는 순간 결정지어집니다. (양자역학의 코펜하겐 해석)

사람의 뇌 속 신경활동에 의해 발생하는 전기적 신호를 뇌파(뇌전도)라고 하며, 이때 자기장 변화도 함께 일어납니다. 뇌파에는 델타파, 세타파, 알파파, 베타파, 감마파가 있으며 이 자기장 변화를 기록하는 것을 뇌자도(MEG)라고 합니다.

사람이 무엇을 본다는 것은 빛(가시광선)이 피사체에 반사되어 사람의 눈과 시신경을 통해 뇌로 전달되고 그 뇌세포는 그 정보를 분석하여 사람은 그 물체를 인식하게 되는 것입니다. 그러므로 빛(가시광선)이 없거나, 피사체(질량을 가진 물질)가 없거나, 그것을 인식하는 물질인 사람(눈과 시신경과 뇌)이 없으면 보여 주지도 볼 수도 없습니다.

인류는 세상의 모든 것이 더 이상 쪼개지지 않는 원자(atom/2023년 현

현대인의 눈으로 본 성경

재 118개)로 만들어져 있다고 여겼으나, 그 후 원자는 원자핵과 전자로 이루어져 있다는 것을 알게 되었고, 또 그 원자핵은 양성자와 중성자로 이루어져 있는 것을 알게 되었고, 그 후 양성자와 원자핵을 충돌시켜 보니 수백 개의 소립자들이 그 속에서 튀어나와 원자 하나는 수백 개의 소립자들로 이루어져 있다는 것을 알게 되었습니다. 또 그 소립자들을 정리해 보니(표준모형), 물질을 구성하는 페르미온 입자 12개(쿼크 6개, 렙톤 6개), 페르미온 사이의 힘을 전달하는 게이지 보손 4개, 힉스 입자 1개, 이렇게 총 17개의 소립자들이 됩니다. 지금 사람을 포함한 온 우주는 이 17개 소립자들의 상호작용에 의해 작동되고 있습니다.

우주의 초기상태(대칭성이 유지되는 계)에는 모든 소립자가 질량이 없었지만 양성자와 양성자가 충돌 시(빅뱅), 글루온 2개가 탑쿼크루프를 만들며 쿼크에 질량이 부여되고(자발적 대칭성 깨짐), 그때 힉스 입자 하나를 방출합니다. 이렇게 우주와 우리 주변의 모든 물질이 질량을 가지는 이유는 힉스입자가 쿼크와의 상호작용을 통해 쿼크에 질량을 부여하기 때문입니다. 만약 그렇지 않았다면 지금이라도 당장 인간과 온 우주를 포함한 모든 물질계가 붕괴되어 사라져야 합니다. 그래서 모든 물질에 질량을 부여하고 있는 힉스입자를 "神이 주신 입자 또는 神의 입자"라고 부르기도 합니다.

2) 생명

어마어마한 크기인 우주의 한 작은 행성인 지구에는 현재 인간을 포함한 많은 생명체가 있습니다. 그러나 이 우주 속에서 다른 생명체가 있는지 현재 우리 인간은 알지 못합니다. 하지만 현재 과학자의 98%는 이 우주의 어딘가에는 다른 생명체가 있을 것이라 확신하고 있습니다. 단지 아직 조우하지만 못할 뿐이라 여기고 있습니다. 또한 있다고 해도 그 생명체가 우리 인간과 같이 아름다운 모양과 창조적 창의력을 가진 지적 생명체인지는 전혀 알지 못합니다.

생물체, 생명체, 유기체라 불리는 생물은 생명이 있는 것을 말하며, 자기증식 능력, 에너지변환 능력, 항상성 유지능력의 특징을 가지고 있어야 합니다.

생물은 물질대사를 합니다.
자극을 감지하고 반응합니다.
자신의 체내 환경을 일정하게 유지합니다.
생식하고 유전합니다.
발생하고 생장합니다.
적응하고 진화합니다.

모든 생물은 세포로 구성된 아주 정교하고 복잡한 체계를 이루고 있습니다. 인간은 약 60조 개의 세포로 이루어져 있습니다. 그 세포 하나마다의 핵에는 하나의 유전자(DNA)가 있는데, 특히 인간의 DNA는 30억 쌍의 염기로 이루어져 있으며 그 안에는 3~4만 종류의 유전자가 있습니다. 이것은 99.9% 유전되고 그 나머지 0.1%가 내가 되는 것입니다.

모든 생물이 태어나고 자라서 때가 되어 죽는 것은 그 유전자 정보 속에 이미 그렇게 되어 있도록 저장되어 있기 때문입니다. 그 유전자는 생물의 운명이 있다면 바로 그 정보인 셈입니다. 역시 그 정보를 바꾸면 운명도 바뀌는 셈입니다.

현재 인간은 그 유전자의 정보를 마음대로 조작하여 새로운 생명체를 만들어 내는 단계에 와 있습니다. 그러나 그 유전자도 그 환경과 그 조건에 따라 수많은 형태로 스스로 발현됩니다. 이것이 지금 우리가 알고 있는 생명체입니다.

1859년 발표된 다윈의 "종의 기원"의 '진화론'에 의하면, 모든 수정란에 의해 태어난 생물은 환경에 따라 변이를 이루고, 그 변이된 형질이 유전되고, 서로 경쟁하여, 그 속에서 우수한 형질만이 자연적으로 선택되어 유전되며 결국 진화된다는 것입니다.

사람의 세포는 매순간 소멸되고 또한 매순간 새로 생성됩니다. 소멸되는 세포가 새로 생성되는 세포보다 많아지게 되면 그것을 노화(老化)라고 합니다. 그런 의미에서 어제의 나와 오늘의 내가 명백하게 일치한다고 할 수 없습니다.

이 지구에 생명체가 생긴 것은 아주 특별한 조건이 있어서입니다. 먼저, 이 태양계가 우리의 은하 중심으로부터 2만3천 내지 9천광 년 떨어진 '은하생명체 거주 가능 지역'에 있고, 지구가 요만큼의 크기인 것과 요만큼의 온도인 것이 그 제일 큰 이유입니다. 지구 또한 요만큼의 크기였기에 태양계에서 세 번째에 안착할 수 있었고, 그 덕분에 지금의 온도를 가지게 되었습니다. 더 가까웠으면 금성과 같이 뜨거운 행성이 되었을 테고, 조금만 더 멀었으면 해왕성과 같이 얼음행성이 되었을 것입니다. 하지만 지금 이 우주에는 현재 이 지구와 비슷한 조건의 행성이 인간에게 발견된 것만도 여러 개고 현재도 계속 발견되고 있습니다.

지구가 탄생한 것은 45억 년 전이며, 현재 지구에서 발견된 가장 오래된 생물의 화석은 35억 년 전의 암석에서 발견된 '스트로마톨라이트'입니다.

생물의 근간은 세포인데 그 근본이 물입니다. 그런데 물(H_2O)은 온 우주에 넘치도록 퍼져 있습니다.

지금 지구의 모든 생명체의 뿌리를 따라 올라가면 하나의 세포를 만나는데 그것을 '세포제로'라고 합니다.

그것은 최초에 바닷속에서 무기물들이 어떤 순간에 하나의 유기물이 되고 -50여 년 전에 스탠리 밀러에 의해 실험관의 원시스프에서 아미노산의 일부를 만들어 내는 데 성공하여 무기물이 유기물로, 그 속에서 다시 단백질 등의 생물체로 이어질 수 있다는 것이 증명되었습니다.- 그것이 '단세포 생명체'가 되었고, 그대로 바닷속에서 20억 년을 있다가 어느 순간 서로 잡아먹고 먹히며 '다세포 생명체'가 되었고, 그때부터 바닷속의

현대인의 눈으로 본 성경

수많은 생명체들이 만들어지고 그들이 산소를 대량으로 만들어 대기 중으로 뿜어내면서 지구에 오존층을 형성해 태양의 치명적인 자외선을 막아 줌으로써 지구의 대지 위에 생명체를 만들 수 있는 기틀을 만들었고, 그 후 바다의 생명체들이 땅으로 올라와 포유류와 여러 인간종들을 거쳐 지금의 인간까지 발전하게 된 것입니다.

하지만 과거 지구상에는 적어도 네 번 이상의 큰 빙하기가 있었고(가장 최근의 빙하기는 약 11만 년 전에 시작되어 약 1만 2천 년 전에 끝났습니다. 그리고 그 빙하기가 끝난 1만 년 전부터 좋은 기후환경에 의해 경작, 목축, 정착 등의 신석기 시대가 열립니다.), 6천 6만 년 전엔 멕시코의 유카탄 반도에 떨어진 소행성과의 충돌로 공룡 등의 거대 생명체들이 멸종하는 등 여러 번의 멸종을 거치고 다시 새로운 생명체가 등장하면서 살아남은 생명체들이 지금의 지구생명체들을 만들어 낸 것입니다.

이것은 모든 고고학이나 유전학이나 생물학 등으로 증명된 내용들입니다.

3) 인간

현재 우리가 '사람'이라 말하는 '호모 사피엔스'는 '두 발로 걷는 영장류 동물'을 말하며, 이 사람은 어느 순간 원숭이가 사람으로 진화한 것이 아니라 여러 과정을 거쳐서 여러 인간종들이 따로따로 출현하고, 발전하고, 멸종하고를 거치다가 가장 강한 포식자로 남은 현재 우리 인간인 '호모 사피엔스 사피엔스'만이 현재의 인간이 된 것입니다.

고고학의 발전으로 현재까지 발견된 고대의 뼈들을 연구한 결과, 3백만 년 전에 인류의 첫 조상인 '오스트랄로피테쿠스'가 이 지구상에 나타나 최초의 도구를 사용하며 불완전하지만 두 발로 걷기 시작하고 구석기 시대를 열었습니다. 그 후 지금으로부터 5십만 년 전엔 '호모 에렉투스'가 등장하여 불을 사용하며 완전한 직립보행을 시작했고, 약 2십만 년 전엔 '네안데르탈인'이라 불리는 '호모 사피엔스'가 등장하여 시체 매장 풍습을 보였고, 약 4만 년 전엔 현대 인류의 직계조상이라 할 수 있는 '호모 사피엔스 사피엔스'가 등장하여 벽화를 그리는 등 문화의 모습을 드러내기 시작하고 구석기 시대를 이어 가며 본격적인 현존인간의 시대를 열었습니다.

3백만 년 전 아프리카에서 출발한 인간종은 1백만 년 전엔 인도로, 5십만 년 전엔 시베리아와 중국 등을 통해 한반도와 일본으로, 2십만 년 전엔 유럽으로, 5만 년 전엔 호주대륙으로, 2만 년 전엔 알라스카를 통해 북아메리카로, 1만 년 전엔 남아메리카까지 전 지구상에 퍼졌습니다.

그리고 7만 3천 년 전에는 인도네시아 '토바 화산'의 대폭발로 완전한 멸종위기에 빠졌던 인간종들 중 살아남은 극소수가 다시 인구를 회복했고, 현대 인류의 유전적 유산은 이 극소수의 사람들에게서 나온 것입니다.

1만 년 전, 곧 기원전 8천 년부터는 본격적인 신석기 시대가 열리면서

현대인의 눈으로 본 성경

농사를 짓고 가축을 사육하며 정착하여 도시를 만들기 시작했습니다. 그 후 기원전 6천 년엔 지구상 인구가 5백만 명에서 2천만 명으로 급격히 늘며 씨족사회가 형성되다가 부족사회로 진입되었고, 기원전 3천 년부터는 지구상에 메소포타미아 문명, 이집트 문명, 인더스 문명, 황허 문명이 나타나기 시작했습니다. 이것 역시 여러 과학이라는 이름으로 증명, 확인된 사실들입니다.

현재의 인간이 지구의 최상위 포식자가 될 수 있었던 것은, 완전한 직립보행을 이루었기 때문입니다. 그 이유는 직립보행으로 자유로운 손이 생겨 도구를 사용하기 시작했으며, 동시에 인간의 뇌도 급속도로 발전하게 된 것입니다. 그 후 인간은 어떤 사실들을 자각하게 되었고, 개념을 만들고, 급기야는 관념적인 존재가 되었던 것입니다. 직립보행으로 골반이 작아져 해산의 고통이 따르게 된 것도, 또한 해산 때에 태아의 얼굴이 뒤로 향하고 있어 누군가의 도움이 필요해지며 공동체 생활이 필수적인 요소가 된 것도 현재 인간만이 가지고 있는 특징이자 능력입니다.

인간의 뇌는 모든 생명체의 기본이 되는 수소, 탄소, 산소, 질소, 인 등 보통의 화학원소들입니다. 이들이 백억 개가 넘는 신경세포로 조직화되고, 이는 또한 축삭이라는 꼬리를 통해 전기신호화되고, 이는 다른 신경세포와 서로 시냅스를 이루며 초 천문학적인 수만큼의 경우의 수를 통해 화학적, 전기적, 디지털 전파적으로 반응합니다. 시각은 뇌의 후두엽과 측두엽 아래 부분, 두정엽이 반응합니다. 청각은 측두엽 위쪽에서 처리되고, 촉각은 두정엽의 뒤에서 처리됩니다. 집중할 때에는 뇌 전반부와 두정엽을 포함한 뇌 후반부의 상호작용과 뇌간의 각성효과가 중요합니다.

이와 같이 마음은 뇌 신경회로의 통합적 활동을 통해 발현되는 것입니다. 데카르트의 '생각한다. 고로 존재한다.'는 명제를 현재 과학은 '존재한다. 고로 생각한다.'로 바꿔 말하고 있습니다. 인간의 마음은 가슴인가 머리인가라는 고대로부터의 물음은 현재 과학을 통해 머리의 뇌라는 사실이 밝혀졌습니다. 이 사실은 뇌가 죽으면(뇌사) 죽음을 선언하는 것과 같습니다. 마찬가지로 만약, 두 사람의 뇌를 바꾸어 이식하면 누가 나일까 하는 질문에도 역시 내가 그동안 살아왔던 모든 기억정보를 가지고 있는 뇌의 주인이 나인 것과 같은 이치입니다. 또한 사람의 심장, 뇌 등 모든 장기가 죽어 사망한 후에도 그 사람의 의식은 네 시간에서 1주일 정도는 존재한다는 것이 여러 과학적 실험을 통해서 밝혀지기도 했습니다.

현대인의 눈으로 본 성경

2.
성경에 대하여

크리스천들이 신앙생활을 하는 것은 성경에 그렇게 써 있기 때문입니다. 크리스천들은 성경을 하나님의 말씀으로 믿습니다. 모든 믿음의 뿌리는 성경에 있는 것입니다.

성경은 3천 5백 년 전부터 약 1천 6백 년 동안 40여 명의 사람들에 의해 서로 다른 장소에서 서로 의논 없이 따로 따로 기록된 책입니다. 그들은 후에 그 책들이 하나로 묶어질지는 전혀 몰랐습니다. 그럼에도 불구하고 모든 책들의 내용들이 일관되고 정확하게 앞뒤가 일치합니다. 그리고 무엇보다도 성경에는 하나님(神)께서 스스로를 주어(主語)로 하여 자신의 뜻을 인간에게 전달하신 말씀이 기록되어 있습니다. 그 말씀들을 하나님의 말씀으로 크리스천들은 진심으로 믿고 행동의 좌표로 삼는 것입니다.

성경(聖經)에는 정경(正經)과 외경(外經)과 위경(僞經)이 있습니다.

현재 개신교에서는 구약(예수님 이전의 성경) 39권, 신약(예수님 이후의 성경) 27권, 총 66권을 정경으로 인정하고 있습니다. 현재 유대교에서는 히브리어로 기록되어 있던 구약의 24권만을 정경으로 인정하고 있고, 현재 로마 카톨릭에서는 구약의 외경(이집트에 거주하던 유대인들이 그리스어로 번역한 70인 역 구약성경 중 히브리어 기록이 없다 하여 뺀 구약 외경) 중 7권을 성경에 더하여 성경으로 인정하고 있습니다.

위경이란 수많은 그리스도교 고대 문서 중 정경으로 받아들이기에는 그 신뢰성이나 역사성, 사실성 등에서 문제가 있다고 여겨져 정경으로 인정되지 않은 문서들을 말합니다.

현재의 구약성경 39권이 정경으로 인정받은 것은 A.D.90년 '암니아 랍비 회의'에서였으나, 실제로는 B.C.440년경 포로 이후 시대로 보는 것이 일반적인 시각입니다.

그리고 신약성경 27권이 정경으로 인정받은 것은 A.D.397년 '칼타고 공회'였습니다. 그 이후 지금까지 개신교에서는 하나님의 말씀은 더하지도 빼지도 않아야 하는 믿음으로 성경은 건드리면 안 되는 그대로 불변의 진리이고, 현재 로마 카톨릭에서는 성경을 확정한 것이 공회이므로 공회의 권위가 성경보다 더 높다고 여기고, 그런 이유로 현재도 교회법이란 이름으로 성경은 계속 써지고 있다고 생각합니다.

1947년 유대 광야의 사해 북쪽에 있는 쿰란동굴에서 한 양치기 소년에 의해 발견된 B.C.2세기경의 고대 히브리어로 기록된 두루마리 문서들에서 수많은 성서조각들이 발견되었는데, 그 중에서 완벽한 이사야서가 발

현대인의 눈으로 본 성경

견되어, 현재 우리가 쓰고 있는 성경이 고고학적으로도 완벽한 문서임이 입증되었습니다. 그리고 이 성경을 현재까지도 지구촌에서는 20억 명이 넘는 사람들이 하나님(神)의 말씀으로 성경을 믿고 있습니다.

3.
교회에 대하여

크리스천(Christian/그리스도인)이란, 예수님을 "그리스도(기름부음을 받은 자/구세주)요, 살아 계신 하나님의 아들"로 고백하고 믿는 사람들을 말합니다. 그 그리스도인들이 모인 곳이 바로 교회입니다. 바로 "크리스천 모임"입니다.

그런데 특이한 것은 전 세계에서 현재 한국 개신교에서만 '그리스도교'를 '기독교'라 부르고 있습니다. 이는 중국어 성경이 한국어 성경으로 번역되는 과정에서 '그리스도(Christ)'를 중국인들이 음역하여 한자로 '基督'이라 쓰고 '지도우'로 읽는 것을, 그대로 한국식 한자 읽기로 '기독'이라 한 것입니다.

당연히 'Christianity(그리스도교)'가 중국어로 '基督教(지도우짜우)'인데 한국에서는 단어 자체로써는 아무 의미도 없는 '기독교'가 되어 버렸습니다. 초기에는 일본이나 북한에서도 '기독교'라 했으나 지금은 한국 개신교를 제외하곤 모두 '그리스도교'로 쓰고 있습니다. 한글 '기독교'란 말은 어디에도 없고 아무 의미도 없는 말입니다. 지금은 모든 민족이 자신들의 언어와 문자로 '그리스도'를 말하고 있습니다. 예수님을 그리스도(구세주)로 믿고 따르는 사람은 '기독교인'이 아니고 '그리스도인(크리스천)'입니다. 그 크리스천들의 모임이 바로 세상의 모든 '그리스도 교회'인 것입니다.

그리스도교에는 로마 카톨릭도, 장로교, 루터교, 감리교, 침례교, 오순절교회 등의 개혁교회(Protestant Church)도, 정교회도, 콥트교회도, 성공회 등도 모두 포함이 됩니다.

예수님은 이 땅에 계시는 동안 어떤 저서나 문서도 직접 남기지 않으셨습니다.

그러나 예수님이 부활 승천하신 후 예수님을 직접 뵙고, 듣고, 그 일들을 겪었던 수많은 사람들이 예루살렘에서부터 온 세상으로 퍼져 나가 직접 보고 들었던 일들을 세상에 전하기 시작했습니다.

처음엔 팔레스타인에서부터 시리아, 요르단, 이집트와 같은 근동지방으로 퍼져 나가다 301년엔 아르메니아의 국교가 되었고, 319년에는 캅카스 이베리아의 국교가 되었고, 325년엔 악숨 왕국의 국교가 되었습니다. 313년에는 로마의 콘스탄틴 황제가 그리스도교를 공인하고, 380년에는 테오도세우스 황제의 칙령 반포로 그리스도교는 로마의 국교가 되었습니다.

예수님의 죽음 이후 사도들과 그 제자들이 조직이나, 교리나, 건물 등이 없이 회중을 순회하며 예수님의 가르침을 직접 전했습니다. 그러므로 그때의 초대교회는 많은 견해를 가진 집단들로 나뉘어 있었습니다.

그런 이유로 로마의 황제 콘스탄티누스 1세는 325년 로마교회가 중심이 된 제1차 니케아 공의회를 열어 그리스도교의 교리를 정리하였습니다. 그때 단성설을 주장하던 아리우스파는 이단으로 규정되었고, 니케아 신경을 채택하여 그리스도교의 기본이 되는 삼위일체 교리를 공인했습니다. 그리고 그 공의회에서 로마, 알렉산드리아, 안티오키아, 예루살렘의 주교좌 네 곳을 다른 지역 주교좌들과 구별하여 특별히 하였습니다.

그 후 381년 콘스탄티노폴리스 공의회에서는 니케아 신경을 개정했고 431년 에페소스 공의회에서는 사람으로서의 예수와 신으로서의 예수를 구분한 네스토리안 주의를 몰아내고, 성모 마리아의 神性을 공인했습니다.

451년 칼케돈 공의회에서는 예수에게는 神性만 있다는 단성설을 정죄하고, 예수님은 완전한 하나님이며 완전한 사람이라는 칼케돈 신조를 작성하였습니다.

553년 제2차 콘스탄티노폴리스 공의회에서는 새로운 형태의 아리안주의, 네스토리안주의, 단성설을 정죄하였습니다.

현대인의 눈으로 본 성경

680~681년 제3차 콘스탄티노폴리스 공의회에서는 단의론을 정죄하고, 예수님에게는 사람과 신으로서의 뜻이 함께 있었다고 정했습니다.

787년 제2차 니케아 공의회에서는 성상 숭배를 부활했습니다. 이 공의회 이후 동방정교회는 로마 카톨릭의 성상 숭배를 반대하여 멀어지기 시작했고, 그 후의 로마카톨릭의 공의회를 동방정교회에서는 인정하지 않습니다. 이때 로마 카톨릭에서는 삼위일체 교리를 성부, 성자, 성령, 하나님의 각 위가 결국 한 위임을 주장했고, 동방정교회에서는 한 하나님이 성부, 성자, 성령으로 발현한다고 주장하고 이 삼위일체교리의 이해 차이가 두 교회 결별의 결정적 이유이기도 했습니다.

425년에는 로마 교황 레오 1세의 결정적 활약으로 로마 교황의 위치가 서방 교회에서 절대적인 위치를 차지하게 됩니다.

그 후 1517년 10월 31일 독일의 아우구스티노회 수사이고, 당시 비텐부르크 대학 교수였던 종교개혁가 마르틴 루터가 로마 카톨릭 교회의 면죄부를 비판하며 '의롭다 함은 오직 믿음을 통하여'라는 '이신득의'를 주장하며 비텐부르크 대학교 교회 문에 95개 논제를 붙이고 종교개혁의 불을 지폈습니다. 동시에 스위스의 종교개혁가 올리히 즈빙글리가 루터의 '오직 성경으로, 오직 믿음으로, 오직 은총으로'라는 슬로건을 걸고, 그 후 종교개혁의 바람이 전 유럽으로 퍼져 나갑니다.

종교개혁의 바람은 로마 카톨릭의 부패에만 원인이 있던 것이 아니라,

그 근본에는 로마 카톨릭에서는 교회의 정의를 반석(베드로) 위에 주님 께서 교회를 세우신다는 말씀에 근거하여 베드로의 정통성을 이은 로마 교황과 그 사제들만을 공의회로 봤고, 역시 베드로에게 주님이 천국 열쇠 를 주신 말씀을 근거로 하여 교회와 사제들만이 구원의 열쇠를 가지고, 또한 교회에서 성경을 선택했으므로, 교회법과 로마교회의 성사와 성례 를 통하여만 인간은 구원을 받을 수 있다는 견해였는데, 종교개혁가들은 그 견해에 반대하여 '만인제사장설'을 주장하며 누구나 믿음 그 자체로 구 원을 받고, 교회는 어디서든 누구라도 '크리스천들의 모임'이라 주장하며, 모든 믿음의 근본에는 오직 성경만이 그 정통성을 가진다는 견해를 가진 것입니다.

이것이 종교개혁의 근원적 힘이 되었습니다.

그래서 개혁가들은 독일어와 영어 등으로 성경을 번역하여 누구나 직 접 성경을 읽게 하였고, 그 믿음은 지금까지 전 세계에 퍼져 왔습니다.

이때 독일에서는 루터교가 세워졌고, 프랑스의 종교철학자 장 칼뱅의 저서 《기독교 강요》의 출판으로 '예정론'이 신학적 사조로 등장하고, 그의 제자 존 녹스가 영국의 스코틀랜드로 가서 장로교를 세웠고, 이후 18세기 에 영국국교회(성공회) 사제였던 존 웨슬리가 칼뱅의 '예정론'에 대척되 는 알미니안주의('자유의지론')를 채택하며 감리교를 영국과 미국에서 창 설하였고, 그 후 1906년 미국 캘리포니아에서 있었던 대부흥운동이 모태 가 되어 현존하는 성령의 실제적 은사와 능력 등을 중시하는 오순절 운동

현대인의 눈으로 본 성경

을 모태로 오순절 교회들이 생겨났습니다.

현재 전 세계에서 그리스도 교회를 다니는 크리스천(로마 카톨릭, 정교회, 개혁교회, 곱트 교회 등 포함)들은 2022년 현재 총 세계 인구 80억 명 중 25억 명(31%)입니다.

참고로, 이슬람교도들은 19억 명입니다. (24%)
힌두교도들은 10억 명입니다. (13%)
불교도들은 5억 5천만 명입니다. (7%)

이 4대 종교만 해도 현재 전 지구인의 75%의 사람들이 지금 종교생활을 하고 있는 것입니다.

4.
종교에 대하여

종교란 근본적으로 숭배와 기원의 대상이 되는 절대자(神)를 믿고 그 가르침을 따르는 행위를 말합니다. 그 절대자가 없으면 종교라 말하지 않고 철학이나 인간의 어떤 사유라 말합니다. 그 이유로 서양인들은 神의 의미가 명확하지 않은 동양종교를 동양철학으로 말하기도 합니다.

종교에는 절대 유일신교(이슬람교, 유대교 등)와 다신교(여러 神을 다 인정하고 그중 하나를 믿거나, 여러 神을 다 인정하고 동시에 전부 믿는 종교), 토템, 샤먼 등이 있습니다.

그렇게 본다면 그리스도교는 유일신교와 다신교의 중간쯤에 있습니다. [그리스도교에서 채택하고 있는 삼위일체 교리에 의하면, 아버지 하나님과 아들이신 예수 하나님과 성령 하나님이 모두 각 각의 인격을 따로 가지신 神들이시며 동시에 한 하나님(神)이시기 때문입니다.]

많은 사람들이 지금 이스라엘 사람들과 크리스천들은 같은 종교를 가지고 있다고 생각을 하고 있으나 그것은 오해입니다.

현대인의 눈으로 본 성경

지금 유대인들(이스라엘 사람들)은 그들만의 종교인 유대교를 믿고 있습니다.

유대교는 기본적으로 유대인(이스라엘 민족)만이 구원을 받는다고 믿고, 그들의 하나님인 야훼(여호와)가 자신들만의 하나님(神)이라 주장하고, 구약성경과 탈무드를 믿으며, 그들은 언젠가는 메시아가 나타나서 예루살렘에 지상천국을 세우고 무너진 성전을 재건하고 유대인들만 구원할 것이라 믿습니다. 당연히 지금도 예수님을 메시아로 인정하지 않습니다.

기원 후 610년 사우디아라비아에서 예언자 마호메트가 창시한 종교인 이슬람교('이슬람'이란 말은 아랍어로 복종, 순종을 의미합니다.)는 절대 유일신인 '알라'[神의 아랍식 발음으로 구약성경의 히브리어 발음인 엘(神)과 같은 하나님입니다.]를 믿는 종교로 마호메트가 천사 가브리엘을 통해 받은 알라의 계시 "코란"을 경전으로 믿고 절대 우상숭배를 금하고, 종교만이 아니라 일반 사회적 통치의 교의를 겸하고 있습니다. 자신들이 아브라함의 장자인 이스마엘의 후손이라 여기고, 아브라함이 장자인 이스마엘을 보러 아라비아에 왔다가 아들과 함께 세웠다고 전해지는 제단인 사우디의 성지 '메카'를 가장 중요한 신앙의 근간으로 삼기도 합니다. 그리스도교와 마찬가지로 사후 천국과 지옥을 믿습니다.

세계에서 가장 오래된 종교 중 하나인 힌두교는 수천 년 전부터 무명으로 쓰인 종교, 철학 문서(베다문서)를 기본으로 생성되어 현재 인도와 남아시아에 널리 퍼진, 현재 그리스도교, 이슬람교 다음으로 큰 규모의 종교입니다.

일반적으로 힌두교는 온 우주가 끊임없이 생성, 발전, 소멸을 반복한다고 여기며, 브라흐마신이 우주를 생성하고, 비슈누신이 우주를 유지, 발전시키며, 시바신이 우주를 소멸시킨다고 믿습니다. 그러다 결국에는 낡은 우주가 소멸되고 새로운 우주가 만들어진다고 믿습니다. 그리고 인간은 끊임없이 윤회하며 다음 생으로 다시 태어납니다. 힌두교의 최상의 목표는 참된 나인 아트만이 우주의 진리인 브라만과 하나가 되는 것입니다. 그때까지는 끊임없이 윤회하며 현생에서 좋은 업(카르마)을 쌓으면 다음 생에서는 더 귀한 생으로 다시 태어난다고 믿습니다. 힌두는 인더스강의 산스크리스트어에서 유래한 말로 힌두교는 민간 힌두교, 베다 힌두교, 비슈누파, 박터 전통, 요가 전통, 매일의 도덕적 삶, 힌두 결혼 풍습 등 인도와 남아시아 유역의 모든 종교 전통을 통칭하며 다신론이나 택일적 유일신론을 택하고 있습니다.

그리고 法으로 번역되는 다르마는 우주에 존재하는 영원한 법칙이자, 모든 생명이 따라야 할 마땅한 본질을 말합니다. 힌두교는 불교와 자이나교 등의 기원이기도 합니다.

불교는 기원전 6세기경 인도의 '고타마 싯달타'에 의해 창시된 종교로, 그의 가르침과 진리를 깨달아 붓다(깨달은 사람)가 될 것을 가르치는 종교입니다. 그 가름침의 목적은 모든 고통에서 벗어나 어떤 고통도 없는

현대인의 눈으로 본 성경

상태에 도달하게 하는 것입니다. 이와 같은 상태를 해탈 또는 열반이라 하고, 그 상태에 이르면 깨달았다고 합니다. 붓다는 고타마 싯달타만이 아니라 누구나 해탈에 들면 붓다가 됩니다. 모든 인간은 본시 부처였음을 말하고, 극락은 다른 곳에 있는 것이 아니라 스스로의 마음에 자신이 짓는 거라 말합니다. 싯달타는 법(다르마)은 인정하였으나 영원한 나(아트만)는 인정하지 않았습니다(무아). 오히려 그 아트만에 집착하여 번뇌가 더한다고 했습니다. 그리하여 수행에 의해 모든 망집을 버리고(공) 일체의 속박에서 벗어나면 열반(니르바나)의 경지에 든다고 하였습니다. 이런 이유로 힌두교에서는 불교를 인정하지 않습니다.

그리고 원시 시대부터 동식물이나 자연물을 섬기는 토테미즘이나, 샤먼(무속인)이라 부르는 사람들에 의해 초자연적 존재와의 교류로 예언, 점술, 치료 등을 하는 샤머니즘, 그리고 죽은 조상이 살아 있는 후손들의 생활에 영향을 준다고 믿고 그 영혼을 숭배하는 조상숭배사상… 등도 넓은 의미에서 종교라 할 수 있습니다.

…지금까지 '사실'에서는 누구나 인터넷, 서적, 또 학교 등에서 쉽게 얻을 수 있는 상식적인 지식들을 살펴보았습니다. 그리고 이것은 세상 모든 지식들이 아닙니다. 단지, 성경을 이해하는 데 우선적으로 알아야 할 최소한의 문제들을 기술했습니다. 그 이유는 많은 사람들이 자신만의 왜곡된 선입견으로 성경에 접근하여 처음부터 성경 자체를 스스로 왜곡하고 있기 때문입니다. 또한 위의 '사실'은 현대인들이 현재의 과학, 생명, 인간, 우주, 종교, 교회 등에 관하여 알고 있는 최소한의 지식들입니다.

그리고 이것이 바로 일반 현대인들이 지금의 세상을 알고, 보고, 이해하는 관점입니다.

이제부터 '진실'에서는 위의 이런 지식과 관점을 가지고 있는 일반 현대인들이 성경을 이렇게 볼 수밖에 없다는 것을 말할 것입니다.

중요한 것은, 성경이 진짜 사실이라면, 이럴 수밖에 없다는 것입니다. 과학적으로나, 논리적으로나, 역사적으로나, 현재의 우리 눈으로 보면 그렇다는 것입니다.

그리고 성경을 정말 하나님의 말씀으로 믿는다면, 그 결론 역시 믿어야 할 것입니다.

이유는 단 하나입니다. 성경에 그렇게 써져 있기 때문입니다.

제2장

─────◆─────

진실

그리스도교는 기본적으로 하나님(神)을 -삼위일체(三位一體 : 聖父 하나님, 聖子 예수님, 聖靈 하나님이 각각 따로 이고, 동시에 하나인 하나님) 하나님- 믿습니다. 그러므로 그리스도교 신앙의 출발점은 당연히 神(하나님)을 아는 것으로부터 시작됩니다. 하나님(神)을 우리 인간이 알 수 있는 방법은 하나님(神)이 스스로를 인간에게 드러내셔야만 합니다. 그것이 바로 성경입니다. 그전까지 우리 인간이 神을 아는 것은 단지 자연을 통해 神을 안다고 느꼈을 뿐입니다. 성경에는 하나님이 스스로를 주어로 삼아 "나는" 혹은, "내가"로 말씀하시고 계십니다. 그 성경에서 하나님은 스스로를 온 천지를 창조하신 존재로 먼저 정의하고 계십니다. 그리고 그 하나님이 인간에게 자신의 모습을 드러내시고 그리스도교는 시작되었습니다.

그리고 이 책은 현재까지 증명된 과학적 사실과 현대인의 시각으로 비추어 보면 성경은 이렇다는 것을 지금부터 쓸 것입니다.

참고로, 독자들께서는 지금부터 이 책을 굳이 정독하지 않으셔도 됩니다.

단지 눈으로 쭉 훑어 끝까지 읽어 가시다 보면, 의문이 생기고 풀리고, 또 의문이 생기고 풀리고… 결국은 그동안 가지고 있던 여러 가지 의문들이 풀리고, 성경 속에 숨어 있던 많은 사실들을 발견하게 될 것입니다.

1.
하나님의 모습

神을 간단히 말 몇 마디로 정의할 수는 없지만, 성경에 기록된 하나님은 이런 분이십니다.

지금부터는 성경 본문을 쭉 열거할 것입니다. 독자들께서는 먼저 가벼운 마음으로 성경을 따라가시기 바랍니다. 다음부터의 내용은 하나님에 대하여 명백하게 성경에 써져 있는 내용들입니다. 그리고 그 판단은 독자들에게 있습니다.

(창1:1) 태초에 하나님(엘로힘/하나님들)이 천지를 창조하시니라 요1:3, 히1:10

(창1:2) 땅이 혼돈하고 공허하며 흑암이 깊음 위에 있고 하나님의 영은 수면 위에 운행하시니라 렘4:23, 사40:12

(창1:3) 하나님(엘로힘/하나님들)이 이르시되 빛이 있으라 하시니 빛이 있었고

(창1:4) 빛이 하나님이 보시기에 좋았더라 하나님이 빛과 어둠을 나누사

(창1:5) 하나님이 빛을 낮이라 부르시고 어둠을 밤이라 부르시니라 저

녁이 되고 아침이 되니 이는 첫째 날이니라 욥37:18, 시33:6, 시136:5, 렘 10:12

→ 하나님이 우주천지를 창조하셨고, 그 처음이 빛으로부터의 출발이라는 것은, 빅뱅을 의미하고, 이것은, 필연적으로, 하나님은 이 우주 밖에 계셔야 한다는 것을 의미합니다. 그곳이 다른 우주이든, 다른 차원이든(다른 차원이란, 서로 다른 여러 개의 공간과 세계가 서로 얽혀 있으나 영원히 부딪히지 않는 상태를 말합니다. 현재 인간의 과학은 11개의 차원까지를 인식하고 있습니다.), 하늘나라(KINGDOM OF HEAVEN)와 그 하나님의 보좌는 그곳에 있어야 합니다.

(창1:26-28) 26 하나님(엘로힘/하나님들)이 이르시되 우리의 형상을 따라 우리의 모양대로 우리가 사람을 만들고 그들로 바다의 물고기와 하늘의 새와 가축과 온 땅과 땅에 기는 모든 것을 다스리게 하자 하시고

27 하나님(엘로힘/하나님들)이 자기 형상 곧 하나님(엘로힘/하나님들)의 형상대로 사람을 창조하시되 남자와 여자를 창조하시고

28 하나님이 그들에게 복을 주시며 하나님이 그들에게 이르시되 생육하고 번성하여 땅에 충만하라, 땅을 정복하라, 바다의 물고기와 하늘의 새와 땅에 움직이는 모든 생물을 다스리라 하시니라

→ 성경이 말씀 그대로가 사실이라면, 하나님들도 그 형상과 모양이 있었습니다. 이것은 靈만이 아닙니다. 호흡(영혼)은 창세기 2장에 따로 넣어 주셨기 때문에 같은 것이 아닙니다. 하나님들도 역설적으로 말하면

현대인의 눈으로 본 성경

우리와 똑같은 형상과 모양을 하고 있었습니다. 그러나 지금 그 하나님들은 형상과 모양이 없는 영으로만 우리에게 존재하고 있습니다.

(창2:9) 여호와 하나님(엘로힘)이 그 땅에서 보기에 아름답고 먹기에 좋은 나무가 나게 하시니 <u>동산 가운데에는 생명 나무와 선악을 알게 하는 나무도 있더라</u> 겔31:8

(창5:1-3) 1 이것은 아담의 계보를 적은 책이니라 <u>하나님(엘로힘/하나님들)이 사람을 창조하실 때에 하나님(엘로힘/하나님들)의 모양대로 지으시되</u> 대상1:1, 마1:1
2 남자와 여자를 창조하셨고 그들이 창조되던 날에 하나님이 그들에게 복을 주시고 그들의 이름을 사람이라 일컬으셨더라
3 <u>아담은 백삼십 세에 자기의 모양 곧 자기의 형상과 같은 아들을 낳아 이름을 셋이라 하였고</u>

(창9:1-3) 1 하나님이 노아와 그 아들들에게 복을 주시며 그들에게 이르시되 생육하고 번성하여 땅에 충만하라
2 땅의 모든 짐승과 공중의 모든 새와 땅에 기는 모든 것과 바다의 모든 물고기가 너희를 두려워하며 너희를 무서워하리니 이것들은 너희의 손에 붙였음이니라
3 모든 산 동물은 너희의 먹을 것이 될지라 채소 같이 내가 이것을 다 너희에게 주노라

(창15:13-14) 13 여호와께서 아브람에게 이르시되 너는 반드시 알라 네 자손이 이방에서 객이 되어 그들을 섬기겠고 그들은 사백 년 동안 네 자손을 괴롭히리니

14 그들이 섬기는 나라를 내가 징벌할지며 그 후에 네 자손이 큰 재물을 이끌고 나오리라

(창17:1-4) 1 아브람이 구십구 세 때에 여호와께서 아브람에게 나타나서 그에게 이르시되 나는 전능한 하나님이라 너는 내 앞에서 행하여 완전하라

2 내가 내 언약을 나와 너 사이에 두어 너를 크게 번성하게 하리라 하시니

3 아브람이 엎드렸더니 하나님이 또 그에게 말씀하여 이르시되

4 보라 내 언약이 너와 함께 있으니 너는 여러 민족의 아버지가 될지라

(창18:20-22) 20 여호와께서 또 이르시되 소돔과 고모라에 대한 부르짖음이 크고 그 죄악이 심히 무거우니

21 내가 이제 내려가서 그 모든 행한 것이 과연 내게 들린 부르짖음과 같은지 그렇지 않은지 내가 보고 알려 하노라

22 ○그 사람들이 거기서 떠나 소돔으로 향하여 가고 아브라함은 여호와 앞에 그대로 섰더니

(창26:2) 여호와께서 이삭에게 나타나 이르시되 애굽으로 내려가지 말고 내가 네게 지시하는 땅에 거주하라

(창28:12-13) 12 꿈에 본즉 사닥다리가 땅 위에 서 있는데 그 꼭대기가
하늘에 닿았고 또 본즉 하나님의 사자들이 그 위에서 오르락내리락 하고
　13 또 본즉 여호와께서 그 위에 서서 이르시되 나는 여호와니 너의 조
부 아브라함의 하나님이요 이삭의 하나님이라 네가 누워 있는 땅을 내가
너와 네 자손에게 주리니

　(창32:28) 그가 이르되 네 이름을 다시는 야곱이라 부를 것이 아니요
이스라엘이라 부를 것이니 이는 네가 하나님(엘로힘/하나님들)과 및 사
람들과 겨루어 이겼음이니라

　(창35:9-13) 9 ○야곱이 밧단아람에서 돌아오매 하나님이 다시 야곱에
게 나타나사 그에게 복을 주시고
　10 하나님이 그에게 이르시되 네 이름이 야곱이지마는 네 이름을 다시
는 야곱이라 부르지 않겠고 이스라엘이 네 이름이 되리라 하시고 그가 그
의 이름을 이스라엘이라 부르시고
　11 하나님(엘/하나님/단수)이 그에게 이르시되 나는 전능한 하나님이
라 생육하며 번성하라 한 백성과 백성들의 총회가 네게서 나오고 왕들
이 네 허리에서 나오리라 창17:1, 창48:3, 창1:28, 창9:1
　12 내가 아브라함과 이삭에게 준 땅을 네게 주고 내가 네 후손에게도
그 땅을 주리라 하시고
　13 하나님(엘로힘/하나님들)이 그와 말씀하시던 곳에서 그를 떠나 올
라가시는지라

(출3:4-6) 여호와께서 그가 보려고 돌이켜 오는 것을 보신지라 하나님 (엘로힘/하나님들)이 떨기나무 가운데서 그를 불러 이르시되 모세야 모세야 하시매 그가 이르되 내가 여기 있나이다

5 하나님이 이르시되 이리로 가까이 오지 말라 네가 선 곳은 거룩한 땅이니 네 발에서 신을 벗으라

6 또 이르시되 나는 네 조상의 하나님이니 아브라함의 하나님, 이삭의 하나님, 야곱의 하나님이니라 <u>모세가 하나님 뵈옵기를 두려워하여 얼굴을 가리매</u> 창28:13, 막12:26

→ 그 하나님이 인간(이스라엘 민족)에게 직접 나타나신 것입니다. 이 순간부터 인간 모두의 구원을 향한 그리스도교의 긴 여정이 시작됩니다.

(출3:13-14) 13 ○모세가 하나님께 아뢰되 내가 이스라엘 자손에게 가서 이르기를 너희의 조상의 하나님이 나를 너희에게 보내셨다 하면 그들이 내게 묻기를 그의 이름이 무엇이냐 하리니 내가 무엇이라고 그들에게 말하리이까 창32:29

14 하나님이 모세에게 이르시되 나는 스스로 있는 자이니라 또 이르시되 너는 이스라엘 자손에게 이같이 이르기를 스스로 있는 자가 나를 너희에게 보내셨다 하라 출6:3

(출6:2-3) 2 ○하나님(엘로힘/하나님들)이 모세에게 말씀하여 이르시되 <u>나는 여호와이니라</u> 출3:14

3 <u>내가 아브라함과 이삭과 야곱에게 전능의 하나님(엘/하나님/단수)</u>

으로 나타났으나 나의 이름을 여호와로는 그들에게 알리지 아니하였고
창17:1, 창35:11, 사52:6, 렘16:21

  → 이때부터 "전능의 하나님"이 "여호와"로 정식으로 인간에게 등장합
니다.

  (출19:11) 준비하게 하여 셋째 날을 기다리게 하라 이는 셋째 날에 나
여호와가 온 백성의 목전에서 시내 산에 강림할 것임이니

  (출19:20) 여호와께서 시내 산 곧 그 산 꼭대기에 강림하시고 모세를 그
리로 부르시니 모세가 올라가매

  (출20:21) 백성은 멀리 서 있고 모세는 하나님(엘로힘/하나님들)이 계
신 흑암으로 가까이 가니라

  (출24:9-11) 9 ○모세와 아론과 나답과 아비후와 이스라엘 장로 칠십
인이 올라가서
  10 이스라엘의 하나님(엘로힘/하나님들)을 보니 그의 발 아래에는 청
옥을 편 듯하고 하늘 같이 청명하더라
  11 하나님이 이스라엘 자손들의 존귀한 자들에게 손을 대지 아니하셨
고 그들은 하나님을 뵙고 먹고 마셨더라 출19:21

  (출24:15-16) 15 모세가 산에 오르매 구름이 산을 가리며

16 여호와의 영광이 시내 산 위에 머무르고 구름이 엿새 동안 산을 가리더니 일곱째 날에 여호와께서 구름 가운데서 모세를 부르시니라 출16:10, 민14:10

(출31:18) ○여호와께서 시내 산 위에서 모세에게 이르시기를 마치신 때에 만나라 하였으며 증거판 둘을 모세에게 주시니 이는 돌판이요 하나님이 만나라 하였으며 친히 쓰신 것이더라

(출33:11) 사람이 자기의 친구와 이야기함 같이 여호와께서는 모세와 대면하여 말씀하시며 모세는 진으로 돌아오나 눈의 아들 젊은 수종자 여호수아는 회막을 떠나지 아니하니라

(출33:23) 손을 거두리니 네가 내 등을 볼 것이요 얼굴은 보지 못하리라

(출34:5) 여호와께서 구름 가운데에 강림하사 그와 함께 거기 서서 여호와의 이름을 선포하실새

(출34:29) ○모세가 그 증거의 두 판을 모세의 손에 들고 시내 산에서 내려오니 그 산에서 내려올 때에 모세는 자기가 여호와와 말하였음으로 말미암아 얼굴 피부에 광채가 나나 깨닫지 못하였더라

(삿13:22-23) 22 그의 아내에게 이르되 우리가 하나님을 보았으니 반드시 죽으리로다 하니 신5:26

현대인의 눈으로 본 성경

23 그의 아내가 그에게 이르되 여호와께서 우리를 죽이려 하셨더라면 우리 손에서 번제와 소제를 받지 아니하셨을 것이요 이 모든 일을 보이지 아니하셨을 것이며 이제 이런 말씀도 우리에게 이르지 아니하셨으리이다 하였더라

(삼상15:11) 내가 사울을 왕으로 세운 것을 후회하노니 그가 돌이켜서 나를 따르지 아니하며 내 명령을 행하지 아니하였음이니라 하신지라 사무엘이 근심하여 온 밤을 여호와께 부르짖으니라

(왕상9:1-3) 1 솔로몬이 여호와의 성전과 왕궁 건축하기를 마치며 자기가 이루기를 원하던 모든 것을 마친 때에
2 여호와께서 전에 기브온에서 나타나심 같이 다시 솔로몬에게 나타나사
3 여호와께서 그에게 이르시되 네 기도와 네가 내 앞에서 간구한 바를 내가 들었은즉 나는 네가 건축한 이 성전을 거룩하게 구별하여 내 이름을 영원히 그 곳에 두며 내 눈길과 내 마음이 항상 거기에 있으리니

(왕상19:11-12) 11 여호와께서 이르시되 너는 나가서 여호와 앞에서 산에 서라 하시더니 여호와께서 지나가시는데 여호와 앞에 크고 강한 바람이 산을 가르고 바위를 부수나 바람 가운데에 여호와께서 계시지 아니하며 바람 후에 지진이 있으나 지진 가운데에도 여호와께서 계시지 아니하며
12 또 지진 후에 불이 있으나 불 가운데에도 여호와께서 계시지 아니

하더니 불 후에 세미한 소리가 있는지라

(왕상22:19-20) 19 미가야가 이르되 그런즉 왕은 여호와의 말씀을 들으소서 내가 보니 여호와께서 그의 보좌에 앉으셨고 하늘의 만군이 그의 좌우편에 모시고 서 있는데

20 여호와께서 말씀하시기를 누가 아합을 꾀어 그를 길르앗 라못에 올라가서 죽게 할꼬 하시니 하나는 이렇게 하겠다 하고 또 하나는 저렇게 하겠다 하였는데

(대상16:25-28) 25 여호와는 위대하시니 극진히 찬양할 것이요 모든 신보다 경외할 것임이여

26 만국의 모든 신은 헛것이나 여호와께서는 하늘을 지으셨도다

27 존귀와 위엄이 그의 앞에 있으며 능력과 즐거움이 그의 처소에 있도다

28 여러 나라의 종족들아 영광과 권능을 여호와께 돌릴지어다 여호와께 돌릴지어다

(대상21:26-27) 26 다윗이 거기서 여호와를 위하여 제단을 쌓고 번제와 화목제를 드려 여호와께 아뢰었더니 여호와께서 하늘에서부터 번제단 위에 불을 내려 응답하시고

27 여호와께서 천사를 명령하시매 그가 칼을 칼집에 꽂았더라

(대하7:14-16) 14 내 이름으로 일컫는 내 백성이 그들의 악한 길에서 떠나 스스로 낮추고 기도하여 내 얼굴을 찾으면 내가 하늘에서 듣고 그들의

현대인의 눈으로 본 성경

죄를 사하고 그들의 땅을 고칠지라

15 이제 이 곳에서 하는 기도에 내가 눈을 들고 귀를 기울이리니

16 이는 내가 이미 이 성전을 택하고 거룩하게 하여 내 이름을 여기에 영원히 있게 하였음이라 내 눈과 내 마음이 항상 여기에 있으리라

(대하20:6) 이르되 우리 조상들의 하나님 여호와여 주는 하늘에서 하나님이 아니시니이까 이방 사람들의 모든 나라를 다스리지 아니하시나이까 주의 손에 권세와 능력이 있사오니 능히 주와 맞설 사람이 없나이다

(느9:13) 또 시내 산에 강림하시고 하늘에서부터 그들과 말씀하사 정직한 규례와 진정한 율법과 선한 율례와 계명을 그들에게 주시고

(시5:4-6) 4 주는 죄악을 기뻐하는 신이 아니시니 악이 주와 함께 머물지 못하며 악인이

5 오만한 자들이 주의 목전에 서지 못하리이다 주는 모든 행악자를 미워하시며

6 거짓말하는 자들을 멸망시키시리이다 여호와께서는 피 흘리기를 즐기는 자와 속이는 자를 싫어하시나이다

(시11:4) 여호와께서는 그의 성전에 계시고 여호와의 보좌는 하늘에 있음이여 그의 눈이 인생을 통촉하시고 그의 안목이 그들을 감찰하시도다

(시18:6) 내가 환난 중에서 여호와께 아뢰며 나의 하나님께 부르짖었더

니 그가 그의 성전에서 내 소리를 들으심이여 그의 앞에서 나의 부르짖음이 그의 귀에 들렸도다

(시89:11) 하늘이 주의 것이요 땅도 주의 것이라 세계와 그 중에 충만한 것을 주께서 건설하셨나이다

(사6:1) 웃시야 왕이 죽던 해에 내가 본즉 주께서 높이 들린 보좌에 앉으셨는데 그의 옷자락은 성전에 가득하였고

(사43:11-13) 11 나 곧 나는 여호와라 나 외에 구원자가 없느니라
12 내가 알려 주었으며 구원하였으며 보였고 너희 중에 다른 신이 없었나니 그러므로 너희는 나의 증인이요 나는 하나님이니라 여호와의 말씀이니라
13 과연 태초로부터 나는 그이니 내 손에서 건질 자가 없도다 내가 행하리니 누가 막으리요

(사45:7) 나는 빛도 짓고 어둠도 창조하며 나는 평안도 짓고 환난도 창조하나니 나는 여호와라 이 모든 일들을 행하는 자니라 하였노라 사31:2

(사55:8) 이는 내 생각이 너희의 생각과 다르며 내 길은 너희의 길과 다름이니라 여호와의 말씀이니라

(렘10:11) ○너희는 이같이 그들에게 이르기를 천지를 짓지 아니한 신

들은 땅 위에서, 이 하늘 아래에서 망하리라 하라

(렘33:2-3) 2 일을 행하시는 여호와, 그것을 만들며 성취하시는 여호와, 그의 이름을 여호와라 하는 이가 이와 같이 이르시도다 렘32:17

3 너는 내게 부르짖으라 내가 네게 응답하겠고 네가 알지 못하는 크고 은밀한 일을 네게 보이리라

(마6:8) 그러므로 그들을 본받지 말라 구하기 전에 너희에게 있어야 할 것을 하나님 너희 아버지께서 아시느니라

(요1:1-4) 1 태초에 말씀이 계시니라 이 말씀이 하나님과 함께 계셨으니 이 말씀은 곧 하나님이시니라

2 그가 태초에 하나님과 함께 계셨고

3 만물이 그로 말미암아 지은 바 되었으니 지은 것이 하나도 그가 없이는 된 것이 없느니라 1요1:2

4 그 안에 생명이 있었으니 이 생명은 사람들의 빛이라

(요8:54) 예수께서 대답하시되 내가 내게 영광을 돌리면 내 영광이 아무것도 아니거니와 내게 영광을 돌리시는 이는 내 아버지시니 곧 너희가 너희 하나님이라 칭하는 그이시라

→ 여호와 하나님이 우리 크리스천에게도 중요한 것은 예수님이 스스로 유대인들의 하나님인 구약의 여호와를 자신의 아버지라 설명하셨기

때문입니다.

(딤전1:17) 영원하신 왕 곧 썩지 아니하고 보이지 아니하고 홀로 하나이신 하나님께 존귀와 영광이 영원무궁하도록 있을지어다 아멘

(벧후3:8) 사랑하는 자들아 주께는 하루가 천 년 같고 천 년이 하루 같다는 이 한 가지를 잊지 말라 시90:4

(요일1:5) ○우리가 그에게서 듣고 너희에게 전하는 소식은 이것이니 곧 하나님은 빛이시라 그에게는 어둠이 조금도 없으시다는 것이니라

(요일4:8) 사랑하지 아니하는 자는 하나님을 알지 못하나니 이는 하나님은 사랑이심이라 출34:6, 시86:5

(요일4:12-13) 12 어느 때나 하나님을 본 사람이 없으되 만일 우리가 서로 사랑하면 하나님이 우리 안에 거하시고 그의 사랑이 우리 안에 온전히 이루어지느니라
13 그의 성령을 우리에게 주시므로 우리가 그 안에 거하고 그가 우리 안에 거하시는 줄을 아느니라

(계4:2-3) 2 내가 곧 성령에 감동되었더니 보라 하늘에 보좌를 베풀었고 그 보좌 위에 앉으신 이가 있는데 계1:10
3 앉으신 이의 모양이 벽옥과 홍보석 같고 또 무지개가 있어 보좌에 둘

현대인의 눈으로 본 성경

렸는데 그 모양이 녹보석 같더라

(계7:9-10) 9 이 일 후에 내가 보니 각 나라와 족속과 백성과 방언에서 아무도 능히 셀 수 없는 큰 무리가 나와 흰 옷을 입고 손에 종려 가지를 들고 보좌 앞과 어린 양 앞에 서서

10 큰 소리로 외쳐 이르되 구원하심이 보좌에 앉으신 우리 하나님과 어린양에게 있도다 하니

* 지금까지 위에서 본 성경 속의 하나님은 자연물의 하나이거나, 하늘이나 우주, 또는 어떤 막연한 에너지가 아니고, 오기도 하시고 가기도 하시며, 말씀도 하시고 침묵도 하시며, 기뻐도 하시고 노하기도 하시는 … 분명히 실존하시는 인격적인 존재임을 분명하게 나타내고 있습니다.

[여호와 ("히브리어로 쓰여진 구약의 야훼(여호와) ; 이스라엘 민족이 자신들만의 하나님이라 주장하는 神의 고유명사)]

→ 지금도 유대교를 믿는 유대인들은 그들만의 神이라 주장하는 야훼만을 하나님으로 믿으며, 예수님을 하나님의 아들로도, 성령을 삼위일체 하나님의 한 하나님으로도 인정하지 않고, 그들은 그리스도교를 그들의 이단(異端)으로 여기고 있습니다.

하지만 예수님은 이 야훼를 자신의 아버지라 분명히 밝혔습니다. 그리고 예수님을 통하여 전 세계인에게 복음과 구원이 전파되었습니다. 그러

므로 야훼(여호와 하나님)는 유대인만의 神이 아닌 전 세계 모든 인류의 하나님(聖父 하나님)이십니다.

(창2:4-9) 4 이것이 천지가 창조될 때에 하늘과 땅의 내력이니 여호와 하나님(엘로힘)이 땅과 하늘을 만드시던 날에

5 여호와 하나님(엘로힘)이 땅에 비를 내리지 아니하셨고 땅을 갈 사람도 없었으므로 들에는 초목이 아직 없었고 밭에는 채소가 나지 아니하였으며

6 안개만 땅에서 올라와 온 지면을 적셨더라

7 여호와 하나님(엘로힘)이 땅의 흙으로 사람을 지으시고 생기를 그 코에 불어넣으시니 사람이 생령이 되니라 히, 생물

8 여호와 하나님이 동방의 에덴에 동산을 창설하시고 그 지으신 사람을 거기 두시니라

9 여호와 하나님이 그 땅에서 보기에 아름답고 먹기에 좋은 나무가 나게 하시니 동산 가운데에는 생명 나무와 선악을 알게 하는 나무도 있더라 선악 지식의 나무

→ 창세기 1장의 사람을 창조하실 때에는 그냥 '하나님들'이 만드셨고, 2장의 호흡을 불어넣으신 하나님은 '여호와 하나님'입니다.

(→ 땅을 갈 사람이 없었다는 것은 아직 농경 시대에 접어들지 않고 유목을 하던 신석기 시대 이전을 의미합니다.)

(창2:15-17) 15 여호와 하나님이 그 사람을 이끌어 에덴 동산에 두어 그것을 경작하며 지키게 하시고

16 여호와 하나님이 그 사람에게 명하여 이르시되 <u>동산 각종 나무의 열매는 네가 임의로 먹되</u>

17 <u>선악을 알게 하는 나무의 열매는 먹지 말라 네가 먹는 날에는 반드시 죽으리라</u> 하시니라

(창2:25) <u>아담과 그의 아내 두 사람이 벌거벗었으나 부끄러워하지 아니하니라</u>

(창3:2-24) 2 여자가 뱀에게 말하되 동산 나무의 열매를 우리가 먹을 수 있으나

3 <u>동산 중앙에 있는 나무의 열매는 하나님의 말씀에 너희는 먹지도 말고 만지지도 말라 너희가 죽을까 하노라</u> 하셨느니라

4 <u>뱀이 여자에게 이르되 너희가 결코 죽지 아니하리라</u>

5 <u>너희가 그것을 먹는 날에는 너희 눈이 밝아져 하나님과 같이 되어 선악을 알 줄 하나님이 아심이니라</u>

6 여자가 그 나무를 본즉 먹음직도 하고 보암직도 하고 지혜롭게 할 만큼 탐스럽기도 한 나무인지라 여자가 그 열매를 따먹고 자기와 함께 있는 남편에게도 주매 그도 먹은지라

7 이에 그들의 <u>눈이 밝아져</u> 자기들이 벗은 줄을 알고 무화과나무 잎을 엮어 치마로 삼았더라

8 그들이 그 날 바람이 불 때 동산에 거니시는 여호와 하나님의 소리를

듣고 아담과 그의 아내가 여호와 하나님의 낯을 피하여 동산 나무 사이에 숨은지라

9 여호와 하나님이 아담을 부르시며 그에게 이르시되 네가 어디 있느냐

10 이르되 내가 동산에서 하나님의 소리를 듣고 내가 벗었으므로 두려워 하여 숨었나이다

11 이르시되 누가 너의 벗었음을 네게 알렸느냐 내가 네게 먹지 말라 명한 그 나무 열매를 네가 먹었느냐

12 아담이 이르되 하나님이 주셔서 나와 함께 있게 하신 여자 그가 그 나무 열매를 내게 주므로 내가 먹었나이다

13 여호와 하나님이 여자에게 이르시되 네가 어찌하여 이렇게 하였느냐 여자가 이르되 뱀이 나를 꾀므로 내가 먹었나이다

14 여호와 하나님이 뱀에게 이르시되 네가 이렇게 하였으니 네가 모든 가축과 들의 모든 짐승보다 더욱 저주를 받아 배로 다니고 살아 있는 동안 흙을 먹을지니라

15 내가 너로 여자와 원수가 되게 하고 네 후손도 여자의 후손과 원수가 되게 하리니 여자의 후손은 네 머리를 상하게 할 것이요 너는 그의 발꿈치를 상하게 할 것이니라 하시고

16 또 여자에게 이르시되 내가 네게 임신하는 고통을 크게 더하리니 네가 수고하고 자식을 낳을 것이며 너는 남편을 원하고 남편은 너를 다스릴것이니라 하시고

17 아담에게 이르시되 네가 네 아내의 말을 듣고 내가 네게 먹지 말라 한 나무의 열매를 먹었은즉 땅은 너로 말미암아 저주를 받고 너는 네 평생에 수고하여야 그 소산을 먹으리라

18 땅이 네게 가시덤불과 엉겅퀴를 낼 것이라 네가 먹을 것은 밭의 채소인즉

19 네가 흙으로 돌아갈 때까지 얼굴에 땀을 흘려야 먹을 것을 먹으리니 네가 그것에서 취함을 입었음이라 너는 흙이니 흙으로 돌아갈 것이니라 하시니라

20 아담이 그의 아내의 이름을 하와라 불렀으니 그는 모든 산 자의 어머니가 됨이더라 생명

21 여호와 하나님이 아담과 그의 아내를 위하여 가죽옷을 지어 입히시니라 아담과 하와를 쫓아내시다

22 여호와 하나님(엘로힘)이 이르시되 보라 이 사람이 선악을 아는 일에 우리 중 하나 같이 되었으니 그가 그의 손을 들어 생명 나무 열매도 따먹고 영생할까 하노라 하시고

23 여호와 하나님(엘로힘)이 에덴 동산에서 그를 내보내어 그의 근원이 된 땅을 갈게 하시니라

24 이같이 하나님(엘로힘)이 그 사람을 쫓아내시고 에덴동산 동쪽에 그룹들과 두루 도는 불 칼을 두어 생명 나무의 길을 지키게 하시니라

(→ 사람이 선악을 알게 하는 나무 열매를 먹고 제일 먼저 한 일은 벗은 것을 알고 부끄러워한 일이었습니다. 바로 인간이 개념과 관념의 세상으로 나가게 된 것을 의미하며 그것이 바로 하나님들과 같은 신이 된 것입니다. 인간이 에덴에서 쫓겨난 것은 바로 하나님들과 같은 신이 되었기 때문입니다. 또한 그 벌로 땅을 갈게 하신 것은 농경 시대가 열린 것을 의미하고 그것은 신석기 시대의 시작이며, 실제로 그때부터 인간의 뇌는 기

하급수적으로 커지고 발전하게 되었습니다. 또한 가죽옷을 지을 수 있는 바늘 등 정교한 도구를 쓰고 완전한 직립보행을 하면서 인간은 골반이 작아져 출산의 고통을 가지게 되었습니다. 그때가 신석기 시대인 지금부터 1만 년 전 곧 기원전 8세기가 됩니다.)

(창4:13-15) 13 가인이 여호와께 아뢰되 내 죄벌이 지기가 너무 무거우니이다

14 주께서 오늘 이 지면에서 나를 쫓아내시온즉 내가 주의 낯을 뵈옵지 못하리니 내가 땅에서 피하며 유리 하는 자가 될지라 무릇 나를 만나는 자마다 나를 죽이겠나이다

15 여호와께서 그에게 이르시되 그렇지 아니하다 가인을 죽이는 자는 벌을 칠 배나 받으리라 하시고 가인에게 표를 주사 그를 만나는 모든 사람에게서 죽임을 면하게 하시니라

(→ 첫 창조된 아담의 두 아들 가인과 아벨이 아닌 다른 사람들이 이미 많이 있었습니다. 이는 네안데르탈인이나 다른 인간종이나 구석기 시대의 또 다른 사람들을 의미합니다.)

(창1:24-31) 24 하나님(엘로힘)이 이르시되 땅은 생물을 그 종류대로 내되 가축과 기는 것과 땅의 짐승을 종류대로 내라 하시니 그대로 되니라

25 하나님이 땅의 짐승을 그 종류대로, 가축을 그 종류대로, 땅에 기는 모든 것을 그 종류대로 만드시니 하나님이 보시기에 좋았더라

26 하나님(엘로힘)이 이르시되 우리의 형상을 따라 우리의 모양대로

우리가 사람을 만들고 그들로 바다의 물고기와 하늘의 새와 가축과 온 땅
과 땅에 기는 모든 것을 다스리게 하자 하시고 (시리아어 역본에는 온 땅
의 짐승과)

27 하나님(엘로힘)이 자기 형상 곧 하나님(엘로힘)의 형상대로 사람
을 창조하시되 남자와 여자를 창조하시고

28 하나님이 그들에게 복을 주시며 하나님이 그들에게 이르시되 생육
하고 번성하여 땅에 충만하라, 땅을 정복하라, 바다의 물고기와 하늘의
새와 땅에 움직이는 모든 생물을 다스리라 하시니라

29 하나님이 이르시되 내가 온 지면의 씨 맺는 모든 채소와 씨 가진 열
매 맺는 모든 나무를 너희에게 주노니 너희의 먹을거리가 되리라

30 또 땅의 모든 짐승과 하늘의 모든 새와 생명이 있어 땅에 기는 모든
것에게는 내가 모든 푸른 풀을 먹을거리로 주노라 하시니 그대로 되니라

31 하나님이 지으신 그 모든 것을 보시니 보시기에 심히 좋았더라 저녁
이 되고 아침이 되니 이는 여섯째 날이니라

(→ 처음 창조 6일째 되던 날에 하나님들(여호와와 여호와가 아닌 다른
하나님들)이 지은 사람은 세상의 진화 순서대로 만들어졌는데, 하나님들
의 형상과 모양대로만 만들어졌지, 생기는 없었습니다.

'생기'는 여호와 하나님이 그 후에 따로 넣어준 것이고, 그 후 사람은 신
이 되었고, 그 이유로 인간은 에덴에서 쫓겨나게 되었습니다.

그리고 그 책임은 여호와 하나님의 몫이었고, 밤낮 마귀는 하나님을 참

소하였고, 결국 그의 아들 예수님이 사람의 모습으로 세상에 와서 죽으므로 하늘에는 평화가 다시 오고, 높은 곳에서는 영광이 되었습니다.

그러므로 인간을 하나님들이 같이 부활과 '새 하늘과 새 땅'의 자리에까지 그들과 같은 신의 위치로 동행을 인정하게 된 것입니다.)

(또 하나! 하나님들의 형상과 모양대로 사람을 만들었다는 것은 하나님들의 형상과 모양이 원래는 있었다는 이야기가 됩니다.

그런데 지금 그들은 靈뿐입니다. 그래서 그들은 인간의 몸만을 만들었고, 지금까지도 그들은 인간의 몸을 부러워하며 서로 가지려 합니다.

그런데 여호와 하나님이 인간을 너무 사랑하셔서 그 안에 생기를 주시고 인간도 그들과 같은 신이 되게 하신 것입니다.

그것이 바로 인간 스스로 결정하고 판단할 수 있는 능력을 가지고 스스로를 지킬 수 있게 하신 것입니다.

그리고 인간은 지금 여기까지 발전하게 되었습니다.

지금 인간은 거의 영생을 만들만큼 신의 영역에 근접해 있습니다.

그것이 바로 자신의 아들을 대신 죽여서라도 얻은 여호와 하나님의 인

현대인의 눈으로 본 성경

간을 향하신 크신 사랑의 본질입니다.)

[하나님 (엘 EL;하나님의 단수형)]

성경(신·구약)에는 총 3,589회(구약/2,439회, 신약/1,150회)의 "하나님"이란 단어가 나오는데, 히브리어로 쓰여진 구약의 "하나님"은 "엘로힘/하나님들/복수형"으로 총 2,243회, "엘/하나님/단수형"으로 총 196회 기록되어 있습니다. 이는 구약의 하나님 2,439회 중 196회를 제외하고, 하나님은 전부(2,243회) "엘로힘/하나님들/복수형"으로 기록되어 있다는 뜻입니다. 헬라어로 기록된 신약에는 "하나님"이 따로 단수형, 복수형으로 구분 없이 "데오스/theos/(남),(여):기본어:神:하나님:우상"으로만 1,150회 기록되어 있습니다.

구약의 단수 "하나님(엘)"은 모두 여호와 하나님과 관련되어 기록되어 있습니다. 다음 페이지부터의 "하나님(엘)"은 성경에 기록된 단수형으로 기록된 "하나님(엘)"입니다. ('엘로힘'은 별도로 병기하였습니다.) 독자들께서는 쭉 읽어 보시고 느껴지는 대로 느끼시기 바랍니다.

(창14:17-22) 17 ○아브람이 그돌라오멜과 그와 함께 한 왕들을 쳐부수고 돌아올 때에 소돔 왕이 사웨 골짜기 곧 왕의 골짜기로 나와 그를 영접하였고

18 살렘 왕 멜기세덱이 떡과 포도주를 가지고 나왔으니 그는 지극히 높으신 하나님(엘)의 제사장이었더라

19 그가 아브람에게 축복하여 이르되 천지의 주재이시오 지극히 높으신 하나님(엘)이여 아브람에게 복을 주옵소서

20 너희 대적을 네 손에 붙이신 지극히 높으신 하나님(엘)을 찬송할지로다 하매 아브람이 그 얻은 것에서 십분의 일을 멜기세덱에게 주었더라

21 소돔 왕이 아브람에게 이르되 사람은 내게 보내고 물품은 네가 가지라

22 아브람이 소돔 왕에게 이르되 천지의 주재이시요 지극히 높으신 하나님(엘) 여호와께 내가 손을 들어 맹세하노니

(창16:11-16) 11 여호와의 사자가 또 그에게 이르되 네가 임신하였은 즉 아들을 낳으리니 그 이름을 이스마엘이라 하라 이는 여호와께서 네 고통을 들으셨음이니라

12 그가 사람 중에 들나귀 같이 되리니 그의 손이 모든 사람을 치겠고 모든 사람의 손이 그를 칠지며 그가 모든 형제와 대항해서 살리라 하니라

13 하갈이 자기에게 이르신 여호와의 이름을 나를 살피시는 하나님(엘)이라 하였으니 이는 내가 어떻게 여기서 나를 살피시는 하나님을 뵈었는고 함이라

14 이러므로 그 샘을 브엘라해로이라 불렀으며 그것은 가데스와 베렛 사이에 있더라 나를 살피시는

15 ○하갈이 아브람의 아들을 낳으매 아브람이 하갈이 낳은 그 아들을 이름하여 이스마엘이라 하였더라

16 하갈이 아브람에게 이스마엘을 낳았을 때에 아브람이 팔십육세였더라

→ *여호와 하나님은 성경 속에서 사람에게 호흡을 불어넣으실 때 처음 등장하십니다. 이것은 사람에게 호흡을 불어넣으신 하나님은 그들 하나님들 중의 한 분이신 여호와셨다는 의미가 됩니다.*

(창17:1) 아브람이 구십구 세 때에 여호와께서 아브람에게 나타나서 그에게 이르시되 나는 전능한 하나님(엘)이라 너는 내 앞에서 행하여 완전하라

(창21:33) 아브라함은 브엘세바에 에셀 나무를 심고 거기서 영원하신 여호와(엘)의 이름을 불렀으며

(창28:10-15) 10 ○야곱이 브엘세바에서 떠나 하란으로 향하여 가더니

11 한 곳에 이르러는 해가 진지라 거기서 유숙하려고 그 곳의 한 돌을 가져다가 베개로 삼고 거기 누워 자더니

12 꿈에 본즉 사닥다리가 땅 위에 서 있는데 그 꼭대기가 하늘에 닿았고 또 본즉 하나님(엘로힘)의 사자들이 그 위에서 오르락내리락 하고

13 또 본즉 여호와께서 그 위에 서서 이르시되 나는 여호와니 너의 조부 아브라함의 하나님(엘로힘)이요 이삭의 하나님(엘로힘)이라 네가 누워 있는 땅을 내가 너와 네 자손에게 주리니

14 네 자손이 땅의 티끌 같이 되어 네가 서쪽과 동쪽과 북쪽과 남쪽으로 퍼져 나갈지며 땅의 모든 족속이 너와 네 자손으로 말미암아 복을 받으리라

15 내가 너와 함께 있어 네가 어디로 가든지 너를 지키며 너를 이끌어 이 땅으로 돌아오게 할지라 내가 네게 허락한 것을 다 이루기까지 너를

떠나지 아니하리라 하신지라 창35:7

(창46:3) 하나님이 이르시되 나는 하나님이라 네 아버지의 하나님이니 애굽으로 내려가기를 두려워하지 말라 내가 거기서 너로 큰 민족을 이루게하리라 창28:13

(창48:3) 요셉에게 이르되 이전에 가나안 땅 루스에서 전능하신 하나님이 내게 나타나사 복을 주시며

(창49:25) 네 아버지의 하나님께로 말미암나니 그가 너를 도우실 것이요 전능자로 말미암나니 그가 네게 복을 주실 것이라 위로 하늘의 복과 아래로 깊은 샘의 복과 젖먹이는 복과 태의 복이리로다

(출6:2-8) 2 ○하나님(엘로힘)이 모세에게 말씀하여 이르시되 나는 여호와이니라 출3:14
3 내가 아브라함과 이삭과 야곱에게 전능의 하나님(엘)으로 나타났으나 나의 이름을 여호와로는 그들에게 알리지 아니하였고 창17:1, 창35:11, 사52:6, 렘16:21
4 가나안 땅 곧 그들이 거류하는 땅을 그들에게 주기로 그들과 언약하였더니 창15:18
5 이제 애굽 사람이 종으로 삼은 이스라엘 자손의 신음 소리를 내가 듣고 나의 언약을 기억하노라
6 그러므로 이스라엘 자손에게 말하기를 나는 여호와라 내가 애굽 사

현대인의 눈으로 본 성경

람의 무거운 짐 밑에서 너희를 빼내며 그들의 노역에서 너희를 건지며 편 팔과 여러 큰 심판들로써 너희를 속량하여 출3:17, 출7:4

7 너희를 내 백성으로 삼고 나는 너희의 하나님(엘로힘)이 되리니 나는 애굽 사람의 무거운 짐 밑에서 너희를 빼낸 너희의 하나님 여호와인 줄 너희가 알지라

8 내가 아브라함과 이삭과 야곱에게 주기로 맹세한 땅으로 너희를 인 도하고 그 땅을 너희에게 주어 기업을 삼게 하리라 나는 여호와라 하셨다 하라

(출34:6) 여호와께서 그의 앞으로 지나시며 선포하시되 여호와라 여호 와라 자비롭고 은혜롭고 노하기를 더디 하고 인자와 진실이 많은 하나님 이라

(출34:14) 너는 다른 신에게 절하지 말라 *여호와(엘)는 질투라 이름하 는 질투의 하나님(엘)임이니라*

(민23:8) 하나님(엘)이 저주하지 않으신 자를 내가 어찌 저주하며 여 호와께서 꾸짖지 않으신 자를 내가 어찌 꾸짖으랴

(신4:23-24) 23 너희는 스스로 삼가 너희의 하나님(엘로힘) 여호와께서 너희와 세우신 언약을 잊지 말고 네 하나님(엘로힘) 여호와께서 금하신 어떤 형상의 우상도 조각하지 말라

24 *네 하나님(엘) 여호와는 소멸하는 불이시요 질투하시는 하나님(엘*

로힘)이시니라

(신32:3-4) 3 내가 여호와의 이름을 전파하리니 너희는 우리 하나님
(엘로힘)께 위엄을 돌릴지어다
4 그는 반석이시니 그가 하신 일이 완전하고 그의 모든 길이 정의롭고
진실하고 거짓이 없으신 하나님(엘)이시니 공의로우시고 바르시도다

(신32:15-17) 15 그런데 여수룬이 기름지매 발로 찼도다 네가 살찌고
비대하고 윤택하매 자기를 지으신 하나님(엘로하/엘의 연장형)을 버리
고 자기를 구원하신 반석을 업신여겼도다
16 그들이 다른 신으로 그의 질투를 일으키며 가증한 것으로 그의 진노
를 격발하였도다
17 그들은 하나님(엘로하/엘의 연장형)께 제사하지 아니하고 귀신들
에게 하였으니 곧 그들이 알지 못하던 신들, 근래에 들어온 새로운 신들
너희의 조상들이 두려워하지 아니하던 것들이로다

→ 여러 신들이 있었고, 그들은 바로 귀신이었습니다. 그런데, 그 여러
신들이 엘로힘 속의 신들 중 여호와를 제외한 다른 신들 중 일부일 수도
있습니다. 그래서 그들이 인간을 서로 가지려 다툼을 한다는 것입니다.
그 다툼은 지금까지 이어지고 있습니다. 우리 크리스천들이 정신을 바로
차리고 몸과 정신이 도둑질당하지 않도록 해야 하는 이유이기도 합니다.

(신32:18-25) 18 너를 낳은 반석을 네가 상관하지 아니하고 너를 내신

현대인의 눈으로 본 성경

하나님(엘)을 네가 잊었도다

19 그러므로 여호와께서 보시고 미워하셨으니 그 자녀가 그를 격노하게 한 까닭이로다

20 그가 말씀하시기를 내가 내 얼굴을 그들에게서 숨겨 그들의 종말이 어떠함을 보리니 그들은 심히 패역한 세대요 진실이 없는 자녀임이로다

21 그들이 하나님(엘)이 아닌 것으로 내 질투를 일으키며 허무한 것으로 내 진노를 일으켰으니 나도 백성이 아닌 자로 그들에게 시기가 나게 하며 어리석은 민족으로 그들의 분노를 일으키리로다

22 그러므로 내 분노의 불이 일어나서 스올의 깊은 곳까지 불사르며 땅과 그 소산을 삼키며 산들의 터도 불타게 하는도다

23 내가 재앙을 그들 위에 쌓으며 내 화살이 다할 때까지 그들을 쏘리로다

24 그들이 주리므로 쇠약하며 불같은 더위와 독한 질병에 삼켜질 것이라 내가 들짐승의 이와 티끌에 기는 것의 독을 그들에게 보내리로다

25 밖으로는 칼에, 방안에서는 놀람에 멸망하리니 젊은 남자도 처녀도 백발 노인과 함께 젖 먹는 아이까지 그러하리로다

(신33:26-27) 26 여수룬이여 하나님(엘)같은 이가 없도다 그가 너를 도우시려고 하늘을 타고 궁창에서 위엄을 나타내시는도다 시68:33

27 영원하신 하나님(엘로힘)이 네 처소가 되시니 그의 영원하신 팔이 네 아래에 있도다 그가 네 앞에서 대적을 쫓으시며 멸하라 하시도다

→ *어떤 경우에는 엘과 엘로힘이 같이 나오시고, 이는 그 하나님들 안*

에 한 하나님이 있음을 의미하기도 합니다.

(욥1:7) 7 여호와께서 *사탄에게 이르시되 네가 어디서 왔느냐 사탄이 여호와께 대답하여 이르되 땅을 두루 돌아 여기저기 다녀왔나이다*

8 여호와께서 사탄에게 이르시되 네가 내 종 욥을 주의하여 보았느냐 그와 같이 온전하고 정직하여 하나님을 경외하며 악에서 떠난 자는 세상에 없느니라

9 *사탄이* 여호와께 대답하여 이르되 욥이 어찌 까닭 없이 하나님을 경외하리이까

(시10:12) 여호와여 일어나옵소서 하나님이여 손을 드옵소서 가난한 자들을 잊지 마옵소서

(시18:1-2) 1 나의 힘이신 여호와여 내가 주를 사랑하나이다

2 여호와는 나의 반석이시요 나의 요새시요 나를 건지시는 이시요 나의 하나님(엘)이시요 내가 그 안에 피할 나의 바위시요 나의 방패시요 나의 구원의 뿔이시요 나의 산성이시로다

(시18:30-32) 30 하나님(엘)의 도는 완전하고 여호와의 말씀은 순수하니 그는 자기에게 피하는 모든 자의 방패시로다

31 여호와 외에 누가 하나님(엘로힘)이며 우리 하나님(엘로하/엘의연장형) 외에 누가 반석이냐

32 이 하나님(엘)이 힘으로 내게 띠 띠우시며 내 길을 완전하게 하시며

현대인의 눈으로 본 성경

(시18:47) 이 하나님(엘)이 나를 위하여 보복해 주시고 민족들이 내게 복종하게 해 주시도다

(시29:3) <u>여호와의 소리가 물 위에 있도다 영광의 하나님이 우렛소리를 내시니 여호와는 많은 물 위에 계시도다</u>

(시31:5) 내가 나의 영을 주의 손에 부탁하나이다 진리의 하나님 여호와여 나를 속량하셨나이다

(시42:8-9) 8 낮에는 여호와께서 그의 인자하심을 베푸시고 밤에는 그의 찬송이 내게 있어 생명의 하나님께 기도하리로다
9 내 반석이신 하나님께 말하기를 어찌하여 나를 잊으셨나이까 내가 어찌하여 원수의 압제로 말미암아 슬프게 다니나이까 하리로다

(시63:1) 하나님(엘)이여 주는 나의 하나님(엘로힘)이시라 내가 간절히 주를 찾되 물이 없어 마르고 황폐한 땅에서 내 영혼이 주를 갈망하며 내 육체가 주를 앙모하나이다

(시68:19-21) 19 ○날마다 우리 짐을 지시는 주 곧 우리의 구원이신 하나님(엘)을 찬송할지로다 (셀라)
20 하나님(엘)은 우리에게 구원의 하나님(엘)이시라 사망에서 벗어남은 주 여호와로 말미암거니와 시49:15, 시56:13
21 *그의 원수들의 머리 곧 죄를 짓고 다니는 자의 정수리는 하나님(엘*

로힘)이 쳐서 깨뜨리시리로다

(시68:35) 하나님(엘)이여 위엄을 성소에서 나타내시나이다 이스라엘의 하나님(엘)은 그의 백성에게 힘과 능력을 주시나니 하나님(엘로힘)을 찬송할지어다 시47:2

(시84:1-3) 1 만군의 여호와여 주의 장막이 어찌 그리 사랑스러운지요
2 내 영혼이 여호와(엘)의 궁정을 사모하여 쇠약함이여 내 마음과 육체가 살아 계시는 하나님(엘)께 부르짖나이다
3 나의 왕, 나의 하나님, 만군의 여호와(엘로힘)여 주의 제단에서 참새도 제 집을 얻고 제비도 새끼 둘 보금자리를 얻었나이다

(시85:7-9) 7 여호와여 주의 인자하심을 우리에게 보이시며 주의 구원을 우리에게 주소서
8 내가 하나님(엘) 여호와께서 하실 말씀을 들으리니 무릇 그의 백성, 그의 성도들에게 화평을 말씀하실 것이라 그들은 다시 어리석은 데로 돌아가지 말지로다
9 진실로 그의 구원이 그를 경외하는 자에게 가까우니 영광이 우리 땅에 머무르리이다 학2:7, 슥2:5

(시86:6) 여호와여 나의 기도에 귀를 기울이시고 내가 간구하는 소리를 들으소서 시55:1
(시89:6-8) 6 무릇 구름 위에서 능히 여호와와 비교할 자 누구며 신들

현대인의 눈으로 본 성경

중에서 여호와와 같은 자 누구리이까 시29:1

7 하나님(엘)은 거룩한 자의 모임 가운데에서 매우 무서워할 이시오며 둘러 있는 모든 자 위에 더욱 두려워할 이시니이다

8 여호와 만군의 하나님(엘로힘)이여 주와 같이 능력 있는 이가 누구리이까 여호와여 주의 성실하심이 주를 둘렀나이다

(시89:26) 그가 내게 부르기를 주는 나의 아버지시요 나의 하나님이시오 나의 구원의 바위시라 하리로다

(시90:1-4) 1 주여 주는 대대에 우리의 거처가 되셨나이다 시91:1

2 산이 생기기 전, 땅과 세계도 주께서 조성하시기 전 곧 영원부터 영원까지 주는 하나님이시니이다 잠8:25

3 주께서 사람을 티끌로 돌아가게 하시고 말씀하시기를 너희 인생들은 돌아가라 하셨사오니

4 주의 목전에는 천 년이 지나간 어제 같으며 밤의 한 순간 같을 뿐임이니이다 벧후3:8, 시39:5

(시95:1-3) 1 오라 우리가 여호와께 노래하며 우리의 구원의 반석을 향하여 즐거이 외치자

2 우리가 감사함으로 그 앞에 나아가며 시를 지어 즐거이 그를 노래하자

3 여호와는 크신 하나님(엘)이시요 모든 신들보다 크신 왕이시기 때문이로다

(시99:9) 너희는 여호와 우리 하나님(엘로힘)을 높이고 그 성산에서 예배할지어다 여호와 우리 하나님(엘로힘)은 거룩하심이로다

(시104:24) 24 여호와여 주께서 하신 일이 어찌 그리 많은지요 주께서 지혜로 그들을 다 지으셨으니 주께서 지으신 것들이 땅에 가득하니이다

25 거기에는 크고 넓은 바다가 있고 그 속에는 생물 곧 크고 작은 동물들이 무수하니이다

(시118:27-29) 27 여호와는 하나님(엘)이시라 그가 우리에게 빛을 비추셨으니 밧줄로 절기 제물을 제단 뿔에 맬지어다

28 주는 나의 하나님(엘)이시라 내가 주께 감사하리이다 주는 나의 하나님(엘로힘)이시라 내가 주를 높이리이다

29 여호와께 감사하라 그는 선하시며 그의 인자하심이 영원함이로다

(시136:1-3) 1 여호와께 감사하라 그는 선하시며 그 인자하심이 영원함이로다

2 신들 중에 뛰어난 하나님께 감사하라 그 인자하심이 영원함이로다

3 주들 중에 뛰어난 주께 감사하라 그 인자하심이 영원함이로다

(시136:26) 하늘의 하나님께 감사하라 그 인자하심이 영원함이로다

(시150:1) 할렐루야 그의 성소에서 하나님(엘)을 찬양하며 그의 권능의 궁창에서 그를 찬양할지어다 여호와를 찬양하라

(사5:16-17) 16 오직 만군의 여호와는 정의로우시므로 높임을 받으시며 거룩하신 하나님은 공의로우시므로 거룩하다 일컬음을 받으시리니

17 그 때에는 어린양들이 자기 초장에 있는 것 같이 풀을 먹을 것이요

현대인의 눈으로 본 성경

유리하는 자들이 부자의 버려진 밭에서 먹으리라

(사 9:6) 이는 한 아기가 우리에게 났고 한 아들을 우리에게 주신 바 되었는데 그의 어깨에는 정사를 메었고 그의 이름은 기묘자라, 모사라, 전능하신 하나님(엘)이라, 영존하시는 아버지라, 평강의 왕이라 할 것임이라

(사12:2-3) 2 보라 하나님은 나의 구원이시라 내가 신뢰하고 두려움이 없으리니 주 여호와는 나의 힘이시며 나의 노래시며 나의 구원이심이라
3 그러므로 너희가 기쁨으로 구원의 우물들에서 물을 길으리로다

(사14:12-17) 12 *○너 아침의 아들 계명성이여 어찌 그리 하늘에서 떨어졌으며 너 열국을 엎은 자여 어찌 그리 땅에 찍혔는고*
13 네가 네 마음에 이르기를 내가 하늘에 올라 하나님(엘)의 뭇별 위에 내 자리를 높이리라 내가 북극 집회의 산 위에 앉으리라 단5:22, 단8:10
14 가장 높은 구름에 올라가 지극히 높은 이와 같아지리라 하는도다 살후2:4
15 그러나 이제 네가 스올 곧 구덩이 맨 밑에 떨어짐을 당하리로다
16 너를 보는 이가 주목하여 너를 자세히 살펴보며 말하기를 이 사람이 땅을 진동시키며 열국을 놀라게 하며 마11:23, 눅10:15, 계18:9, 계18:18
17 세계를 황무하게 하며 성읍을 파괴하며 그에게 사로잡힌 자들을 집으로 놓아 보내지 아니하던 자가 아니냐 하리로다 욜2:3

(사17:6) 그러나 그 안에 주울 것이 남으리니 감람나무를 흔들 때에 가장 높은 가지 꼭대기에 과일 두세 개가 남음 같겠고 무성한 나무의 가장 먼 가지에 네다섯 개가 남음 같으리라 이스라엘의 하나님(야웨/예호와) 여호와의 말씀이니라

(사42:1-9) 1 내가 붙드는 나의 종, 내 마음에 기뻐하는 자 곧 내가 택한 사람을 보라 내가 나의 영을 그에게 주었은즉 그가 이방에 정의를 베풀리라

2 그는 외치지 아니하며 목소리를 높이지 아니하며 그 소리를 거리에 들리게 하지 아니하며

3 상한 갈대를 꺾지 아니하며 꺼져 가는 등불을 끄지 아니하고 진실로 정의를 시행할 것이며

4 그는 쇠하지 아니하며 낙담하지 아니하고 세상에 정의를 세우기에 이르리니 섬들이 그 교훈을 앙망하리라

5 하늘을 창조하여 펴시고 땅과 그 소산을 내시며 땅 위의 백성에게 호흡을 주시며 땅에 행하는 자에게 영을 주시는 하나님 여호와께서 이같이 말씀하시되

6 나 여호와가 의로 너를 불렀은즉 내가 네 손을 잡아 너를 보호하며 너를 세워 백성의 언약과 이방의 빛이 되게 하리니

7 네가 눈먼 자들의 눈을 밝히며 갇힌 자를 감옥에서 이끌어 내며 흑암에 앉은 자를 감방에서 나오게 하리라

8 나는 여호와이니 이는 내 이름이라 나는 내 영광을 다른 자에게,내 찬송을 우상에게 주지 아니하리라

9 보라 전에 예언한 일이 이미 이루어졌느니라 이제 내가 새 일을 알리노라 그 일이 시작되기 전에라도 너희에게 이르노라

(사45:14-15) 14 여호와께서 이같이 말씀하시되 애굽의 소득과 구스가 무역한 것과 스바의 장대한 남자들이 네게로 건너와서 네게 속할 것이요 그들이 너를 따를 것이라 사슬에 매여 건너와서 네게 굴복하고 간구하기를 하나님(엘)이 과연 네게 계시고 그 외에는 다른 하나님(엘로힘)이 없다 하리라 하시니라
15 *구원자 이스라엘의 하나님(엘)이여 진실로 주는 스스로 숨어 계시는 하나님(엘로힘)이시니이다*

(사46:9) 너희는 옛적 일을 기억하라 나는 하나님(엘)이라 나 외에 다른 이가 없느니라 나는 하나님(엘로힘)이라 나 같은 이가 없느니라

→ 이는 '엘 하나님'인 내가 바로 진짜 '엘로힘 하나님'이라는 의미입니다.

(단9:3-4) 3 내가 금식하며 베옷을 입고 재를 덮어쓰고 주 하나님(엘로힘)께 기도하며 간구하기를 결심하고
4 *내 하나님(엘) 여호와께 기도하며 자복하여 이르기를 크시고 두려워할 주 하나님(엘로힘), 주를 사랑하고 주의 계명을 지키는 자를 위하여 언약을 지키시고 그에게 인자를 베푸시는 이시여*

→ *주 하나님들 중에 엘 하나님이 내 하나님이라는 의미입니다.*

[위에 기록된 "하나님의 단수형 엘"은 성경 구약의 "엘"을 기록한 것임 (총 196회)]. (엘로힘 하나님은 별도 표기했습니다.)

신약엔 하나님을 단수와 복수로 따로 나누지 않고 "데오스 theos (남)·(여):기본어:신(神), 하나님, 우상"으로만 기록하고 있습니다.

2.
하나님들

성경 신·구약에는 총 3,589회(구약/2,439회, 신약/1,150회) "하나님"이란 단어가 나오는데, 히브리어로 쓰인 구약의 "하나님"은 "엘로힘/하나님들/복수형"이 총 2,243회, "엘/하나님/단수형"이 총 196회 기록되어 있습니다. 이는 구약의 하나님 2,439회 중 196회를 제외하고, 하나님은 전부 (2,243회) "엘로힘/(하나님들)/복수형"으로 기록되어 있다는 것입니다. 헬라어로 기록된 신약에는 "하나님"이 따로 단수형, 복수형으로 구분 없이 "데오스/theos/(남)·(여):기본어:神:하나님:우상"으로만 기록되어 있습니다. 그리고 신약에는 "여호와"라는 단어는 한 번도 나오지 않습니다. 그러나 예수님께서는 유대인들이 자신들의 하나님으로 믿는 여호와를 자신의 아버지라 분명하게 말했습니다.

(창1:1) 태초에 하나님(엘로힘/하나님들)이 천지를 창조하시니라

(창1:26-31) 26 하나님(엘로힘/하나님들)이 이르시되 우리의 형상을 따라 우리의 모양대로 우리가 사람을 만들고 그들로 바다의 물고기와 하늘의 새와 가축과 온 땅과 땅에 기는 모든 것을 다스리게 하자 하시고

27 하나님(엘로힘/하나님들)이 자기 형상 곧 하나님(엘로힘/하나님들)의 형상대로 사람을 창조하시되 남자와 여자를 창조하시고

28 하나님이 그들에게 복을 주시며 하나님이 그들에게 이르시되 생육하고 번성하여 땅에 충만하라, 땅을 정복하라, 바다의 물고기와 하늘의 새와 땅에 움직이는 모든 생물을 다스리라 하시니라

29 하나님이 이르시되 내가 온 지면의 씨 맺는 모든 채소와 씨 가진 열매 맺는 모든 나무를 너희에게 주노니 너희의 먹을거리가 되리라 시145:15

30 또 땅의 모든 짐승과 하늘의 모든 새와 생명이 있어 땅에 기는 모든 것에게는 내가 모든 푸른 풀을 먹을거리로 주노라 하시니 그대로 되니라

31 하나님이 지으신 그 모든 것을 보시니 보시기에 심히 좋았더라 저녁이 되고 아침이 되니 이는 여섯째 날이니라 시104:24, 딤전4:4

→ 처음으로 사람을 그 형상과 모양대로 창조하신 분은 엘로힘(하나님들)이었습니다. 그때는 아직 사람에게 생기가 없었고, 그냥 그 하나님들의 형상과 모양대로만(육신) 있었습니다.

→ 이 사람들은 짐승들과 같은 존재, 곧 인간의 진화선상에서 존재했던 여러 인간종까지를 의미합니다.

(창2:1-3) 1 천지와 만물이 다 이루어지니라

2 하나님(엘로힘/하나님들)이 그가 하시던 일을 일곱째 날에 마치시니 그가 하시던 모든 일을 그치고 일곱째 날에 안식하시니라

3 하나님(엘로힘/하나님들)이 그 일곱째 날을 복되게 하사 거룩하게 하

셨으니 이는 하나님(엘로힘/하나님들)이 그 창조하시며 만드시던 모든 일을 마치시고 그 날에 안식하셨음이니라

(창2:4-9) 4 이것이 천지가 창조될 때에 하늘과 땅의 내력이니 여호와 하나님(엘로힘/하나님들)이 땅과 하늘을 만드시던 날에

5 여호와 하나님(엘로힘/하나님들)이 땅에 비를 내리지 아니하셨고 땅을 갈 사람도 없었으므로 들에는 초목이 아직 없었고 밭에는 채소가 나지 아니하였으며

6 안개만 땅에서 올라와 온 지면을 적셨더라

7 여호와 하나님이 땅의 흙으로 사람을 지으시고 생기를 그 코에 불어 넣으시니 사람이 생령이 되니라 히, 생물

8 여호와 하나님(엘로힘/하나님들)이 동방의 에덴에 동산을 창설하시고 그 지으신 사람을 거기 두시니라

9 여호와 하나님(엘로힘/하나님들)이 그 땅에서 보기에 아름답고 먹기에 좋은 나무가 나게 하시니 *동산 가운데에는 생명 나무와 선악을 알게 하는 나무도 있더라* 선악 지식의 나무

→ *그리고 그 사람에게 생기를 불어넣어 사람이 생령(현생인류)이 되게 하신 분은 여호와 하나님이었습니다.*

(창2:15-18) 15 여호와 하나님(엘로힘/하나님들)이 그 사람을 이끌어 에덴 동산에 두어 그것을 경작하며 지키게 하시고

16 여호와 하나님(엘로힘/하나님들)이 그 사람에게 명하여 이르시되

동산 각종 나무의 열매는 네가 임의로 먹되

17 *선악을 알게 하는 나무의 열매는 먹지 말라 네가 먹는 날에는 반드시 죽으리라 하시니라*

18 여호와 하나님(엘로힘/하나님들)이 이르시되 사람이 혼자 사는 것이 좋지 아니하니 내가 그를 위하여 돕는 배필을 지으리라 하시니라

(창2:25) *아담과 그의 아내 두 사람이 벌거벗었으나 부끄러워하지 아니하니라*

(창3:4-7) 4 뱀이 여자에게 이르되 너희가 결코 죽지 아니하리라

5 너희가 그것을 먹는 날에는 너희 눈이 밝아져 하나님(엘로힘/하나님들)과 같이 되어 선악을 알 줄 하나님(엘로힘/하나님들)이 아심이니라

6 여자가 그 나무를 본즉 먹음직도 하고 보암직도 하고 지혜롭게 할 만큼 탐스럽기도 한 나무인지라 여자가 그 열매를 따먹고 자기와 함께 있는 남편에게도 주매 그도 먹은지라

7 이에 그들의 눈이 밝아져 자기들이 벗은 줄을 알고 무화과나무 잎을 엮어 치마로 삼았더라

(창3:22-24) 22 여호와 하나님(엘로힘/하나님들)이 이르시되 보라 이 사람이 선악을 아는 일에 우리 중 하나 같이 되었으니 그가 그의 손을 들어 생명나무 열매도 따먹고 영생할까 하노라 하시고

23 여호와 하나님(엘로힘/하나님들)이 에덴 동산에서 그를 내보내어 그의 근원이 된 땅을 갈게 하시니라

현대인의 눈으로 본 성경

24 이같이 하나님(엘로힘/하나님들)이 그 사람을 쫓아내시고 에덴동산 동쪽에 그룹들과 두루 도는 불 칼을 두어 생명나무의 길을 지키게 하시니라

(창14:17-24) 17 ○아브람이 그돌라오멜과 그와 함께 한 왕들을 쳐부수고 돌아올 때에 소돔 왕이 사웨 골짜기 곧 왕의 골짜기로 나와 그를 영접하였고

18 살렘 왕 멜기세덱이 떡과 포도주를 가지고 나왔으니 그는 지극히 높으신 하나님(엘)의 제사장이었더라

19 그가 아브람에게 축복하여 이르되 천지의 주재이시요 지극히 높으신 하나님이여 아브람에게 복을 주옵소서

20 너희 대적을 네 손에 붙이신 지극히 높으신 하나님을 찬송할지로다 하매 아브람이 그 얻은 것에서 십분의 일을 멜기세덱에게 주었더라

21 소돔 왕이 아브람에게 이르되 사람은 내게 보내고 물품은 네가 가지라

22 아브람이 소돔 왕에게 이르되 천지의 주재이시요 지극히 높으신 하나님 여호와께 내가 손을 들어 맹세하노니

23 네 말이 내가 아브람으로 치부하게 하였다 할까 하여 네게 속한 것은 실 한 오라기나 들메끈 한 가닥도 내가 가지지 아니하리라

24 오직 젊은이들이 먹은 것과 나와 동행한 아넬과 에스골과 마므레의 분깃을 제할지니 그들이 그 분깃을 가질 것이니라

(대하20:6) 이르되 우리 조상들의 하나님 여호와여 주는 하늘에서 하나님이 아니시니이까 이방 사람들의 모든 나라를 다스리지 아니하시나

이까 주의 손에 권세와 능력이 있사오니 능히 주와 맞설 사람이 없나이다

(시82:1) 하나님(엘로힘/하나님들)은 신들의 모임 가운데에 서시며 하나님(엘로힘/하나님들)은 그들 가운데에서 재판하시느니라

→ *하늘에는 신들의 모임이 있었고, 그들 가운데 재판하시는 분은 엘로힘이었습니다.*

(시89:5-7) 5 여호와여 주의 기이한 일을 하늘이 찬양할 것이요 주의 성실도 거룩한 자들의 모임 가운데에서 찬양하리이다 시19:1
6 무릇 구름 위에서 능히 여호와와 비교할 자 누구며 신들 중에서 여호와와 같은 자 누구리이까 시29:1
7 하나님(엘)은 거룩한 자의 모임 가운데에서 매우 무서워 할 이시오며 둘러 있는 모든 자 위에 더욱 두려워할 이시니이다

→ *신들의 모임에서 여호와 역시 매우 무서워할 이십니다.*

→ *이것은 분명히 그들의 세계가 따로 존재한다는 이야기입니다.*

(시136:1-5) 1 여호와께 감사하라 그는 선하시며 그 인자하심이 영원함이로다
2 신들 중에 뛰어난 하나님께 감사하라 그 인자하심이 영원함이로다
3 주들 중에 뛰어난 주께 감사하라 그 인자하심이 영원함이로다

현대인의 눈으로 본 성경

4 홀로 큰 기이한 일들을 행하시는 이에게 감사하라 그 인자하심이 영원함이로다

5 지혜로 하늘을 지으신 이에게 감사하라 그 인자하심이 영원함이로다

(렘23:18) 누가 여호와의 회의에 참여하여 그 말을 알아들었으며 누가 귀를 기울여 그 말을 들었느냐 고후2:16

(단7:9-14) 9 ○내가 보니 왕좌가 놓이고 옛적부터 항상 계신 이가 좌정하셨는데 그의 옷은 희기가 눈 같고 그의 머리털은 깨끗한 양의 털 같고 그의 보좌는 불꽃이요 그의 바퀴는 타오르는 불이며 계1:14

10 불이 강처럼 흘러 그의 앞에서 나오며 그를 섬기는 자는 천천이요 그 앞에서 모셔 선 자는 만만이며 심판을 베푸는데 책들이 펴 놓였더라

11 그 때에 내가 작은 뿔이 말하는 큰 목소리로 말미암아 주목하여 보는 사이에 짐승이 죽임을 당하고 그의 시체가 상한 바 되어 타오르는 불에 던져졌으며 계19:20, 계20:10

12 그 남은 짐승들은 그의 권세를 빼앗겼으나 그 생명은 보존되어 정한 시기가 이르기를 기다리게 되었더라 고전15:25

13 ○내가 또 밤 환상 중에 보니 인자같은 이가 하늘 구름을 타고 와서 옛적부터 항상 계신 이에게 나아가 그 앞으로 인도되매 단7:9

14 그에게 권세와 영광과 나라를 주고 모든 백성과 나라들과 다른 언어를 말하는 모든 자들이 그를 섬기게 하였으니 그의 권세는 소멸되지 아니하는 영원한 권세요 그의 나라는 멸망하지 아니할 것이니라

(눅1:31-33) 31 보라 네가 잉태하여 아들을 낳으리니 그 이름을 예수라 하라

32 그가 큰 자가 되고 지극히 높으신 이의 아들이라 일컬어질 것이요 주 하나님께서 그 조상 다윗의 왕위를 그에게 주시리니

33 영원히 야곱의 집을 왕으로 다스리실 것이며 그 나라가 무궁하리라

(눅9:35-36) 35 구름 속에서 소리가 나서 이르되 이는 나의 아들 곧 택함을 받은 자니 너희는 그의 말을 들으라 하고

36 소리가 그치매 오직 예수만 보이더라 제자들이 잠잠하여 그 본 것을 무엇이든지 그 때에는 아무에게도 이르지 아니하니라 마17:9

(신32:8-9) 8 *지극히 높으신 자가 민족들에게 기업을 주실 때에,* 인종을 나누실 때에 이스라엘 자손의 수효대로 백성들의 경계를 정하셨도다

9 *여호와의 분깃은 자기 백성이라 야곱은 그가 택하신 기업이로다*

→ 지극히 높으신 자와 여호와는 분명 서로 다른 존재입니다.

→ 지극히 높으신 자가 민족과 인종을 나누실 때에 여호와에게는 여호와의 백성인 야곱의 12아들(이스라엘 민족)만을 주셨습니다.

→ (이것은 창조 시 사람에게 생기를 불어넣어 사람을 신이 되게 하여, 신들이 마음대로 사람에게 들어가지 못하게 한 대가로 여호와에게는 야곱만을 주신 것입니다.) 그만큼 여호와 하나님은 사람을 사랑하셨습니다. 이것이 여호와 하나님이 우리를 향하신 사랑의 본질입니다. 이것이 진짜 성경이 말하고 있는 하나님의 사랑입니다.

→ 나머지 모든 세계 사람(이방인들이라 불렀음)은 예수님이 사람으로 와서 대신 죽고 하늘엔 다시 평화가 오고 난 후 예수님에게 주었습니다.

3.
하늘의 그들

성경에는 분명 이 지구 안에서 조성되지 않았고, 현재의 우주 안에 처음부터 존재하지 않았던 다른 존재들이 있습니다. 하나님들, 여호와, 또 다른 신들, 천사들, 마귀와 그 추종자들, 하나님의 아들들, 하늘의 장로들, 밤낮 보좌에서 찬양하는 자들… 등이 그 존재들입니다. 그들에게는 그들만의 사회가 있었고, 신들의 모임도, 전쟁도, 배신도, 계급도, 추방 등도… 있었습니다. 그리고 그들은 성경에는 존재하지만 현재 우리에게는 靈으로만 존재합니다. 그러나 그들은 본시 형상과 모양을 가지고 있었음이 분명합니다. 성경에 그리 기록되어 있기 때문입니다. 그들에게 무슨 일이 있었는지 우리는 알 수 없습니다. 성경에는 그 이유가 기록되어 있지 않기 때문입니다. 그러나 한 가지 명확한 것은 새 하늘과 새 땅이 이루어지고 새로운 창조가 완성되었을 때에는 그들도 명확하게 모두 우리 인간과 같이 몸으로 서로 얼굴을 대면하여 볼 수가 있다고 성경은 기록하고 있습니다. 그들도 그 때에는 몸을 가진 존재로 우리에게 나타나는 것입니다. 그것을 그들의 부활이라고 말해도 틀린 말은 아닐 것입니다. 그런데 중요한 것은 그들은 왜 처음 하늘과 처음 땅에서는 부활하지 않고, 새 하늘과 새 땅에서 부활을 할까 하는 지극히 합리적인 의문이 드는 것이 사실입니다.

그리고 이것은 성경을 관통하는 진짜 숨은 진실 중의 하나입니다. 지금 껏 사람들이 애써 외면했던 사실입니다. 하지만 이제 사람의 과학과 인식 수준이 그것을 이해할 수준에 와 있습니다. 그리고 그래야만 크리스천의 부활도 명확하게 이해할 수가 있는 것입니다. 그것이 바로 이 책의 존재 이유이고 지금부터 말하고자 하는 것입니다.

(창6:1-3) 1 사람이 땅 위에 번성하기 시작할 때에 그들에게서 딸들이 나니 창1:28

2 하나님의 아들들이 사람의 딸들의 아름다움을 보고 자기들이 좋아하는 모든 여자를 아내로 삼는지라

3 여호와께서 이르시되 나의 영이 영원히 사람과 함께 하지 아니하리니 이는 그들이 육신이 됨이라 그러나 그들의 날은 백이십 년이 되리라 하시니라 벧전3:20

→ 하나님의 아들들이 사람을 아내로 삼고 그들이 육신이 됨으로 그날부터 여호와는 영원히 사람과 함께하지 않게 된 것입니다. 그들은 그만큼 사람의 육신을 갈망하고 있습니다. 그들은 결국 모두 노아의 홍수 때에 죽임을 당했습니다. 그리고 하나님은 노아를 통해 다시 한번 사람을 새롭게 만들었습니다. 그 후 예수님이 죽으신 사흘 동안 옥으로 가서서 그들에게 복음을 전파하셔서 그들에게도 구원의 길을 여셨습니다.

(벧전3:18-22) 18 그리스도께서도 단번에 죄를 위하여 죽으사 의인으로서 불의한 자를 대신하셨으니 이는 우리를 하나님 앞으로 인도하려 하심이라 육체로는 죽임을 당하시고 영으로는 살리심을 받으셨으니

19 그가 또한 영으로 가서 옥에 있는 영들에게 선포하시니라

20 그들은 전에 노아의 날 방주를 준비할 동안 하나님이 오래 참고 기다리실 때에 복종하지 아니하던 자들이라 방주에서 물로 말미암아 구원을 얻은 자가 몇 명뿐이니 겨우 여덟 명이라

21 물은 예수 그리스도께서 부활하심으로 말미암아 이제 너희를 구원하는 표니 곧 세례라 이는 육체의 더러운 것을 제하여 버림이 아니요 하나님을 향한 선한 양심의 간구니라

22 그는 하늘에 오르사 하나님 우편에 계시니 천사들과 권세들과 능력들이 그에게 복종하느니라

(창6:4) 당시에 땅에는 네피림이 있었고 그 후에도 하나님의 아들들이 사람의 딸들에게로 들어와 자식을 낳았으니 그들은 용사라 고대에 명성이 있는 사람들이었더라

(창14:17-18) 17 ○아브람이 그돌라오멜과 그와 함께 한 왕들을 쳐부수고 돌아올 때에 소돔 왕이 사웨 골짜기 곧 왕의 골짜기로 나와 그를 영접하였고

18 살렘 왕 멜기세덱이 떡과 포도주를 가지고 나왔으니 그는 지극히 높으신 하나님의 제사장이었더라

→ 아브라함 때에는 여호와 하나님이 모세를 통하여 율법의 제사장을

현대인의 눈으로 본 성경

세우기 전인데, 이 멜게세댁이란 제사장은 '지극히 높으신 하나님'의 제사
장이라 하니, 이 하나님은 명백히 여호와가 아닌 것이 분명합니다.

(창14:19-20) 19 그가 아브람에게 축복하여 이르되 천지의 주재이시요
지극히 높으신 하나님이여 아브람에게 복을 주옵소서
20 너희 대적을 네 손에 붙이신 지극히 높으신 하나님을 찬송할지로다
하매 아브람이 그 얻은 것에서 십분의 일을 멜기세덱에게 주었더라

(창28:12-14) 12 꿈에 본즉 사닥다리가 땅 위에 서 있는데 그 꼭대기
가 하늘에 닿았고 또 본즉 하나님(엘로힘/하나님들)의 사자들이 그 위
에서 오르락 내리락 하고
13 또 본즉 여호와께서 그 위에 서서 이르시되 나는 여호와니 너의 조
부 아브라함의 하나님이요 이삭의 하나님이라 네가 누워 있는 땅을 내
가 너와 네 자손에게 주리니
14 네 자손이 땅의 티끌 같이 되어 네가 서쪽과 동쪽과 북쪽과 남쪽으
로 퍼져 나갈지며 땅의 모든 족속이 너와 네 자손으로 말미암아 복을 받
으리라

(창32:1-2) 1 야곱이 길을 가는데 하나님의 사자들이 그를 만난지라
2 야곱이 그들을 볼 때에 이르기를 이는 하나님의 군대라 하고 그 땅
이름을 마하나임이라 하였더라

(수5:14-15) 14 그가 이르되 아니라 나는 여호와의 군대 대장으로 지

금 왔느니라 하는지라 여호수아가 얼굴을 땅에 대고 엎드려 절하고 그에게 이르되 내 주여 종에게 무슨 말씀을 하려 하시나이까

15 여호와의 군대 대장이 여호수아에게 이르되 네 발에서 신을 벗으라 네가 선 곳은 거룩하니라 하니 여호수아가 그대로 행하니라

(삿6:12) 여호와의 사자가 기드온에게 나타나 이르되 큰 용사여 여호와께서 너와 함께 계시도다 하매

(삿6:22-24) 22 기드온이 그가 여호와의 사자인 줄을 알고 이르되 슬프도소이다 주 여호와여 내가 여호와의 사자를 대면하여 보았나이다 하니 창16:13

23 여호와께서 그에게 이르시되 너는 안심하라 두려워하지 말라 죽지 아니하리라 하시니라

24 기드온이 여호와를 위하여 거기서 제단을 쌓고 그것을 여호와 살롬이라 하였더라 그것이 오늘까지 아비에셀 사람에게 속한 오브라에 있더라

(삿13:6) 이에 그 여인이 가서 그의 남편에게 말하여 이르되 하나님의 사람이 내게 오셨는데 그의 모습이 하나님의 사자의 용모 같아서 심히 두려우므로 어디서부터 왔는지를 내가 묻지 못하였고 그도 자기 이름을 내게 이르지 아니하였으며

(삼상16:14) 여호와의 영이 사울에게서 떠나고 여호와께서 부리시는 악령이 그를 번뇌하게 한지라

(삼상28:8-16) 8 사울이 다른 옷을 입어 변장하고 두 사람과 함께 갈새 그들이 밤에 그 여인에게 이르러서는 사울이 이르되 청하노니 나를 위하여 신접한 술법으로 내가 네게 말하는 사람을 불러 올리라 하니

9 여인이 그에게 이르되 네가 사울이 행한 일 곧 그가 신접한 자와 박수를 땅에서 멸절시켰음을 아나니 네가 어찌하여 내 생명에 올무를 놓아 나를 죽게 하려느냐 하는지라

10 사울이 여호와의 이름으로 그에게 맹세하여 이르되 여호와께서 살아계심을 두고 맹세하노니 네가 이 일로는 벌을 당하지 아니하리라 하니

11 여인이 이르되 내가 누구를 네게로 불러 올리랴 하니 사울이 이르되 사무엘을 불러 올리라 하는지라

12 여인이 사무엘을 보고 큰 소리로 외치며 사울에게 말하여 이르되 당신이 어찌하여 나를 속이셨나이까 당신이 사울이시니이다

13 왕이 그에게 이르되 두려워하지 말라 네가 무엇을 보았느냐 하니 여인이 사울에게 이르되 내가 영이 땅에서 올라오는 것을 보았나이다 하는지라

14 사울이 그에게 이르되 그의 모양이 어떠하냐 하니 그가 이르되 한 노인이 올라오는데 그가 겉옷을 입었나이다 하더라 사울이 그가 사무엘인 줄 알고 그의 얼굴을 땅에 대고 절하니라

15 사무엘이 사울에게 이르되 네가 어찌하여 나를 불러 올려서 나를 성가시게 하느냐 하니 사울이 대답하되 나는 심히 다급하니이다 블레셋 사람들은 나를 향하여 군대를 일으켰고 하나님은 나를 떠나서 다시는 선지자로도, 꿈으로도 내게 대답하지 아니하시기로 내가 행할 일을 알아보려고 당신을 불러 올렸나이다 하더라

16 사무엘이 이르되 여호와께서 너를 떠나 네 대적이 되셨거늘 네가 어찌하여 내게 묻느냐

(삼하24:16) 천사가 예루살렘을 향하여 그의 손을 들어 멸하려 하더니 여호와께서 이 재앙 내리심을 뉘우치사 백성을 멸하는 천사에게 이르시되 족하다 이제는 네 손을 거두라 하시니 여호와의 사자가 여부스 사람 아라우나의 타작마당 곁에 있는지라

(왕상 8:27) 하나님이 참으로 땅에 거하시리이까 하늘과 하늘들의 하늘이라도 주를 용납하지 못하겠거든 하물며 내가 건축한 이 성전이오리이까

(왕상8:39) 주는 계신 곳 하늘에서 들으시고 사하시며 각 사람의 마음을 아시오니 그들의 모든 행위대로 행하사 갚으시옵소서 주만 홀로 사람의 마음을 다 아심이니이다

(왕상19:5) 로뎀 나무 아래에 누워 자더니 천사가 그를 어루만지며 그에게 이르되 일어나서 먹으라 하는지라

(왕상22:19-23) 19 미가야가 이르되 그런즉 왕은 여호와의 말씀을 들으소서 내가 보니 여호와께서 그의 보좌에 앉으셨고 하늘의 만군이 그의 좌우편에 모시고 서 있는데
20 여호와께서 말씀하시기를 누가 아합을 꾀어 그를 길르앗 라못에 올

라가서 죽게 할꼬 하시니 하나는 이렇게 하겠다 하고 또 하나는 저렇게 하겠다 하였는데

21 한 영이 나아와 여호와 앞에 서서 말하되 내가 그를 꾀겠나이다

22 여호와께서 그에게 이르시되 어떻게 하겠느냐 이르되 내가 나가서 거짓말하는 영이 되어 그의 모든 선지자들의 입에 있겠나이다 여호와께서 이르시되 너는 꾀겠고 또 이루리라 나가서 그리하라 하셨은즉

23 이제 여호와께서 거짓말하는 영을 왕의 이 모든 선지자의 입에 넣으셨고 또 여호와께서 왕에 대하여 화를 말씀하셨나이다

(왕하1:3) 그런데 야훼의 천사가 디스베 사람 엘리야에게 나타나서 사마리아 왕이 보낸 사람들을 만나 이렇게 전하라고 명하였다 "이스라엘에는 신이 없어서, 에크론의 신 바알세붑에게 병세를 문의하러 가느냐?"

(왕하2:1) 야훼께서 엘리야를 회오리바람에 태워 하늘로 데려 가실 때가 되어 엘리야가 길갈을 떠나는데, 엘리사가 따라 나섰다. 그러자

(왕하2:11) 그들이 말을 주거니 받거니 하면서 길을 가는데, 난데없이 불말이 불수레를 끌고 그들 사이로 나타나는 것이었습니다. 동시에 두 사람 사이는 떨어지면서 엘리야는 회오리바람 속에 휩싸여 하늘로 올라갔다.

(왕하6:16-17) 16 대답하되 두려워하지 말라 우리와 함께 한 자가 그들과 함께 한 자보다 많으니라 하고

17 기도하여 이르되 여호와여 원하건대 그의 눈을 열어서 보게 하옵소서 하니 여호와께서 그 청년의 눈을 여시매 그가 보니 불말과 불병거가 산에 가득하여 엘리사를 둘렀더라

(대상21:15-16) 15 하나님이 예루살렘을 멸하러 천사를 보내셨더니 천사가 멸하려 할 때에 여호와께서 보시고 이 재앙 내림을 뉘우치사 멸하는 천사에게 이르시되 족하다 이제는 네 손을 거두라 하시니 그 때에 여호와의 천사가 여부스 사람 오르난의 타작 마당 곁에 선지라
16 다윗이 눈을 들어 보매 여호와의 천사가 천지 사이에 섰고 칼을 빼어 손에 들고 예루살렘 하늘을 향하여 편지라 다윗이 장로들과 더불어 굵은 베를 입고 얼굴을 땅에 대고 엎드려

(대상21:26-27) 26 다윗이 거기서 여호와를 위하여 제단을 쌓고 번제와 화목제를 드려 여호와께 아뢰었더니 여호와께서 하늘에서부터 번제단 위에 불을 내려 응답하시고
27 여호와께서 천사를 명령하시매 그가 칼을 칼집에 꽂았더라

(욥1:6-7) 6 하루는 하나님의 아들들이 와서 여호와 앞에 섰고 사탄도 그들 가운데에 온지라
7 여호와께서 사탄에게 이르시되 네가 어디서 왔느냐 사탄이 여호와께 대답하여 이르되 땅을 두루 돌아 여기저기 다녀왔나이다

(시2:7) 내가 여호와의 명령을 전하노라 여호와께서 내게 이르시되 너

는 내 아들이라 오늘 내가 너를 낳았도다

(시2:12) 그의 아들에게 입맞추라 그렇지 아니하면 진노하심으로 너희가 길에서 망하리니 그의 진노가 급하심이라 여호와께 피하는 모든 사람은 다 복이 있도다

(시95:2-3) 2 우리가 감사함으로 그 앞에 나아가며 시를 지어 즐거이 그를 노래하자
3 여호와는 크신 하나님이시요 모든 신들보다 크신 왕이시기 때문이로다

(사6:1-5) 1 웃시야 왕이 죽던 해에 내가 본즉 주께서 높이 들린 보좌에 앉으셨는데 그의 옷자락은 성전에 가득하였고
2 스랍들이 모시고 섰는데 각기 여섯 날개가 있어 그 둘로는 자기의 얼굴을 가리었고 그 둘로는 자기의 발을 가리었고 그 둘로는 날며
3 서로 불러 이르되 거룩하다 거룩하다 거룩하다 만군의 여호와여 그의 영광이 온 땅에 충만하도다 하더라
4 이같이 화답하는 자의 소리로 말미암아 문지방의 터가 요동하며 성전에 연기가 충만한지라
5 그 때에 내가 말하되 화로다 나여 망하게 되었도다 나는 입술이 부정한 사람이요 나는 입술이 부정한 백성 중에 거주하면서 만군의 여호와이신 왕을 뵈었음이로다 하였더라

(사14:12-17) 12 ○너 아침의 아들 계명성이여 어찌 그리 하늘에서 떨어졌으며 너 열국을 엎은 자여 어찌 그리 땅에 찍혔는고

13 네가 네 마음에 이르기를 내가 하늘에 올라 하나님의 뭇 별 위에 내 자리를 높이리라 내가 북극 집회의 산 위에 앉으리라 단5:22, 단8:10

14 가장 높은 구름에 올라가 지극히 높은 이와 같아지리라 하는도다 살후2:4

15 그러나 이제 네가 스올 곧 구덩이 맨 밑에 떨어짐을 당하리로다

16 너를 보는 이가 주목하여 너를 자세히 살펴 보며 말하기를 이 사람이 땅을 진동시키며 열국을 놀라게 하며 마11:23, 눅10:15, 계18:9, 계18:18

17 세계를 황무하게 하며 성읍을 파괴하며 그에게 사로잡힌 자들을 집으로 놓아 보내지 아니하던 자가 아니냐 하리로다 욜2:3

(사27:1-2) 1 그 날에 여호와께서 그의 견고하고 크고 강한 칼로 날랜 뱀 리워야단 곧 꼬불꼬불한 뱀 리워야단을 벌하시며 바다에 있는 용을 죽이시리라 악어를 사51:9

2 ○그 날에 너희는 아름다운 포도원을 두고 노래를 부를지어다

(사45:12) 내가 땅을 만들고 그 위에 사람을 창조하였으며 내가 내 손으로 하늘을 펴고 하늘의 모든 군대에게 명령하였노라

(사65:17) ○보라 내가 새 하늘과 새 땅을 창조하나니 이전 것은 기억되거나 마음에 생각나지 아니할 것이라

현대인의 눈으로 본 성경

(렘14:14) 여호와께서 내게 이르시되 선지자들이 내 이름으로 거짓 예언을 하도다 나는 그들을 보내지 아니하였고 그들에게 명령하거나 이르지 아니 하였거늘 그들이 거짓 계시와 점술과 헛된 것과 자기 마음의 거짓으로 너희에게 예언하는도다 렘23:16

(렘23:18) 누가 여호와의 회의에 참여하여 그 말을 알아들었으며 누가 귀를 기울여 그 말을 들었느냐 고후2:16

(단7:9-14) 9 ○내가 보니 왕좌가 놓이고 옛적부터 항상 계신 이가 좌정하셨는데 그의 옷은 희기가 눈 같고 그의 머리털은 깨끗한 양의 털 같고 그의 보좌는 불꽃이요 그의 바퀴는 타오르는 불이며 계1:14

10 불이 강처럼 흘러 그의 앞에서 나오며 그를 섬기는 자는 천천이요 그 앞에서 모셔 선 자는 만만이며 심판을 베푸는데 책들이 펴 놓였더라

11 그 때에 내가 작은 뿔이 말하는 큰 목소리로 말미암아 주목하여 보는 사이에 짐승이 죽임을 당하고 그의 시체가 상한 바 되어 타오르는 불에 던져졌으며 계19:20, 계20:10

12 그 남은 짐승들은 그의 권세를 빼앗겼으나 그 생명은 보존되어 정한 시기가 이르기를 기다리게 되었더라 고전15:25

13 ○내가 또 밤 환상 중에 보니 인자같은 이가 하늘 구름을 타고 와서 옛적부터 항상 계신 이에게 나아가 그 앞으로 인도되매 단7:9

14 그에게 권세와 영광과 나라를 주고 모든 백성과 나라들과 다른 언어를 말하는 모든 자들이 그를 섬기게 하였으니 그의 권세는 소멸되지 아니하는 영원한 권세요 그의 나라는 멸망하지 아니할 것이니라

(마3:13-17) 13 ○이 때에 예수께서 갈릴리로부터 요단 강에 이르러 요한에게 세례를 받으려 하시니

14 요한이 말려 이르되 내가 당신에게서 세례를 받아야 할 터인데 당신이 내게로 오시나이까

15 예수께서 대답하여 이르시되 이제 허락하라 우리가 이와 같이 하여 모든 의를 이루는 것이 합당하니라 하시니 이에 요한이 허락하는지라

16 예수께서 세례를 받으시고 곧 물에서 올라오실새 하늘이 열리고 하나님의 성령이 비둘기 같이 내려 자기 위에 임하심을 보시더니 막1:10

17 하늘로부터 소리가 있어 말씀하시되 이는 내 사랑하는 아들이요 내 기뻐하는 자라 하시니라

(마4:1-2) 1 그 때에 예수께서 성령에게 이끌리어 마귀에게 시험을 받으러 광야로 가사

2 사십 일을 밤낮으로 금식하신 후에 주리신지라

(마4:10-11) 10 이에 예수께서 말씀하시되 사탄아 물러가라 기록되었으되 주 너의 하나님께 경배하고 다만 그를 섬기라 하였느니라

11 이에 마귀는 예수를 떠나고 천사들이 나아와서 수종드니라

(마8:29-31) 29 이에 그들이 소리 질러 이르되 하나님의 아들이여 우리가 당신과 무슨 상관이 있나이까 때가 이르기 전에 우리를 괴롭게 하려고 여기 오셨나이까 하더니

30 마침 멀리서 많은 돼지 떼가 먹고 있는지라

현대인의 눈으로 본 성경

31 귀신들이 예수께 간구하여 이르되 만일 우리를 쫓아내시려면 돼지 떼에 들여보내 주소서 하니

(마12:43-45) 43 더러운 귀신이 사람에게서 나갔을 때에 물 없는 곳으로 다니며 쉬기를 구하되 쉴 곳을 얻지 못하고

44 이에 이르되 내가 나온 내 집으로 돌아가리라 하고 와 보니 그 집이 비고 청소되고 수리되었거늘

45 이에 가서 저보다 더 악한 귀신 일곱을 데리고 들어가서 거하니 그 사람의 나중 형편이 전보다 더욱 심하게 되느니라 이 악한 세대가 또한 이렇게 되리라

(마13:37-43) 37 대답하여 이르시되 좋은 씨를 뿌리는 이는 인자요

38 밭은 세상이요 좋은 씨는 천국의 아들들이요 가라지는 악한 자의 아들들이요

39 가라지를 뿌린 원수는 마귀요 추수 때는 세상 끝이요 추수꾼은 천사들이니

40 그런즉 가라지를 거두어 불에 사르는 것 같이 세상 끝에도 그러하리라

41 인자가 그 천사들을 보내리니 그들이 그 나라에서 모든 넘어지게 하는 것과 또 불법을 행하는 자들을 거두어 내어

42 풀무 불에 던져 넣으리니 거기서 울며 이를 갈게 되리라

43 그 때에 의인들은 자기 아버지 나라에서 해와 같이 빛나리라 귀 있는 자는 들으라

(마16:27-28) 27 인자가 아버지의 영광으로 그 천사들과 함께 오리니 그 때에 각 사람이 행한 대로 갚으리라

28 진실로 너희에게 이르노니 여기 서 있는 사람 중에 죽기 전에 인자가 그 왕권을 가지고 오는 것을 볼 자들도 있느니라 행2:1

(마17:5) 말할 때에 홀연히 빛난 구름이 그들을 덮으며 구름 속에서 소리가 나서 이르시되 이는 내 사랑하는 아들이요 내 기뻐하는 자니 너희는 그의 말을 들으라 하시는지라

(마18:10) 삼가 이 작은 자 중의 하나도 업신여기지 말라 너희에게 말하노니 그들의 천사들이 하늘에서 하늘에 계신 내 아버지의 얼굴을 항상 뵈옵느니라

(마21:9) 앞에서 가고 뒤에서 따르는 무리가 소리 높여 이르되 호산나 다윗의 자손이여 찬송하리로다 주의 이름으로 오시는 이여 가장 높은 곳에서 호산나 하더라 막11:15, 눅19:45, 요12:13

(마24:29-31) 29 ○그 날 환난 후에 즉시 해가 어두워지며 달이 빛을 내지 아니하며 별들이 하늘에서 떨어지며 하늘의 권능들이 흔들리리라 사34:4, 계6:13

30 그 때에 인자의 징조가 하늘에서 보이겠고 그 때에 땅의 모든 족속들이 통곡하며 그들이 인자가 구름을 타고 능력과 큰 영광으로 오는 것을 보리라 마24:3, 단7:13, 계1:7

현대인의 눈으로 본 성경

31 그가 큰 나팔소리와 함께 천사들을 보내리니 그들이 그의 택하신 자들을 하늘 이 끝에서 저 끝까지 사방에서 모으리라 고전15:52, 살전 4:16

(마28:2-4) 2 큰 지진이 나며 주의 천사가 하늘로부터 내려와 돌을 굴려 내고 그 위에 앉았는데

3 그 형상이 번개같고 그 옷은 눈 같이 희거늘

4 지키던 자들이 그를 무서워하여 떨며 죽은 사람과 같이 되었더라

(막13:24-33) 24 ○그 때에 그 환난 후 해가 어두워지며 달이 빛을 내지 아니하며

25 별들이 하늘에서 떨어지며 하늘에 있는 권능들이 흔들리리라 계6:13

26 그 때에 인자가 구름을 타고 큰 권능과 영광으로 오는 것을 사람들이 보리라 마16:27

27 또 그 때에 그가 천사들을 보내어 자기가 택하신 자들을 땅끝으로부터 하늘 끝까지 사방에서 모으리라

28 ○무화과나무의 비유를 배우라 그 가지가 연하여지고 잎사귀를 내면 여름이 가까운 줄 아나니

29 이와 같이 너희가 이런 일이 일어나는 것을 보거든 인자가 가까이 곧 문 앞에 이른 줄 알라 단11:33

30 내가 진실로 너희에게 말하노니 이 세대가 지나가기 전에 이 일이 다 일어나리라

31 천지는 없어지겠으나 내 말은 없어지지 아니하리라

32 그러나 그 날과 그 때는 아무도 모르나니 하늘에 있는 천사들도, 아들도 모르고 아버지만 아시느니라

33 주의하라 깨어 있으라 그 때가 언제인지 알지 못함이라 행1:7

(눅1:26-27) 26 ○여섯째 달에 천사 가브리엘이 하나님의 보내심을 받아 갈릴리 나사렛이란 동네에 가서

27 다윗의 자손 요셉이라 하는 사람과 약혼한 처녀에게 이르니 그 처녀의 이름은 마리아라

(눅9:35-36) 35 구름 속에서 소리가 나서 이르되 이는 나의 아들 곧 택함을 받은 자니 너희는 그의 말을 들으라 하고

36 소리가 그치매 오직 예수만 보이더라 제자들이 잠잠하여 그 본 것을 무엇이든지 그 때에는 아무에게도 이르지 아니하니라 마17:9

(눅10:17-20) 17 ○칠십 인이 기뻐하며 돌아와 이르되 주여 주의 이름이면 귀신들도 우리에게 항복하더이다

18 예수께서 이르시되 사탄이 하늘로부터 번개 같이 떨어지는 것을 내가 보았노라

19 내가 너희에게 뱀과 전갈을 밟으며 원수의 모든 능력을 제어할 권능을 주었으니 너희를 해칠 자가 결코 없으리라

20 그러나 귀신들이 너희에게 항복하는 것으로 기뻐하지 말고 너희 이름이 하늘에 기록된 것으로 기뻐하라 하시니라

현대인의 눈으로 본 성경

(눅11:20) 그러나 내가 만일 하나님의 손을 힘입어 귀신을 쫓아낸다면 하나님의 나라가 이미 너희에게 임하였느니라

(눅12:8-10) 8 내가 또한 너희에게 말하노니 누구든지 사람 앞에서 나를 시인하면 인자도 하나님의 사자들 앞에서 그를 시인할 것이요

9 사람 앞에서 나를 부인하는 자는 하나님의 사자들 앞에서 부인을 당하리라

10 누구든지 말로 인자를 거역하면 사하심을 받으려니와 성령을 모독하는 자는 사하심을 받지 못하리라

(눅19:38) 이르되 찬송하리로다 주의 이름으로 오시는 왕이여 하늘에는 평화요 가장 높은 곳에는 영광이로다 하니 눅2:14

→ 예수님이 죽으심으로 '하늘에는 평화요, 가장 높은 곳에서는 영광이로다' 하는 것은, 예수님의 죽으심이 바로 하늘의 평화를 위한 것임을 의미하고, 그것은 그들만의 어떤 사건과 비밀이 있었다는 것인데, 그것이 바로 사람의 육체요, 그것이 바로 세상을 창조하신 하나님들의 이유가 됩니다.

(요1:51) 또 이르시되 진실로 진실로 너희에게 이르노니 하늘이 열리고 하나님의 사자들이 인자 위에 오르락 내리락 하는 것을 보리라 하시니라

(요5:25-29) 25 진실로 진실로 너희에게 이르노니 죽은 자들이 하나님

의 아들의 음성을 들을 때가 오나니 곧 이 때라 듣는 자는 살아나리라

26 아버지께서 자기 속에 생명이 있음 같이 아들에게도 생명을 주어 그 속에 있게 하셨고 행17:28

27 또 인자됨으로 말미암아 심판하는 권한을 주셨느니라

28 이를 놀랍게 여기지 말라 무덤속에 있는 자가 다 그의 음성을 들을 때가 오나니

29 선한 일을 행한 자는 생명의 부활로, 악한 일을 행한 자는 심판의 부활로 나오리라 고전15:52

(요6:46) 이는 아버지를 본 자가 있다는 것이 아니니라 오직 하나님에게서 온 자만 아버지를 보았느니라 요1:18

→ 분명히 예수님은 하나님을 보았다고 말하고 있습니다.

(요10:28-30) 28 내가 그들에게 영생을 주노니 영원히 멸망하지 아니할 것이요 또 그들을 내 손에서 빼앗을 자가 없느니라

29 그들을 주신 내 아버지는 만물보다 크시매 아무도 아버지 손에서 빼앗을 수 없느니라

30 나와 아버지는 하나이니라 하신대

(요14:11) 내가 아버지 안에 거하고 아버지께서 내 안에 계심을 믿으라 그렇지 못하겠거든 행하는 그 일로 말미암아 나를 믿으라

현대인의 눈으로 본 성경

(요17:1-8) 1 예수께서 이 말씀을 하시고 눈을 들어 하늘을 우러러 이르시되 아버지여 때가 이르렀사오니 아들을 영화롭게 하사 아들로 아버지를 영화롭게 하게 하옵소서 마12:18

2 아버지께서 아들에게 주신 모든 사람에게 영생을 주게 하시려고 만민을 다스리는 권세를 아들에게 주셨음이로소이다

3 영생은 곧 유일하신 참 하나님과 그가 보내신 자 예수 그리스도를 아는 것이니이다

4 아버지께서 내게 하라고 주신 일을 내가 이루어 아버지를 이 세상에서 영화롭게 하였사오니

5 아버지여 창세 전에 내가 아버지와 함께 가졌던 영화로써 지금도 아버지와 함께 나를 영화롭게 하옵소서 빌2:6, 히1:3

6 세상 중에서 내게 주신 사람들에게 내가 아버지의 이름을 나타내었나이다 그들은 아버지의 것이었는데 내게 주셨으며 그들은 아버지의 말씀을 지키었나이다

7 지금 그들은 아버지께서 내게 주신 것이 다 아버지로부터 온 것인 줄 알았나이다

8 나는 아버지께서 내게 주신 말씀들을 그들에게 주었사오며 그들은 이것을 받고 내가 아버지께로부터 나온 줄을 참으로 아오며 아버지께서 나를 보내신 줄도 믿었사옵나이다 마16:16, 요6:69

→ 하나님은 원래 하나님의 것이었던 사람을 아들 예수님에게 주셨습니다.

(요20:17) 예수께서 이르시되 나를 붙들지 말라 내가 아직 아버지께로 올라가지 아니하였노라 너는 내 형제들에게 가서 이르되 내가 내 아버지 곧 너희 아버지, 내 하나님 곧 너희 하나님께로 올라간다 하라 하시니

(행19:14-16) 14 유대의 한 제사장 스게와의 일곱 아들도 이 일을 행하더니

15 악귀가 대답하여 이르되 내가 예수도 알고 바울도 알거니와 너희는 누구냐 하며

16 악귀 들린 사람이 그들에게 뛰어올라 눌러 이기니 그들이 상하여 벗은 몸으로 그 집에서 도망하는지라

(롬8:19) 피조물이 고대하는 바는 하나님의 아들들이 나타나는 것이니

→ 새 부활 때에는 하나님의 아들들이 다 몸으로 나타납니다.

(롬8:29) 하나님이 미리 아신 자들을 또한 그 아들의 형상을 본받게 하기 위하여 미리 정하셨으니 이는 그로 많은 형제 중에서 맏아들이 되게 하려 하심이니라

(롬16:20) 평강의 하나님께서 속히 사탄을 너희 발 아래에서 상하게 하시리라 우리 주 예수의 은혜가 너희에게 있을지어다

현대인의 눈으로 본 성경

(고전8:5-6) 5 비록 하늘에나 땅에나 신이라 불리는 자가 있어 많은 신과 많은 주가 있으나

6 그러나 우리에게는 한 하나님 곧 아버지가 계시니 만물이 그에게서 났고 우리도 그를 위하여 있고 또한 한 주 예수 그리스도께서 계시니 만물이 그로 말미암고 우리도 그로 말미암아 있느니라

(롬8:14) 무릇 하나님의 영으로 인도함을 받는 사람은 곧 하나님의 아들이라

→ 하나님의 영(성령)으로 인도함을 받는 사람은 바로 하나님의 아들(神)입니다.

(롬8:19) 피조물이 고대하는 바는 하나님의 아들들이 나타나는 것이니

(롬8:29) 하나님이 미리 아신 자들을 또한 그 아들의 형상을 본받게 하기 위하여 미리 정하셨으니 이는 그로 많은 형제 중에서 맏아들이 되게 하려 하심이니라

(고전15:35) 누가 묻기를 죽은 자들이 어떻게 다시 살아나며 어떠한 몸으로 오느냐 하리니

(고후11:14-15) 14 이것은 이상한 일이 아니니라 사탄도 자기를 광명의 천사로 가장하나니 갈1:8

15 그러므로 사탄의 일꾼들도 자기를 의의 일꾼으로 가장하는 것이 또한 대단한 일이 아니니라 그들의 마지막은 그 행위대로 되리라 빌3:19

(엡3:10-11) 10 이는 이제 교회로 말미암아 하늘에 있는 통치자들과 권세들에게 하나님의 각종 지혜를 알게 하려 하심이니

11 곧 영원부터 우리 주 그리스도 예수 안에서 예정하신 뜻대로 하신 것이라

(빌2:5-11) 5 너희 안에 이 마음을 품으라 곧 그리스도 예수의 마음이니

6 그는 근본 하나님의 본체시나 하나님과 동등됨을 취할 것으로 여기지 아니하시고 또는 형체

7 오히려 자기를 비워 종의 형체를 가지사 사람들과 같이 되셨고 또는 본체

8 사람의 모양으로 나타나사 자기를 낮추시고 죽기까지 복종하셨으니 곧 십자가에 죽으심이라

9 이러므로 하나님이 그를 지극히 높여 모든 이름 위에 뛰어난 이름을 주사

10 하늘에 있는 자들과 땅에 있는 자들과 땅 아래에 있는 자들로 모든 무릎을 예수의 이름에 꿇게 하시고

11 모든 입으로 예수 그리스도를 주라 시인하여 하나님 아버지께 영광을 돌리게 하셨느니라

(빌3:20) 그러나 우리의 시민권은 하늘에 있는지라 거기로부터 구원하

는 자 곧 주 예수 그리스도를 기다리노니

(살후2:3-4) 3 누가 어떻게 하여도 너희가 미혹되지 말라 먼저 배교하는 일이 있고 저 불법의 사람 곧 멸망의 아들이 나타나기 전에는 그 날이 이르지 아니하리니 단7:25, 단8:25, 요17:12, 계13:5

4 그는 대적하는 자라 신이라고 불리는 모든 것과 숭배함을 받는 것에 대항하여 그 위에 자기를 높이고 하나님의 성전에 앉아 자기를 하나님이라고 내세우느니라 사14:14, 겔28:2, 행17:23

(살후2:9-10) 9 악한 자의 나타남은 사탄의 활동을 따라 모든 능력과 표적과 거짓 기적과 마24:24

10 불의의 모든 속임으로 멸망하는 자들에게 있으리니 이는 그들이 진리의 사랑을 받지 아니하여 구원함을 받지 못함이라 고전1:18

(히1:1-14) 1 옛적에 선지자들을 통하여 여러 부분과 여러 모양으로 우리 조상들에게 말씀하신 하나님이

2 이 모든 날 마지막에는 아들을 통하여 우리에게 말씀하셨으니 이 아들을 만유의 상속자로 세우시고 또 그로 말미암아 모든 세계를 지으셨느니라 막12:7

3 이는 하나님의 영광의 광채시요 그 본체의 형상이시라 그의 능력의 말씀으로 만물을 붙드시며 죄를 정결하게 하는 일을 하시고 높은 곳에 계신 지극히 크신 이의 우편에 앉으셨느니라

4 그가 천사보다 훨씬 뛰어남은 그들보다 더욱 아름다운 이름을 기업

으로 얻으심이니

5 하나님께서 어느 때에 천사 중 누구에게 너는 내 아들이라 오늘 내가 너를 낳았다 하셨으며 또 다시 나는 그에게 아버지가 되고 그는 내게 아들이 되리라 하셨느냐 시2:7, 시89:26

6 또 그가 맏아들을 이끌어 세상에 다시 들어오게 하실 때에 하나님의 모든 천사들은 그에게 경배할지어다 말씀하시며 롬8:29, 벧전3:22

7 또 천사들에 관하여는 그는 그의 천사들을 바람으로, 그의 사역자들을 불꽃으로 삼으시느니라 하셨으되 시104:4

8 아들에 관하여는 하나님이여 주의 보좌는 영영하며 주의 나라의 규는 공평한 규이니이다 시45:6

9 주께서 의를 사랑하시고 불법을 미워하셨으니 그러므로 하나님 곧 주의 *하나님이 즐거움의 기름을 주께 부어 주를 동류들보다 뛰어나게 하셨도다 하였고*

10 또 주여 태초에 주께서 땅의 기초를 두셨으며 하늘도 주의 손으로 지으신 바라

11 그것들은 멸망할 것이나 오직 주는 영존할 것이요 그것들은 다 옷과 같이 낡아지리니

12 의복처럼 갈아입을 것이요 그것들은 옷과 같이 변할 것이나 주는 여전하여 연대가 다함이 없으리라 하였으나

13 어느 때에 천사 중 누구에게 내가 네 원수로 네 발등상이 되게 하기까지 너는 내 우편에 앉아 있으라 하셨느냐

14 모든 천사들은 섬기는 영으로서 구원 받을 상속자들을 위하여 섬기라고 보내심이 아니냐

현대인의 눈으로 본 성경

(히2:10-11) 10 그러므로 만물이 그를 위하고 또한 그로 말미암은 이가 많은 아들들을 이끌어 영광에 들어가게 하시는 일에 그들의 구원의 창시자를 고난을 통하여 온전하게 하심이 합당하도다

11 거룩하게 하시는 이와 거룩하게 함을 입은 자들이 다 한 근원에서 난지라 그러므로 형제라 부르시기를 부끄러워하지 아니하시고

(히9:11-12) 11 ○그리스도께서는 장래 좋은 일의 대제사장으로 오사 손으로 짓지 아니한 것 곧 이 창조에 속하지 아니한 더 크고 온전한 장막으로 말미암아 히10:1

12 염소와 송아지의 피로 하지 아니하고 오직 자기의 피로 영원한 속죄를 이루사 단번에 성소에 들어가셨느니라 레4:3

(히11:16) 그들이 이제는 더 나은 본향을 사모하니 곧 하늘에 있는 것이라 이러므로 하나님이 그들의 하나님이라 일컬음 받으심을 부끄러워하지 아니하시고 그들을 위하여 한 성을 예비하셨느니라 막8:38

(벧전3:19-20) 19 그가 또한 영으로 가서 옥에 있는 영들에게 선포하시니라

20 그들은 전에 노아의 날 방주를 준비할 동안 하나님이 오래 참고 기다리실 때에 복종하지 아니하던 자들이라 방주에서 물로 말미암아 구원을 얻은 자가 몇 명뿐이니 겨우 여덟 명이라

(벧후2:4-5) 4 하나님이 범죄한 천사들을 용서하지 아니하시고 지옥에

던져 어두운 구덩이에 두어 심판 때까지 지키게 하셨으며

5 옛 세상을 용서하지 아니하시고 오직 의를 전파하는 노아와 그 일곱 식구를 보존하시고 경건하지 아니한 자들의 세상에 홍수를 내리셨으며

(벧후2:12) 그러나 이 사람들은 본래 잡혀 죽기 위하여 난 이성 없는 짐승 같아서 그 알지 못하는 것을 비방하고 그들의 멸망 가운데서 멸망을 당하며

→ 본래 잡혀 죽기 위하여 난 이성 없는 짐승 같은 사람이 바로 원래 창세기 1장의 사람의 모습이었습니다. (네안데르탈인까지의 인간종)

→ 그것이 바로 하나님(神)들이 사람을 창조하신 이유였던 것입니다.

→ 그런데 여호와 하나님이 세상과 사람을 너무 사랑하셔서 그 사람에게 생기를 불어넣으시고 그 후 사람이 그들과 같은 신이 되어 버린 것입니다.

→ 그 대가로 하나님의 아들 예수님이 인간으로 와서 죽고 다시 하늘에는 평화가 오고 더 높은 곳에서는 영광이 되고,

→ 하나님들은 사람을 그들과 같은 신으로 받아들여 영생을 인정하여 같이 부활에 동참시키고,

→ 하나님들은 이 세상을 종말로 다시 한번 정리하고 '새 하늘과 새 땅'에서 다시 재창조로 모든 창조의 사역을 완성하는 것입니다. 오직 사람을 살리기 위해서. 이것이 사람을 향하신 여호와 하나님의 진정한 사랑입니다. 그만큼 여호와 하나님은 사람을 사랑하셨습니다.

현대인의 눈으로 본 성경

(벧후3:8) 사랑하는 자들아 주께는 하루가 천 년 같고 천 년이 하루 같다는 이 한 가지를 잊지 말라 시90:4

(유1:6-9) 6 또 자기 지위를 지키지 아니하고 자기 처소를 떠난 천사들을 큰 날의 심판까지 영원한 결박으로 흑암에 가두셨으며

7 소돔과 고모라와 그 이웃 도시들도 그들과 같은 행동으로 음란하며 다른 육체를 따라 가다가 영원한 불의 형벌을 받음으로 거울이 되었느니라

8 그러한데 꿈꾸는 이 사람들도 그와 같이 육체를 더럽히며 권위를 업신여기며 영광을 비방하는도다

9 천사장 미가엘이 모세의 시체에 관하여 마귀와 다투어 변론할 때에 감히 비방하는 판결을 내리지 못하고 다만 말하되 주께서 너를 꾸짖으시기를 원하노라 하였거늘

(계5:8-14) 8 그 두루마리를 취하시매 네 생물과 이십사 장로들이 그 어린양 앞에 엎드려 각각 거문고와 향이 가득한 금 대접을 가졌으니 이 향은 성도의 기도들이라

9 그들이 새 노래를 불러 이르되 두루마리를 가지시고 그 인봉을 떼기에 합당하시도다 일찍이 죽임을 당하사 각 족속과 방언과 백성과 나라 가운데에서 사람들을 피로 사서 하나님께 드리시고

10 그들로 우리 하나님 앞에서 나라와 제사장들을 삼으셨으니 그들이 땅에서 왕 노릇 하리로다 하더라

11 내가 또 보고 들으매 보좌와 생물들과 장로들을 둘러 선 많은 천사의 음성이 있으니 그 수가 만만이요 천천이라

12 큰 음성으로 이르되 죽임을 당하신 어린양은 능력과 부와 지혜와 힘과 존귀와 영광과 찬송을 받으시기에 합당하도다 하더라

13 내가 또 들으니 하늘 위에와 땅 위에와 땅 아래와 바다 위에와 또 그 가운데 모든 피조물이 이르되 보좌에 앉으신 이와 어린양에게 찬송과 존귀와 영광과 권능을 세세토록 돌릴지어다 하니 요5:23

14 네 생물이 이르되 아멘 하고 장로들은 엎드려 경배하더라

(계8:3-4) 3 또 다른 천사가 와서 제단 곁에 서서 금 향로를 가지고 많은 향을 받았으니 이는 모든 성도의 기도와 합하여 보좌 앞 금 제단에 드리고자 함이라

4 향연이 성도의 기도와 함께 천사의 손으로부터 하나님 앞으로 올라가는지라

(계9:1-4) 1 다섯째 천사가 나팔을 불매 내가 보니 하늘에서 땅에 떨어진 별 하나가 있는데 그가 무저갱의 열쇠를 받았더라

2 그가 무저갱을 여니 그 구멍에서 큰 화덕의 연기 같은 연기가 올라오매 해와 공기가 그 구멍의 연기로 말미암아 어두워지며

3 또 황충이 연기 가운데로부터 땅 위에 나오매 그들이 땅에 있는 전갈의 권세와 같은 권세를 받았더라

4 그들에게 이르시되 땅의 풀이나 푸른 것이나 각종 수목은 해하지 말고 오직 이마에 하나님의 인침을 받지 아니한 사람들만 해하라 하시더라

→ 하나님의 인침을 받은 자가 바로 생명책에 기록된 자이고, 이것은

생명책에 기록된 것이 바로 영생을 얻는 것이고, 그것은 바로 예수님을 믿고 그 예수님의 이름으로 성령을 받는 것이고, 이 구원을 받은 자가 바로 불못에 들어가지 않고 부활하여 새 하늘과 새 땅으로 들어가는 자이고, 나머지 모든 자들은 결국 불못(블랙홀)으로 들어가게 됩니다. 불못에 들어가기 전까지 모든 사람들은 자신의 행위대로 심판을 받는 것인데(행위책에 기록된 대로), 이것이 바로 뇌에 저장된 자신의 기억입니다. 나쁜 기억으로 죽은 자는 영원히 그 나쁜 기억 속에서 살고, 좋은 기억으로 죽은 자는 영원히 그 좋은 기억 속에서 살다가(더 이상 뇌를 포함한 육체가 없으니 죽은 자는 기억이 더는 업그레이드될 수 없습니다.) 불못(블랙홀)으로 들게 되는데, 이것이 바로 부활을 기다리는 중간지대라 하는 음부나, 스올이나, 연옥입니다.

(계11:7) 그들이 그 증언을 마칠 때에 무저갱으로부터 올라오는 짐승이 그들과 더불어 전쟁을 일으켜 그들을 이기고 그들을 죽일 터인즉 눅13:32, 계13:1

(계11:19) ○이에 하늘에 있는 하나님의 성전이 열리니 성전 안에 하나님의 언약궤가 보이며 또 번개와 음성들과 우레와 지진과 큰 우박이 있더라

(계12:7-9) 7 ○하늘에 전쟁이 있으니 미가엘과 그의 사자들이 용과 더불어 싸울새 용과 그의 사자들도 싸우나 계20:2
8 이기지 못하여 다시 하늘에서 그들이 있을 곳을 얻지 못한지라

9 큰 용이 내쫓기니 옛 뱀 곧 마귀라고도 하고 사탄이라고도 하며 온 천하를 꾀는 자라 그가 땅으로 내쫓기니 그의 사자들도 그와 함께 내쫓 기니라 창3:1

→ 분명 하늘에는 전쟁도 있었고, 이 전쟁은 미가엘 천사장과 그의 사 자들 대 마귀와 그의 사자들의 전쟁이었고, 그 전쟁으로 인하여 마귀와 그의 사자들이 땅으로 내쫓겼습니다.

(계12:10-12) 10 내가 또 들으니 하늘에 큰 음성이 있어 이르되 이제 우 리 하나님의 구원과 능력과 나라와 또 그의 그리스도의 권세가 나타났으 니 우리 형제들을 참소하던 자 곧 우리 하나님 앞에서 밤낮 참소하던 자 가 쫓겨났고
11 또 우리 형제들이 어린양의 피와 자기들이 증언하는 말씀으로써 그 를 이겼으니 그들은 죽기까지 자기들의 생명을 아끼지 아니하였도다
12 그러므로 하늘과 그 가운데에 거하는 자들은 즐거워하라 그러나 땅 과 바다는 화 있을진저 이는 마귀가 자기의 때가 얼마 남지 않은 줄을 알 므로 크게 분내어 너희에게 내려갔음이라 하더라

→ 마귀가 바로 하나님 앞에서 형제들을 밤낮 참소하던 자인데, 여기서 밤낮 참소당하던 형제들이란 하늘과 그 가운데 거하던 자들입니다.
→ 그들은 그리스도의 권세와 어린양의 피와 말씀으로 마귀를 이겼는 데, 곧 마귀를 이긴 미가엘과 그의 사자들입니다.
→ 이것은 바로 예수님의 죽음이 하늘의 전쟁과 깊은 관련이 있다는 중

현대인의 눈으로 본 성경

거입니다.

→ 그래서 예수님의 죽음이 하늘의 평화가 되는 것입니다.

(계12:17) 용이 여자에게 분노하여 돌아가서 그 여자의 남은 자손 곧 하나님의 계명을 지키며 예수의 증거를 가진 자들과 더불어 싸우려고 바다 모래 위에 서 있더라 계1:2, 계6:9, 계19:10

(계13:6) *짐승이 입을 벌려 하나님을 향하여 비방하되 그의 이름과 그의 장막 곧 하늘에 사는 자들을 비방하더라*

→ 짐승이 하나님과 하늘에 사는 자들을 비방했다는 것은 그들의 세계에서 뭔가가 일어났다는 것입니다.

(계19:4-5) 4 또 이십사 장로와 네 생물이 엎드려 보좌에 앉으신 하나님께 경배하여 이르되 아멘 할렐루야 하니 계4:4

5 보좌에서 음성이 나서 이르시되 하나님의 종들 곧 그를 경외하는 너희들아 작은 자나 큰 자나 다 우리 하나님께 찬송하라 하더라

(계19:11-14) 11 ○또 내가 하늘이 열린 것을 보니 보라 백마와 그것을 탄 자가 있으니 그 이름은 충신과 진실이라 그가 공의로 심판하며 싸우더라

12 그 눈은 불꽃 같고 그 머리에는 많은 관들이 있고 또 이름 쓴 것 하나가 있으니 자기밖에 아는 자가 없고

13 또 그가 피 뿌린 옷을 입었는데 그 이름은 하나님의 말씀이라 칭하더라 요1:1, 1요1:1

14 하늘에 있는 군대들이 희고 깨끗한 세마포 옷을 입고 백마를 타고 그를 따르더라

(계19:19-21) 19 ○또 내가 보매 그 짐승과 땅의 임금들과 그들의 군대들이 모여 그 말 탄 자와 그의 군대와 더불어 전쟁을 일으키다가

20 짐승이 잡히고 그 앞에서 표적을 행하던 거짓 선지자도 함께 잡혔으니 이는 짐승의 표를 받고 그의 우상에게 경배하던 자들을 표적으로 미혹하던 자라 이 둘이 산 채로 유황불 붙는 못에 던져지고 계16:13

21 그 나머지는 말 탄 자의 입으로부터 나오는 검에 죽으매 모든 새가 그들의 살로 배불리더라 계19:15, 계19:18

→ 이 유황불(불못)이 이제야 사람이 이해하는 우주의 블랙홀입니다. 모든 우주의 항성, 행성 등은 결국 영원히 꺼지지 않는 블랙홀에 빠져 들어가 종말을 고하게 됩니다. 인간 역시 산 자나 죽은 자나 결국 원자화되어 모두가 그 불못으로 들어가게 됩니다. 이것은 과학적 사실입니다.

(계20:1-6) 1 또 내가 보매 천사가 무저갱의 열쇠와 큰 쇠사슬을 그의 손에 가지고 하늘로부터 내려와서

2 용을 잡으니 곧 옛 뱀이요 마귀요 사탄이라 잡아서 천 년 동안 결박하여 사24:22, 벧후2:4

3 무저갱에 던져 넣어 잠그고 그 위에 인봉하여 천 년이 차도록 다시는

만국을 미혹하지 못하게 하였는데 그 후에는 반드시 잠깐 놓이리라 단6:17

4 ○또 내가 보좌들을 보니 거기에 앉은 자들이 있어 심판하는 권세를 받았더라 또 내가 보니 예수를 증언함과 하나님의 말씀 때문에 목베임을 당한 자들의 영혼들과 또 짐승과 그의 우상에게 경배하지 아니하고 그들의 이마와 손에 그의 표를 받지 아니한 자들이 살아서 그리스도와 더불어 천 년 동안 왕 노릇 하니 고전6:2, 계6:9, 계13:15

5 (그 나머지 죽은 자들은 그 천 년이 차기까지 살지 못하더라) 이는 첫째 부활이라 눅14:14, 빌3:11

6 이 첫째 부활에 참여하는 자들은 복이 있고 거룩하도다 둘째 사망이 그들을 다스리는 권세가 없고 도리어 그들이 하나님과 그리스도의 제사장이 되어 천 년 동안 그리스도와 더불어 왕 노릇 하리라 살전4:16, 계2:11, 계21:8

(계20:7) 7 ○천 년이 차매 사탄이 그 옥에서 놓여

8 나와서 땅의 사방 백성 곧 곡과 마곡을 미혹하고 모아 싸움을 붙이리니 그 수가 바다의 모래 같으리라 계12:9, 겔38:2, 계16:14

9 그들이 지면에 널리 퍼져 성도들의 진과 사랑하시는 성을 두르매 하늘에서 불이 내려와 그들을 태워버리고

10 또 그들을 미혹하는 마귀가 불과 유황 못에 던져지니 거기는 그 짐승과 거짓 선지자도 있어 세세토록 밤낮 괴로움을 받으리라 계19:20

11 ○또 내가 크고 흰 보좌와 그 위에 앉으신 이를 보니 땅과 하늘이 그 앞에서 피하여 간 데 없더라 단2:35

12 또 내가 보니 죽은 자들이 큰 자나 작은 자나 그 보좌 앞에 서 있는

데 *책들이 펴 있고 또 다른 책이 펴졌으니 곧 생명책이라 죽은 자들이 자기 행위를 따라 책들에 기록된 대로 심판을 받으니* 단7:10

13 *바다가 그 가운데에서 죽은 자들을 내주고 또 사망과 음부도 그 가운데에서 죽은 자들을 내주매 각 사람이 자기의 행위대로 심판을 받고*

14 *사망과 음부도 불못에 던져지니 이것은 둘째 사망 곧 불못이라*

15 *누구든지 생명책에 기록되지 못한 자는 불못에 던져지더라*

→ 심판을 받는 책은 행위책과 생명책이 있습니다.

→ 누구든지 생명책에 기록되지 못한 자는 불못에 던져진다는 말은 생명책에 기록된 자는 불못(블랙홀)에 던져지지 않는다는 뜻이고, 이것은 행위책과는 상관이 없습니다.

→ 누구든지 불못에 던져진다는 말은 누구든지 다 결국은 블랙홀로 언젠가는 들어간다는 뜻이고, 이것 역시 과학과 일치합니다.

→ 행위책대로 심판을 받는다는 것은 자신의 뇌 기억 속에 기록된 대로 마지막까지 스스로 만든 천국과 지옥 속에 갇혀 있는 것입니다.

(계22:8-9) 8 ○이것들을 보고 들은 자는 나 요한이니 내가 듣고 볼 때에 이 일을 내게 보이던 천사의 발 앞에 경배하려고 엎드렸더니 계19:10

9 그가 내게 말하기를 나는 너와 네 형제 선지자들과 또 이 두루마리의 말을 지키는 자들과 함께 된 종이니 그리하지 말고 하나님께 경배하라 하더라 계1:1

* 성경은 神들의 생활을 기록한 신화가 아닙니다. 성경은 사람에 관한

현대인의 눈으로 본 성경

책입니다. 성경은 사람의 행복과 구원에 관한 책입니다. 사람과 神과의 관계를 다룬 책이 성경임을 독자들은 알아야 합니다.

4.
과학과 성경

지금부터는 3천 5백 년 전부터 기록된 성경을 현재의 과학적 관점에서 이해하고 설명해야 할 부분들입니다.

과학에서 말하는 '사실'은 먼저 가설을 세우고, 그 가설을 기반으로 이론을 확립하여, 그 이론이 명백하게 증명되면, 그 증명된 사실만을 비로소 '사실'로 인정합니다. 진실과 진리를 말하는 종교와, 사실만을 말하는 과학이 모두 분명한 것이라면, 둘 다 어느 한 지점에서 만나야 합니다. 사람은 성경이 처음 기록된 3천 5백 년 전과 다르게 엄청난 변화와 발전을 이루었지만, 하나님과 성경은 그때나 지금이나 영원히 변하지 않습니다. 그러므로 이제는 사람이 현재의 과학과 현재 인간의 눈으로 성경을 있는 그대로 보고 이해해야 할 때가 되었습니다. 그것이 바로 이 책 "현대인의 눈으로 본 성경"입니다. (이 책은 성경을 과학으로 증명하려는 시도인 창조과학이 아님을 분명히 합니다.)

(창1:1-5) 1 태초에 하나님이 천지를 창조하시니라 요1:3, 히1:10
2 땅이 혼돈하고 공허하며 흑암이 깊음 위에 있고 하나님의 영은 수면

위에 운행하시니라 렘4:23, 사40:12

3 하나님이 이르시되 빛이 있으라 하시니 빛이 있었고

4 빛이 하나님이 보시기에 좋았더라 하나님이 빛과 어둠을 나누사

5 하나님이 빛을 낮이라 부르시고 어둠을 밤이라 부르시니라 저녁이 되고 아침이 되니 이는 첫째 날이니라 욥 37:18, 시33:6, 시136:5, 렘10:12

→ 이 첫째 날의 빛은 지금 우리가 말하는 태양의 빛이 아닙니다. 태양은 창조 4일째 되던 날에 만들어졌기 때문입니다. 이 빛은 바로 지금에야 우리 인류가 아는 빅뱅을 의미합니다. 현대의 과학은 온 우주의 출발점은 바로 빅뱅에서 시작한다고 증명하고 있습니다. 빅뱅은 정확하게 138억 년 전(현 우주의 나이)에 이루어졌고, 그 초기 우주의 고밀도 상태를 빛이 뚫고 나온 것은 그 후 38만 년입니다. 그 태초의 빛을 '우주배경복사'라 하고 이론으로만 존재하던 이 '우주배경복사'가 1960~1970년대에 실제로 관측되므로 그 태초의 빛이 창세기 1장 3절의 '태초의 빛'임이 증명된 것입니다. 이것이 바로 지금부터 3천 5백 년 전에 기록된 성경에서 인간이 최근에야 알게 된 빅뱅을 기록하고 있다는 사실은 실로 놀라운 일입니다.

(창1:6-8) 6 ○하나님이 이르시되 물 가운데에 궁창이 있어 물과 물로 나뉘라 하시고

7 하나님이 궁창을 만드사 궁창 아래의 물과 궁창 위의 물로 나뉘게 하시니 그대로 되니라

8 하나님이 궁창을 하늘이라 부르시니라 저녁이 되고 아침이 되니 이

는 둘째 날이니라

→ 온 우주에는 물(H2O)이 지구뿐만이 아니라 우주 모든 곳에 넘치게 있다는 것을 현대 과학은 증명하고 있습니다. 빅뱅 후 지구가 우주 먼지들로 형성될 때 지구 중력에 의해 대기권 안의 물과 대기권 밖의 물로 나뉘었음을 의미하고 이는 둘째 날 지구가 우주 먼지로부터 형성되었음을 의미하고 역시 현대의 과학도 태양계가 조성되기 전에 이미 지구가 형성되었음을 증명하고 있습니다.

→ 대기권이 형성되었다는 것은 이미 지구의 물속에서 단세포 생물들이 광합성을 하여 그 산소를 물 밖으로 올려 보냈다는 것을 의미합니다. 이것 역시 현대 과학은 증명하고 있습니다. 그 산소들이 오존층을 만들고 태양의 강한 자외선을 막아 주어 지구의 생명체들이 형성될 기초를 만듭니다.

→ 이때에 이미 물속에서는 단세포 생물들이 생성되었고, 그렇게 20억 년을 단세포 생명으로 있다가 후에 다세포 생명체로 발전하여 지구에는 비로소 생명체들의 행성이 됩니다. 이렇게 창조 2일에서 3일로 가는 데만도 20억 년이 걸렸습니다.

→ 성경은 이렇게 창조연대가 처음부터 6천 년이라고 말하지 않았습니다. 단지 인간의 생각이 성경을 지금껏 이해하지 못했을 뿐이었습니다. 이것은 사실 과학과의 관계와는 전혀 다른 이야기입니다.

현대인의 눈으로 본 성경

(창1:9-13) 9 ○하나님이 이르시되 천하의 물이 한 곳으로 모이고 뭍이 드러나라 하시니 그대로 되니라 욥26:10, 시33:7, 잠8:29, 렘5:22

10 하나님이 뭍을 땅이라 부르시고 모인 물을 바다라 부르시니 하나님이 보시기에 좋았더라

11 하나님이 이르시되 땅은 풀과 씨 맺는 채소와 각기 종류대로 씨 가진 열매 맺는 나무를 내라 하시니 그대로 되어 히6:7

12 땅이 풀과 각기 종류대로 씨 맺는 채소와 각기 종류대로 씨 가진 열매 맺는 나무를 내니 하나님이 보시기에 좋았더라

13 저녁이 되고 아침이 되니 이는 셋째 날이니라

→ 그리고 이때부터는 지구 안의 대륙과 바다가 나뉘고, 땅 위에서는 둘째 날 만들어진 대기권이 태양의 강한 자외선 에너지를 걸러주어 식물들이 만들어지기 시작했고 이것 역시 현대 과학으로 증명된 사실입니다.

(창1:14-19) 14 ○하나님이 이르시되 하늘의 궁창에 광명체들이 있어 낮과 밤을 나뉘게 하고 그것들로 징조와 계절과 날과 해를 이루게 하라 신4:19, 시74:16

15 또 광명체들이 하늘의 궁창에 있어 땅을 비추라 하시니 그대로 되니라

16 하나님이 두 큰 광명체를 만드사 큰 광명체로 낮을 주관하게 하시고 작은 광명체로 밤을 주관하게 하시며 또 별들을 만드시고

17 하나님이 그것들을 하늘의 궁창에 두어 땅을 비추게 하시며

18 낮과 밤을 주관하게 하시고 빛과 어둠을 나뉘게 하시니 하나님이 보시기에 좋았더라

19 저녁이 되고 아침이 되니 이는 넷째 날이니라

→ 이렇게 온 우주의 별들이 우주 먼지로부터 현재의 각자 자리로 자리를 잡아가고 태양계 역시 이때 조성됩니다. 이 역시 현대의 과학은 증명합니다.

(창1:20) ○하나님이 이르시되 물들은 생물을 번성하게 하라 땅 위 하늘의 궁창에는 새가 날으라 하시고 시104:24

→ 물속에서 두 번째 날 처음 만들어진 단세포 생물들이 다세포 생명으로부터 차츰 번성된 것이고 -본문에서도 물들은 생물을 만들라고 하시지 않으시고 단지 생물을 번성하게 하라고 하셨습니다. 이는 이미 물속에 단세포 생명이 있었기 때문이고, 그들이 다세포 생명으로 발전하면서 물 안에 생물이 번성한 것임을 말하고 있습니다.- 진화론적으로도 어류로부터 뭍으로 나온 생명체들이 조류로 변화되었음은 증명된 사실입니다.

(창1:21-25) 21 하나님이 큰 바다 짐승들과 물에서 번성하여 움직이는 모든 생물을 그 종류대로, 날개 있는 모든 새를 그 종류대로 창조하시니 하나님이 보시기에 좋았더라
22 하나님이 그들에게 복을 주시며 이르시되 생육하고 번성하여 여러 바닷물에 충만하라 새들도 땅에 번성하라 하시니라
23 저녁이 되고 아침이 되니 이는 다섯째 날이니라
24 ○하나님이 이르시되 땅은 생물을 그 종류대로 내되 가축과 기는 것

현대인의 눈으로 본 성경

과 땅의 짐승을 종류대로 내라 하시니 그대로 되니라

25 하나님이 땅의 짐승을 그 종류대로, 가축을 그 종류대로, 땅에 기는 모든 것을 그 종류대로 만드시니 하나님이 보시기에 좋았더라

→ 그리고 포유류 등 모든 생명체들이 만들어지고 이는 진화론적으로도 틀림이 없습니다. 그리고 그다음이 사람의 등장인데, 이 역시 진화론적으로도 모든 진화의 마지막 꼭지는 인간종인 것이 과학으로도 분명합니다.

진화론과 창조론은 서로 다른 이야기가 아니고 같은 이야기입니다. 단지, 지금껏 인간의 과학이 성경의 내용을 설명할 정도가 아니었기 때문에 생긴 오해였을 뿐입니다. 여기에서 인간의 가장 큰 오류는 그냥 있는 사실들을 '진화론'과 '창조론'이라는 이론 속에 넣어 버려 스스로를 그 틀 안에 가둔 것입니다.

(창1:26-31) 26 하나님이 이르시되 우리의 형상을 따라 우리의 모양대로 우리가 사람을 만들고 그들로 바다의 물고기와 하늘의 새와 가축과 온 땅과 땅에 기는 모든 것을 다스리게 하자 하시고

27 하나님이 자기 형상 곧 하나님의 형상대로 사람을 창조하시되 남자와 여자를 창조하시고

28 하나님이 그들에게 복을 주시며 하나님이 그들에게 이르시되 생육하고 번성하여 땅에 충만하라, 땅을 정복하라, 바다의 물고기와 하늘의 새와 땅에 움직이는 모든 생물을 다스리라 하시니라

29 하나님이 이르시되 내가 온 지면의 씨 맺는 모든 채소와 씨 가진 열매 맺는 모든 나무를 너희에게 주노니 너희의 먹을거리가 되리라 시 145:15

30 또 땅의 모든 짐승과 하늘의 모든 새와 생명이 있어 땅에 기는 모든 것에게는 내가 모든 푸른 풀을 먹을거리로 주노라 하시니 그대로 되니라

31 하나님이 지으신 그 모든 것을 보시니 보시기에 심히 좋았더라 저녁이 되고 아침이 되니 이는 여섯째 날이니라

→ 하나님이 창조의 마지막으로 사람을 만드시는데 그 사람은 하나님의 형상과 모양대로 만들었고, 그 하나님은 하나님들(우리)이었고, 이것은 하나님들도 원래는 지금 우리 사람과 똑 같은 형상과 모양이 있었다는 얘기가 되고, 그 처음의 사람들은 靈(창조적인 관념)이 없는, 말 그대로 동물적인 진화선상의 인간종까지를 의미합니다.

(창2:1-3) 1 천지와 만물이 다 이루어지니라

2 하나님이 그가 하시던 일을 일곱째 날에 마치시니 그가 하시던 모든 일을 그치고 일곱째 날에 안식하시니라 출31:17, 히4:4

3 하나님이 그 일곱째 날을 복되게 하사 거룩하게 하셨으니 이는 하나님이 그 창조하시며 만드시던 모든 일을 마치고 그 날에 안식하셨음이니라

→ 성경 창세기 1장의 창조에 관한 이야기는 흔히 창조론과 진화론의

충돌로 여겨지고 있으나 사실은, 지금까지 인간이 인식할 수 있었던 모든 관념의 최대치인 과학과 성경과의 충돌이었습니다.

[그런데 사실은 과학과 성경은 같은 말의 다른 표현이 3천 5백 년 전에 스스로를 신이라 하는 존재가 자신을 주격으로 한 말을 인간의 문자로 모세라는 사람과 다른 여러 예언자들에게 대필하게 한 것이 성경인데, 그 성경을 설명해 온 것이 현재까지의 과학이었습니다. 문제는 그것도 지금부터 4백 년 전(종교개혁)까지 만이라는 것입니다. 현재 인간이 이해하는 모든 성경교리와 과학적인 성경 설명이 그때에서 정지되었기 때문입니다. 지금 이 책이 그 답이 될 것입니다.]

제일 먼저는 첫날 빛의 창조인데, 성경에는 넷째 날 태양이 생겼으니, 그 첫째 날의 빛의 정체를 아예 몰랐고, 그것은 이 모든 우주는 아주 작은 한 점에서부터 한순간의 대폭발로 만들어진 빅뱅이었습니다. 그 빅뱅 이론은 1948년 처음 발표되었고, 1964년 그 폭발 순간의 우주배경복사가 관측되었고, 마지막으로 그 순간 질량을 만들어 낸 힉스입자가 2012년 7월 4일 발견되고 증명되어 이 우주는 처음이 있었고, 역시 끝이 있으며, 우주 공간은 무의미한 허공이 아니고 진공에너지란 것으로 채워져 있는데 에너지는 질량이니 우주의 공간 역시 하나의 물질이라는 것이 밝혀지고, 현대의 초끈이론으로 세상은 11차원으로 이루어져 있으며, 현재의 M이론에 의해 다중우주론에까지 인간의 사고영역은 지금 넓어져 있습니다. 16세기까지 지구는 평평하고 별들이 지구를 중심으로 회전한다고 여겨졌으며, 그때에야 비로소 다윈의 진화론이 정립되었고, 20세기까지만 해도 우주는 처음부터 끝까지 시작도 끝도 없이 그대로 영원히 존재하는 것으로만 알았으니, 아예 성경은 과학과는 전혀 다른 종교만의 영역으로 따로 치부해 왔던 것입니다.

→ 하지만 성경이 사실이라면 과학과 맞아야 하고, 과학이 사실이라면 성경은 과학적으로 볼 때 이래야 한다는 결론이 나와야 하고, 성경도 사실이고, 과학도 사실이면, 그 결론도 하나여야 하고 그것이 바로 진실일 것이며, 그것이 이 책 "현대인의 눈으로 본 성경"의 내용입니다.

(창2:4-5) 4 ○이것이 천지가 창조될 때에 하늘과 땅의 내력이니 여호와 하나님이 땅과 하늘을 만드시던 날에
5 여호와 하나님이 땅에 비를 내리지 아니하셨고 땅을 갈 사람도 없었으므로 들에는 초목이 아직 없었고 밭에는 채소가 나지 아니하였으며

→ 이는 아직 경작을 하지 않은 구석기 이전의 시대를 의미합니다.

(창2:7) 여호와 하나님이 땅의 흙으로 사람을 지으시고 생기를 그 코에 불어넣으시니 사람이 생령이 되니라

→ 이 사람은 현재의 관념과 지능을 지닌 사람인 '호모 사피엔스 사피엔스' 현생인류의 등장을 의미합니다.

(창2:8) 여호와 하나님이 동방의 에덴에 동산을 창설하시고 그 지으신

사람을 거기 두시니라

(창2:15) 여호와 하나님이 그 사람을 이끌어 에덴동산에 두어 그것을
경작하며 지키게 하시고

→ 이때서야 비로소 경작을 하는 신석기 시대가 열립니다.

(창2:18-24) 18 ○*여호와 하나님이* 이르시되 사람이 혼자 사는 것이 좋
지 아니 하니 내가 그를 위하여 돕는 배필을 지으리라 하시니라
19 여호와 하나님이 흙으로 각종 들짐승과 공중의 각종 새를 지으시고
아담이 무엇이라고 부르나 보시려고 그것들을 그에게로 이끌어 가시니
아담이 각 생물을 부르는 것이 곧 그 이름이 되었더라
20 아담이 모든 가축과 공중의 새와 들의 모든 짐승에게 이름을 주니라
아담이 돕는 배필이 없으므로
21 여호와 하나님이 아담을 깊이 잠들게 하시니 잠들매 그가 그 갈빗대
하나를 취하고 살로 대신 채우시고
22 여호와 하나님이 아담에게서 취하신 그 갈빗대로 여자를 만드시고
그를 아담에게로 이끌어 오시니
23 아담이 이르되 이는 내 뼈 중의 뼈요 살 중의 살이라 이것을 남자에
게서 취하였은즉 여자라 부르리라 하니라
24 이러므로 남자가 부모를 떠나 그의 아내와 합하여 둘이 한 몸을 이
룰지로다

(창3:15-16) 15 내가 너로 여자와 원수가 되게 하고 네 후손도 여자의 후손과 원수가 되게 하리니 여자의 후손은 네 머리를 상하게 할 것이요 너는 그의 발꿈치를 상하게 할 것이니라 하시고

16 또 여자에게 이르시되 내가 네게 임신하는 고통을 크게 더하리니 네가 수고하고 자식을 낳을 것이며 너는 남편을 원하고 남편은 너를 다스릴 것이니라 하시고 아담을 깊이 잠들게 하시니 잠들매 그가 그 갈빗대 하나를 취하고 살로 대신 채우시고

→ 출산의 고통은 인간이 직립보행을 완전히 하면서 골반이 좁아져 생긴 현상입니다.

(창3:19) 네가 흙으로 돌아갈 때까지 얼굴에 땀을 흘려야 먹을 것을 먹으리니 네가 그것에서 취함을 입었음이라 너는 흙이니 흙으로 돌아갈 것이니라 하시니라

→ 완전 직립인간만이 태아가 나올 때 산모의 골반이 작아 두 번 틀어 나오는데, 이때 누군가가 그 태아를 받아 주어야만 목뼈가 부러지지 않습니다. 이것이 바로 인간은 두 몸이 같이 협동해야만 하는 것이고, 이는 남자의 가족부양을 위한 노동을 의미합니다.

→ 흙은 땅이고 땅은 지구고 지구는 별이니, 별은 원소이고, 사람이 죽으면 모두가 각각의 원소로 분해되어 돌아가니,

→ 이 역시 에너지 제1의 원칙인 '질량불변의 법칙'에 틀림이 없습니다. (하지만 영생은 없습니다.)

(창3:21) 여호와 하나님이 아담과 그의 아내를 위하여 <u>가죽옷을 지어 입히시니라</u>

→ 가죽옷을 지어 입혔다는 것은 그때 바로 인간들에게 바늘의 등장을 의미합니다. 인류 문화사에 아주 특별한 발명이 '바늘'입니다. 바늘의 발명으로 옷을 기워 만들기 시작했고, 천막을 치는 등 주거지를 온전하게 하여 정착문화가 가능하게 된 것입니다. 그 바늘이 바로 신석기 시대에 갈아서 만든 '바늘'입니다. 이것 역시 명확한 과학적 사실들입니다.

(창4:3-15) 3 세월이 지난 후에 가인은 땅의 소산으로 제물을 삼아 여호와께 드렸고

4 아벨은 자기도 양의 첫 새끼와 그 기름으로 드렸더니 여호와께서 아벨과 그의 제물은 받으셨으나

5 가인과 그의 제물은 받지 아니하신지라 가인이 몹시 분하여 안색이 변하니

6 여호와께서 가인에게 이르시되 네가 분하여 함은 어찌 됨이며 안색이 변함은 어찌 됨이냐

7 네가 선을 행하면 어찌 낯을 들지 못하겠느냐 선을 행하지 아니하면 죄가 문에 엎드려 있느니라 죄가 너를 원하나 너는 죄를 다스릴지니라

8 가인이 그의 아우 아벨에게 말하고 그들이 들에 있을 때에 가인이 그의 아우 아벨을 쳐 죽이니라

9 여호와께서 가인에게 이르시되 네 아우 아벨이 어디 있느냐 그가 이르되 내가 알지 못하나이다 내가 내 아우를 지키는 자니이까

10 이르시되 네가 무엇을 하였느냐 네 아우의 핏소리가 땅에서부터 내게 호소하느니라

11 땅이 그 입을 벌려 네 손에서부터 네 아우의 피를 받았은즉 네가 땅에서 저주를 받으리니 욥16:18

12 네가 밭을 갈아도 땅이 다시는 그 효력을 네게 주지 아니할 것이요 너는 땅에서 피하며 유리하는 자가 되리라

13 가인이 여호와께 아뢰되 내 죄짐을 지기가 너무 무거우니이다

14 주께서 오늘 이 지면에서 나를 쫓아내시온즉 내가 주의 낯을 뵈옵지 못하리니 내가 땅에서 피하며 유리하는 자가 될지라 무릇 나를 만나는 자마다 나를 죽이겠나이다

15 여호와께서 그에게 이르시되 그렇지 아니하다 가인을 죽이는 자는 벌을 칠 배나 받으리라 하시고 가인에게 표를 주사 그를 만나는 모든 사람에게서 죽임을 면하게 하시니라 겔9:4

→ 아담을 만들고, 그 두 아들 가인과 아벨이 태어났으니 다른 인간이 세상에 없어야 할 텐데, 그때 이미 이 사람들이 따로 있다는 것은 그들은 현생인류 이전에 맞물려 멸종한 네안데르탈인 등 다른 인간종들을 의미하고 사실적으로도 현재 70억 인류의 80%는 실제로 네안데르탈인의 유전자를 모두 2% 정도를 보유하고 있습니다. 이것은 과학적 사실입니다.

(창4:25-26) 25 ○아담이 다시 자기 아내와 동침하매 그가 아들을 낳아 그의 이름을 셋이라 하였으니 이는 하나님이 내게 가인이 죽인 아벨 대신에 다른 씨를 주셨다 함이며

26 셋도 아들을 낳고 그의 이름을 에노스라 하였으며 그 때에 사람들이 비로소 여호와의 이름을 불렀더라 창12:8, 창26:25

(창4:2) 아담의 아내 하와와 동침하매 하와가 임신하여 가인을 낳고 이르되 내가 여호와로 말미암아 득남하였다 하니라

→ 실제로 신석기 시대에 이르러 본격적인 종교활동이 인류에게 나타났습니다.

(왕상8:27) 하나님이 참으로 땅에 거하시리이까 하늘과 하늘들의 하늘이라도 주를 용납하지 못하겠거든 하물며 내가 건축한 이 성전이오리이까

→ '하늘과 하늘들의 하늘'이라는 개념은 현대의 과학적으로 우주와 은하와 다중우주와 다중차원을 의미합니다. 몇천 년 전에 이미 이런 초현대적인 과학적 개념이 성경에 기록되었다는 사실은 정말 놀라운 일입니다.

(대하2:5-6) 5 내가 건축하고자 하는 성전은 크니 우리 하나님은 모든 신들보다 크심이라

6 누가 능히 하나님을 위하여 성전을 건축하리요 하늘과 하늘들의 하늘이라도 주를 용납하지 못하겠거든 내가 누구이기에 어찌 능히 그를 위하여 성전을 건축하리요 그 앞에 분향하려 할 따름이니이다

(대하3:1) 솔로몬이 예루살렘 모리아 산에 여호와의 전 건축하기를 시

작하니 그 곳은 전에 여호와께서 그의 아버지 다윗에게 나타나신 곳이요 여부스 사람 오르난의 타작 마당에 다윗이 정한 곳이라

(대하6:18) 하나님이 참으로 사람과 함께 땅에 계시리이까 보소서 하늘과 하늘들의 하늘이라도 주를 용납하지 못하겠거든 하물며 내가 건축한 이 성전이오리이까

→ 하나님은 그 곳이 어느 곳인지 다른 우주인지, 다른 항성인지, 다른 어떤 위성 중 하나인지, 다른 차원인지, 우리가 지금은 알 수가 없지만 지금 이 지구의 한 구석이 아닌 하늘이라는 곳에서 모든 것을 보시고 들으시고 있다고 성경에는 기록되어 있습니다.
→ 한 가지 확실한 사실은, 하나님은 빅뱅으로 이 우주가 탄생하기 이전에 이미 계셨으므로 하나님은 명백하게 현재의 이 우주 밖에 계심은 명백합니다. (아니면 지금 우리 우주와 겹쳐 있는 다른 차원이어야 합니다.)

→ 최소한 하나님의 보좌는 빅뱅 이전의 그 축구공만 한 최초 우주의 밖에 있어야 합니다. 이 우주 속에 있는 지구 외의 다른 항성이나, 행성, 위성 등은 절대 아닙니다. 하나의 다른 명확한 길은 다른 우주이거나 다른 차원일 수밖에 없다는 결론에 이릅니다. 하지만 현재 그들은 그 모든 벽을 넘나들며 영으로 존재하고 있습니다. 단지 그들은 안정할 자신의 육체가 없어 세상과 사람을 만들었고, 지금도 서로 우는 사자와 같이 사람의 육체를 노리고 있습니다. (뇌도 육체이고, 뇌는 생각과 판단력과 결단력 등을 통칭합니다.)

현대인의 눈으로 본 성경

→ 그런데, 예수님이 육체로 부활하셔서 사람들이 보는 데서 승천하시고 바로 사라지신 것을 보면 다른 차원일 가능성이 농후합니다. 과학적으로 설명하면 그렇다는 얘기입니다.

→ 이는 지금 우리 인간의 관점에서 보면 그리 이상할 일도 아닙니다.

(대하7:14-16) 14 내 이름으로 일컫는 내 백성이 그들의 악한 길에서 떠나 스스로 낮추고 기도하여 내 얼굴을 찾으면 내가 하늘에서 듣고 그들의 죄를 사하고 그들의 땅을 고칠지라
15 이제 이 곳에서 하는 기도에 내가 눈을 들고 귀를 기울이리니
16 이는 내가 이미 이 성전을 택하고 거룩하게 하여 내 이름을 여기에 영원히 있게 하였음이라 내 눈과 내 마음이 항상 여기에 있으리라

(대하20:6) 이르되 우리 조상들의 하나님 여호와여 주는 하늘에서 하나님이 아니시니이까 이방 사람들의 모든 나라를 다스리지 아니하시나이까 주의 손에 권세와 능력이 있사오니 능히 주와 맞설 사람이 없나이다

(느9:6) 오직 주는 여호와시라 하늘과 하늘들의 하늘과 일월 성신과 땅과 땅 위의 만물과 바다와 그 가운데 모든 것을 지으시고 다 보존하시오니 모든 천군이 주께 경배하나이다

→ 하나님이 천지를 창조하셨다면 하나님은 이미 그 창조물들 밖에 계셨어야 하고, 과학적으로도 빅뱅으로 이 우주가 시작이 되었다면 그 직전

의 무엇에서여야 하는데, 이제 인간들의 사고와 과학도 이 우주 밖의 다른 우주를 이해하고 탐구하기 시작하고 있습니다.

(시18:6-10) 6 내가 환난 중에서 여호와께 아뢰며 나의 하나님께 부르짖었더니 그가 그의 성전에서 내 소리를 들으심이여 그의 앞에서 나의 부르짖음이 그의 귀에 들렸도다

7 이에 땅이 진동하고 산들의 터도 요동하였으니 그의 진노로 말미암음 이로다

8 그의 코에서 연기가 오르고 입에서 불이 나와 사름이여 그 불에 숯이 피었도다

9 그가 또 하늘을 드리우시고 강림하시니 그의 발 아래는 어두캄캄하도다

10 그룹을 타고 다니심이여 바람 날개를 타고 높이 솟아오르셨도다

→ 하늘을 드리웠다는 것은 그 때는 상상도 할 수 없는 개념이었겠으나 최근에서야 이 우주공간도 역시 암흑물질이라는 것으로 채워져 있다는 것이 밝혀졌습니다. 그것은 이 우주 공간도 그냥 허공이 아니라 하나의 물질이라는 얘기입니다.

(시19:1-4) 1 하늘이 하나님의 영광을 선포하고 궁창이 그의 손으로 하신 일을 나타내는도다

2 날은 날에게 말하고 밤은 밤에게 지식을 전하니

3 언어도 없고 말씀도 없으며 들리는 소리도 없으나

현대인의 눈으로 본 성경

4 그의 소리가 온 땅에 통하고 그의 말씀이 세상 끝까지 이르도다 하나님이 해를 위하여 하늘에 장막을 베푸셨도다

(시40:7) 그 때에 내가 말하기를 내가 왔나이다 나를 가리켜 기록한 것이 두루마리 책에 있나이다

(시68:33) 옛적 하늘들의 하늘을 타신 자에게 찬송하라 주께서 그 소리를 내시니 웅장한 소리로다

(시90:1-4) 1 주여 주는 대대에 우리의 거처가 되셨나이다 시91:1
2 산이 생기기 전, 땅과 세계도 주께서 조성하시기 전 곧 영원부터 영원까지 주는 하나님이시니이다 잠8:25
3 주께서 사람을 티끌로 돌아가게 하시고 말씀하시기를 너희 인생들은 돌아가라 하셨사오니
4 주의 목전에는 천 년이 지나간 어제 같으며 밤의 한 순간 같을 뿐임이니이다 벧후3:8, 시39:5

→ 지금 우리의 하루는 지구가 한 번 자전하는 시간이고, 1년은 지구가 태양을 한 번 공전하는 시간입니다. 또한 '시간'이라는 개념은 빅뱅 후 우주가 퍼져나가는 방향을 말하고, 만물의 엔트로피(복잡성)가 향상되고, 인간 개인의 경험이 축적되는 과정을 말합니다. 하지만 아인슈타인의 상대성원리에 의해 시간과 공간도 휘어지고, 절대적인 개념이 아닌 것이 밝혀졌습니다.

→ 지구와 같은 항성이 4000억 개가 모여 하나의 은하를 만들고, 그 은하 1조 개가 모여 이 우주가 된 것입니다. 그리고 블랙홀에 빠져 들어가 그 안에서 최극도로 압축된 별들이 다시 대폭발을 일으키며 새로운 공간과 물질들을 만들어 나가면 그것이 또 다른 우주가 되는 것입니다. 가장 최근의 M이론에 의하면 그렇게 생겨진 은하는 이론적으로 무한대에 이른다는 것입니다. (아인슈타인은 블랙홀과 빅뱅의 "사건의 지평선"이 동일하다는 것을 밝혀 이 이론이 단순한 가설이 아님을 주장했습니다.)

→ 이 광대한 현실 속에 인간의 1천 년이 얼마나 한순간인지는 당연지사입니다.

(시102:18) 이 일이 장래 세대를 위하여 기록되리니 창조함을 받을 백성이 여호와를 찬양하리로다

(시115:15-18) 15 너희는 천지를 지으신 여호와께 복을 받는 자로다
16 하늘은 여호와의 하늘이라도 땅은 사람에게 주셨도다
17 죽은 자들은 여호와를 찬양하지 못하나니 적막한 데로 내려가는 자들은 아무도 찬양하지 못하리로다
18 우리는 이제부터 영원까지 여호와를 송축하리로다 할렐루야 여호와를 찬송하라

(시139:13-17) 13 주께서 내 내장을 지으시며 나의 모태에서 나를 만드셨나이다

현대인의 눈으로 본 성경

14 내가 주께 감사하옴은 나를 지으심이 심히 기묘하심이라 주께서 하시는 일이 기이함을 내 영혼이 잘 아나이다

15 내가 은밀한 데서 지음을 받고 땅의 깊은 곳에서 기이하게 지음을 받은 때에 나의 형체가 주의 앞에 숨겨지지 못하였나이다

16 내 형질이 이루어지기 전에 주의 눈이 보셨으며 나를 위하여 정한 날이 하루도 되기 전에 주의 책에 다 기록이 되었나이다

17 하나님이여 주의 생각이 내게 어찌 그리 보배로우신지요 그 수가 어찌 그리 많은지요

→ 우리의 운명은 유전자 속에 이미 다 정보로 저장되어 있다가 때가 되면 하나씩 발현되어 내가 되는 것이 사실입니다.

(사34:4) 하늘의 만상이 사라지고 하늘들이 두루마리 같이 말리되 그 만상의 쇠잔함이 포도나무 잎이 마름 같고 무화과나무 잎이 마름 같으리라

→ 만상이 사라지고 하늘들이 두루마리 같이 말린다는 것은 최근까지도 이해가 안 되는 지극히 비과학적인 말이었지만, 최근에 밝혀진 진공에너지와 암흑물질 등의 발견으로 우주가 그냥 허공이 아니라 어떤 물질로 채워져 있는 것이 밝혀져 과학적으로도 가능한 이야기가 되었습니다.

(사44:24) ○네 구속자요 모태에서 너를 지은 나 여호와가 이같이 말하노라 나는 만물을 지은 여호와라 홀로 하늘을 폈으며 나와 함께 한 자 없

이 땅을 펼쳤고 사43:1

→ 모태에서 너를 지었다는 것은 하늘에서 뚝 사람을 만든 것이 아니라 산모의 자궁에서 조성했다는 것인데, 현대 모든 인간의 모태로만 유전되는 유전자인 미토콘드리아 DNA를 분석해 보면 결국 아프리카의 한 여인의 자궁에서 모든 사람은 퍼져나갔고, 인도네시아의 토바 초화산의 대폭발로 인류가 멸종을 하고 단 몇 사람의 개체가 아프리카 동북부로 흘러들어가 1만 년 전부터 다시 인구를 회복했고, 그 1만 년 전은 신석기 시대의 시작과 맞물립니다. 그리고 그때는 바로 창세기 2장에서 사람에게 호흡을 넣고, 완벽한 직립보행을 하고, 사람이 농경을 시작하고, 사람이 뇌가 기하급수적으로 커지고, 부끄러움을 아는 관념을 가진 존재로 거듭나고, 문화와 종교생활을 하고, 바늘과 같은 정교한 도구를 사용하는 등의 내용과도 일치합니다.

(사45:7) 나는 빛도 짓고 어둠도 창조하며 나는 평안도 짓고 환난도 창조하나니 나는 여호와라 이 모든 일들을 행하는 자니라 하였노라 사31:2

(사45:12) 내가 땅을 만들고 그 위에 사람을 창조하였으며 내가 내 손으로 하늘을 펴고 하늘의 모든 군대에게 명령하였노라

→ 성경엔 하늘의 군대 등 하늘의 그들에 관해 말하지만 아직 우리 인간의 과학은 그 비밀을 구체적으로 알지 못합니다. 아직은 단지 경험적으로만 귀신이나, 천사나, 전 세계의 신들이나, 여러 초자연적 현상들을

현대인의 눈으로 본 성경

알고 있을 뿐입니다.

(사50:1) 나 여호와가 이같이 말하노라 내가 너희의 어미를 내보낸 이 혼중서가 어디 있느냐 내가 어느 채주에게 너희를 팔았느냐 보라 너희는 너희의 죄악으로 말미암아 팔렸고 너희의 어미는 너희의 배역함으로 말미암아 내보냄을 받았느니라 신24:1

→ 너희의 어미가 있다면 그 어미는 하나님의 아내일 텐데, 성경엔 이 구절에서만 나옵니다. 하지만 하나님의 모양과 형상을 닮게 사람을 만들었다면, 하나님에게도 아내가 있다 해도 놀랄 일은 아닙니다.

→ 하나님의 아들이 예수님이고, 예수님의 어머니는 마리아이고, 우리 역시 하나님의 아들들이니, 이 구절이 틀린 말은 아닙니다.

→ 또한 예수님의 어머니인 '성모(聖母) 마리아' 숭배는 이 구절에서 기인한다고 볼 수도 있습니다.

(겔1:3-28) 3 갈대아 땅 그발 강가에서 여호와의 말씀이 부시의 아들 제사장 나 에스겔에게 특별히 임하고 여호와의 권능이 내 위에 있으니라
4 ○내가 보니 북쪽에서부터 폭풍과 큰 구름이 오는데 그 속에서 불이 번쩍번쩍하여 빛이 그 사방에 비치며 그 불 가운데 단 쇠 같은 것이 나타나 보이고
5 그 속에서 네 생물의 형상이 나타나는데 그들의 모양이 이러하니 그

들에게 사람의 형상이 있더라 겔8:2, 겔10:15, 계4:6-8

6 그들에게 각각 네 얼굴과 네 날개가 있고

7 그들의 다리는 곧은 다리요 그들의 발바닥은 송아지 발바닥 같고 광낸 구리 같이 빛나며 단10:6, 계1:15, 계2:18

8 그 사방 날개 밑에는 각각 사람의 손이 있더라 그 네 생물의 얼굴과 날개가 이러하니 겔10:8

9 날개는 다 서로 연하였으며 갈 때에는 돌이키지 아니하고 일제히 앞으로 곧게 행하며 겔1:12, 겔1:17

10 그 얼굴들의 모양은 넷의 앞은 사람의 얼굴이요 넷의 오른쪽은 사자의 얼굴이요 넷의 왼쪽은 소의 얼굴이요 넷의 뒤는 독수리의 얼굴이니 계4:7

11 그 얼굴은 그러하며 그 날개는 들어 펴서 각기 둘씩 서로 연하였고 또 둘은 몸을 가렸으며 사6:2

12 영이 어떤 쪽으로 가면 그 생물들도 그대로 가되 돌이키지 아니하고 일제히 앞으로 곧게 행하며 겔10:16

13 또 생물들의 모양은 타는 숯불과 횃불 모양 같은데 그 불이 그 생물 사이에서 오르락내리락 하며 그 불은 광채가 있고 그 가운데에서는 번개가 나며 시104:4, 계4:5

14 그 생물들은 번개 모양 같이 왕래하더라 슥4:10, 마24:27, 눅17:24

15 ○내가 그 생물들을 보니 그 생물들 곁에 있는 땅 위에는 바퀴가 있는데 그 네 얼굴을 따라 하나씩 있고 겔10:9

16 그 바퀴의 모양과 그 구조는 황옥 같이 보이는데 그 넷은 똑 같은 모양을 가지고 있으며 그들의 모양과 구조는 바퀴 안에 바퀴가 있는 것

현대인의 눈으로 본 성경

같으며

17 그들이 갈 때에는 사방으로 향한 대로 돌이키지 아니하고 가며 겔 10:11

18 그 둘레는 높고 무서우며 그 네 둘레로 돌아가면서 눈이 가득하며 계4:6, 계4:8

19 그 생물들이 갈 때에 바퀴들도 그 곁에서 가고 그 생물들이 땅에서 들릴 때에 바퀴들도 들려서 겔10:16, 겔10:19

20 영이 어떤 쪽으로 가면 생물들도 영이 가려 하는 곳으로 가고 바퀴들도 그 곁에서 들리니 이는 생물의 영이 그 바퀴들 가운데에 있음이니라 겔1:12

21 그들이 가면 이들도 가고 그들이 서면 이들도 서고 그들이 땅에서 들릴 때에는 이들도 그 곁에서 들리니 이는 생물의 영이 그 바퀴들 가운데에 있음이더라 겔10:17

22 ○그 생물의 머리 위에는 수정 같은 궁창의 형상이 있어 보기에 두려운데 그들의 머리 위에 펼쳐져 있고 겔10:1

23 그 궁창 밑에 생물들의 날개가 서로 향하여 펴 있는데 이 생물은 두 날개로 몸을 가렸고 저 생물도 두 날개로 몸을 가렸더라

24 생물들이 갈 때에 내가 그 날개 소리를 들으니 많은 물소리와도 같으며 전능자의 음성과도 같으며 떠드는 소리 곧 군대의 소리와도 같더니 그 생물이 설 때에 그 날개를 내렸더라 겔43:2, 계1:15, 왕하7:6, 단10:6

25 그 머리 위에 있는 궁창 위에서부터 음성이 나더라 그 생물이 설 때에 그 날개를 내렸더라

26 ○그 머리 위에 있는 궁창 위에 보좌의 형상이 있는데 그 모양이 남

보석 같고 그 보좌의 형상 위에 한 형상이 있어 사람의 모양 같더라 겔 10:1, 사6:1, 계1:13

27 내가 보니 그 허리 위의 모양은 단 쇠 같아서 그 속과 주위가 불같고 내가 보니 그 허리 아래의 모양도 불같아서 사방으로 광채가 나며 겔8:2

28 그 사방 광채의 모양은 비 오는 날 구름에 있는 무지개 같으니 이는 여호와의 영광의 형상의 모양이라 내가 보고 엎드려 말씀하시는 이의 음성을 들으니라 단8:17, 계1:17

(겔3:12-13) 12 ○때에 주의 영이 나를 들어올리시는데 내가 내 뒤에서 크게 울리는 소리를 들으니 찬송할지어다 여호와의 영광이 그의 처소로부터 나오는도다 하니 행8:39, 행2:2, 계1:10

13 이는 생물들의 날개가 서로 부딪치는 소리와 생물 곁의 바퀴 소리라 크게 울리는 소리더라 겔1:24

(겔10:2) 하나님이 가는 베 옷을 입은 사람에게 말씀하여 이르시되 너는 그룹 밑에 있는 바퀴 사이로 들어가 그 속에서 숯불을 두 손에 가득히 움켜 가지고 성읍 위에 흩으라 하시매 그가 내 목전에서 들어가더라 겔1:13

(겔10:8-17) 8 그룹들의 날개 밑에 사람의 손 같은 것이 나타나더라 겔1:8

9 ○내가 보니 그룹들 곁에 네 바퀴가 있는데 이 그룹 곁에도 한 바퀴가 있고 저 그룹 곁에도 한 바퀴가 있으며 그 바퀴 모양은 황옥 같으며

10 그 모양은 넷이 꼭 같은데 마치 바퀴 안에 바퀴가 있는 것 같으며 겔1:16

11 그룹들이 나아갈 때에는 사방으로 몸을 돌리지 아니하고 나아가되 몸을 돌리지 아니하고 그 머리 향한 곳으로 나아가며

12 그 온 몸과 등과 손과 날개와 바퀴 곧 네 그룹의 바퀴의 둘레에 다 눈이 가득하더라 계4:8

13 내가 들으니 그 바퀴들을 도는 것이라 부르며

14 그룹들에게는 각기 네 면이 있는데 첫째 면은 그룹의 얼굴이요 둘째 면은 사람의 얼굴이요 셋째는 사자의 얼굴이요 넷째는 독수리의 얼굴이 더라 겔1:6, 겔1:10

15 ○그룹들이 올라가니 그들은 내가 그발 강가에서 보던 생물이라

16 그룹들이 나아갈 때에는 바퀴도 그 곁에서 나아가고 그룹들이 날 개를 들고 땅에서 올라가려 할 때에도 바퀴가 그 곁을 떠나지 아니하며 겔1:3

17 그들이 서면 이들도 서고 그들이 올라가면 이들도 함께 올라가니 이는 생물의 영이 바퀴 가운데에 있음이더라

→ 이 생물은 아무리 봐도 그냥 짐승이 아니라 그때에는 전혀 상상도 할 수 없었던, 요즘의 탱크나 자동차나 비행기나 우주선이나… 또는, 전혀 다른 외계의 물체일 수도 있습니다.

(겔36:26-27) 26 또 새 영을 너희 속에 두고 새 마음을 너희에게 주되 너 희 육신에서 굳은 마음을 제거하고 부드러운 마음을 줄 것이며

27 또 내 영을 너희 속에 두어 너희로 내 율례를 행하게 하리니 너희가 내 규례를 지켜 행할지라

(단7:9-14) 9 ○내가 보니 왕좌가 놓이고 옛적부터 항상 계신 이가 좌정하셨는데 그의 옷은 희기가 눈 같고 그의 머리털은 깨끗한 양의 털 같고 그의 보좌는 불꽃이요 그의 바퀴는 타오르는 불이며 계1:14

10 불이 강처럼 흘러 그의 앞에서 나오며 그를 섬기는 자는 천천이요 그 앞에서 모셔 선 자는 만만이며 심판을 베푸는데 책들이 펴 놓였더라

11 그 때에 내가 작은 뿔이 말하는 큰 목소리로 말미암아 주목하여 보는 사이에 짐승이 죽임을 당하고 그의 시체가 상한 바 되어 타오르는 불에 던져졌으며 계19:20, 계20:10

12 그 남은 짐승들은 그의 권세를 빼앗겼으나 그 생명은 보존되어 정한 시기가 이르기를 기다리게 되었더라 고전15:25

13 ○내가 또 밤 환상 중에 보니 인자 같은 이가 하늘 구름을 타고 와서 옛적부터 항상 계신 이에게 나아가 그 앞으로 인도되매 단7:9

14 그에게 권세와 영광과 나라를 주고 모든 백성과 나라들과 다른 언어를 말하는 모든 자들이 그를 섬기게 하였으니 그의 권세는 소멸되지 아니하는 영원한 권세요 그의 나라는 멸망하지 아니할 것이니라

→ 만약 성경이 사실이라면 하늘의 그곳에는 왕좌가 있고, 그곳에는 영원하신 분이 계시고, 수많은 자들이 있고, 심판하는 책들이 있고, 사람 같은 이가 그분에게 권세를 받아 모든 세계인을 다스릴 나라를 세운다는 것입니다.

→ 이는 2천6백여 년 전에 기록된 것으로 지금 그대로 예수님을 통해 이루어졌습니다.

(마1:18) ○예수 그리스도의 나심은 이러하니라 그의 어머니 마리아가 요셉과 약혼하고 동거하기 전에 성령으로 잉태된 것이 나타났더니

→ 마리아가 남자 없이 성령으로 잉태하여 예수님을 낳았다는 것은, 여자 혼자가 아니라, 성령으로 잉태된 것이라는 얘기가 됩니다. 성령은 하나님의 영입니다. 여성의 난자와 성령으로 예수님이 태어났다는 이야기가 되고, 마리아와 그들과 그 때 무슨 일이 있었는지 우리는 분명히 알 수는 없지만, 현재의 과학도 정자 없이 체세포 복제로 새 생명을 만드는 데까지는 와 있습니다.

(마1:20-23) 20 이 일을 생각할 때에 주의 사자가 현몽하여 이르되 다윗의 자손 요셉아 네 아내 마리아 데려오기를 무서워하지 말라 그에게 잉태된 자는 성령으로 된 것이라 눅1:35, 사7:14

21 아들을 낳으리니 이름을 예수라 하라 이는 그가 자기 백성을 그들의 죄에서 구원할 자이심이라 하니라

22 이 모든 일이 된 것은 주께서 선지자로 하신 말씀을 이루려 하심이니 이르시되

23 보라 처녀가 잉태하여 아들을 낳을 것이요 그의 이름은 임마누엘이라 하리라 하셨으니 이를 번역한즉 하나님이 우리와 함께 계시다 함이라

(마2:2-3) 2 유대인의 왕으로 나신 이가 어디 계시냐 우리가 동방에서 그의 별을 보고 그에게 경배하러 왔노라 하니 민24:17, 사60:3

3 헤롯왕과 온 예루살렘이 듣고 소동한지라

(마3:13-17) 13 ○이 때에 예수께서 갈릴리로부터 요단 강에 이르러 요한에게 세례를 받으려 하시니

14 요한이 말려 이르되 내가 당신에게서 세례를 받아야 할 터인데 당신이 내게로 오시나이까

15 예수께서 대답하여 이르시되 이제 허락하라 우리가 이와 같이 하여 모든 의를 이루는 것이 합당하니라 하시니 이에 요한이 허락하는지라

16 예수께서 세례를 받으시고 곧 물에서 올라오실새 하늘이 열리고 하나님의 성령이 비둘기 같이 내려 자기 위에 임하심을 보시더니 막 1:10

17 하늘로부터 소리가 있어 말씀하시되 이는 내 사랑하는 아들이요 내 기뻐하는 자라 하시니라

(마4:17) ○이 때부터 예수께서 비로소 전파하여 이르시되 회개하라 천국이 가까이 왔느니라 하시더라

→ 예수는 성령이 하늘로부터 하나님의 아들임을 보증하자 그때부터 본격적인 메시아로서의 사명을 감당합니다.

(마4:23-25) 23 예수께서 온 갈릴리에 두루 다니사 *그들의 회당*에서 가르치시며 천국 복음을 전파하시며 백성 중의 모든 병과 모든 약한 것을 고치시니

24 그의 소문이 온 수리아에 퍼진지라 사람들이 모든 앓는 자 곧 각종

병에 걸려서 고통 당하는 자, 귀신 들린 자, 간질하는 자, 중풍병자들을 데려오니 그들을 고치시더라

25 갈릴리와 데가볼리와 예루살렘과 유대와 요단 강 건너편에서 수많은 무리가 따르니라

(마5:44-45) 44 나는 너희에게 이르노니 너희 원수를 사랑하며 너희를 박해하는 자를 위하여 기도하라

45 이같이 한즉 하늘에 계신 너희 아버지의 아들이 되리니 이는 하나님이 그 해를 악인과 선인에게 비추시며 비를 의로운 자와 불의한 자에게 내려주심이라

(마5:48) 그러므로 하늘에 계신 너희 아버지의 온전하심과 같이 너희도 온전하라

→ 예수님이 하나님의 아들인 것같이 사랑에 속한 사람도 하나님의 아들이 될 수 있습니다.

(마9:2) 침상에 누운 중풍병자를 사람들이 데리고 오거늘 예수께서 그들의 믿음을 보시고 중풍병자에게 이르시되 작은 자야 안심하라 네 죄 사함을 받았느니라

(마11:25-27) 25 ○그 때에 예수께서 대답하여 이르시되 천지의 주재이신 아버지여 이것을 지혜롭고 슬기 있는 자들에게는 숨기시고 어린 아이들에게는 나타내심을 감사하나이다

26 옳소이다 이렇게 된 것이 아버지의 뜻이니이다

27 내 아버지께서 모든 것을 내게 주셨으니 아버지 외에는 아들을 아는 자가 없고 아들과 또 아들의 소원대로 계시를 받는 자 외에는 아버지를 아는 자가 없느니라 마28:18, 요3:35

→ 예수님은 하나님과 하늘과 그들과 관계들과 인간들과 그 미래와 그 속의 비밀들을 이미 알았습니다.

(마12:18-21) 18 보라 내가 택한 종 곧 내 마음에 기뻐하는 바 내가 사랑하는 자로다 내가 내 영을 그에게 줄 터이니 그가 심판을 이방에 알게 하리라

19 그는 다투지도 아니하며 들레지도 아니하리니 아무도 길에서 그 소리를 듣지 못하리라

20 상한 갈대를 꺾지 아니하며 꺼져 가는 심지를 끄지 아니하기를 심판하여 이길 때까지 하리니

21 또한 이방들이 그의 이름을 바라리라 함을 이루려 하심이니라

→ 예수는 이방인들을 위해 온 것입니다. 그 이방인이 바로 지금의 세계인을 말합니다. 유대인들은 여호와 하나님을 그들만의 신이라 믿습니다. 그러나 그 여호와가 예수님의 아버지와 다르지 않습니다. 그러므로 당연히 크리스천들의 하나님은 막연히 하나님들이 아니라 딱 찍어서 "여호와 하나님"입니다. 문제는 유대인들은 예수님을 그리스도(구세주)로 인정하지 않았고, 그 구원의 길은 지금 이방인(모든 세계인)들에게로 향

했다는 것 또한 역사적 사실입니다.

(마13:53-58) 53 ○예수께서 이 모든 비유를 마치신 후에 그 곳을 떠나서

54 고향으로 돌아가사 그들의 회당에서 가르치시니 그들이 놀라 이르되 이 사람의 이 지혜와 이런 능력이 어디서 났느냐

55 이는 그 목수의 아들이 아니냐 그 어머니는 마리아, 그 형제들은 야고보, 요셉, 시몬, 유다라 하지 않느냐

56 그 누이들은 다 우리와 함께 있지 아니하냐 그런즉 이 사람의 이 모든 것이 어디서 났느냐 하고

57 예수를 배척한지라 예수께서 그들에게 말씀하시되 선지자가 자기 고향과 자기 집 외에서는 존경을 받지 않음이 없느니라 하시고

58 그들이 믿지 않음으로 말미암아 거기서 많은 능력을 행하지 아니 하시니라

→ 예수님은 하늘에서 내려온 환상이 아니라, 목수인 아버지와 어머니인 마리아, 남동생들, 누이들이 이 땅에 있었던 사람이었습니다. 자신 역시 30세까지 목수였습니다. 그리고 그는 3년 후인 33세에 유대인들에 의해 신성모독죄와 로마제국에 대한 모반죄로 십자가형을 당하고 죽습니다.

(마16:15-20) 15 이르시되 너희는 나를 누구라 하느냐

16 시몬 베드로가 대답하여 이르되 주는 그리스도시요 살아 계신 하나님의 아들이시니이다

17 예수께서 대답하여 이르시되 바요나 시몬아 네가 복이 있도다 이를

네게 알게 한 이는 혈육이 아니요 하늘에 계신 내 아버지시니라

18 또 내가 네게 이르노니 너는 베드로라 내가 이 반석 위에 내 교회를 세우리니 음부의 권세가 이기지 못하리라

19 내가 천국 열쇠를 네게 주리니 네가 땅에서 무엇이든지 매면 하늘에서도 매일 것이요 네가 땅에서 무엇이든지 풀면 하늘에서도 풀리리라 하시고

20 이에 제자들에게 경고하사 자기가 그리스도인 것을 아무에게도 이르지 말라 하시니라

→ 그리스도교의 뿌리는 예수님이 "그리스도(기름부음 받은 자 곧 구세주)인 것과 (살아 계신-하나님)의 아들"인 것을 믿고 고백하는 것에서 시작합니다. 그런 사람들이 그리스도인이고, 그런 사람들이 모인 곳이 교회(크리스천 모임)입니다.

→ 그리고 이 고백으로 인한 믿음이 바로 천국열쇠(구원)를 받게 하고, 그 믿음으로 성령을 선물로 받게 됩니다.

→ 이것이 바로 생명책에 기록되는 것입니다. (성령으로 인침을 받습니다.)

(마16:27-28) 27 *인자가 아버지의 영광으로 그 천사들과 함께 오리니 그 때에 각 사람이 행한 대로 갚으리라*

28 진실로 너희에게 이르노니 여기 서 있는 사람 중에 죽기 전에 인자가 그 왕권을 가지고 오는 것을 볼 자들도 있느니라 행2:1

→ 만약 성경이 사실이라면 예수님은 그 천사들과 함께 다시 온다는 것이고 그때에는 그 모습을 직접 보는 사람도 있다는 것입니다.

→ 성경 예언서에는 일관되게 예수님의 재림을 말하는데, 이는 예수님이 육체로 부활, 승천 후, 마가의 다락방에 예수님의 영(성령)으로 다시 오셔서 지금까지 인간들 속에 함께 계시는 것을 의미할 수도, 또한 그 말 그대로 육체로 어느 순간에 직접 다시 온다는 뜻일 수도 있습니다. 아니면, 둘 다 모두일 수도 있습니다. 이것 또한 성경 속의 사실입니다.

(마22:30-32) 30 부활 때에는 장가도 아니 가고 시집도 아니 가고 하늘에 있는 천사들과 같으니라
31 죽은 자의 부활을 논할진대 하나님이 너희에게 말씀하신 바
32 나는 아브라함의 하나님이요 이삭의 하나님이요 야곱의 하나님이로라 하신 것을 읽어 보지 못하였느냐 하나님은 죽은 자의 하나님이 아니요 살아 있는 자의 하나님이시니라 하시니 출3:6, 막12:26

→ 성경이 사실이라면 인간들의 부활 때에는 지금의 인간들이 아닌 영적인 다른 존재로 다시 살아난다는 것입니다. 그러나 성경은 분명히 크리스천들의 육체적 부활을 말하고 있으므로 천사와 같은 존재이면서도 몸이 있는 부활일 수밖에 없습니다. 이는 하나님에게는 모든 사람이 죽은 자나 산 자나 다 살아 있는 것을 의미합니다.

(마24:21-22) 21 이는 그 때에 큰 환난이 있겠음이라 창세로부터 지금

까지 이런 환난이 없었고 후에도 없으리라 단12:1, 욜2:2

22 그 날들을 감하지 아니하면 모든 육체가 구원을 얻지 못할 것이나 그러나 택하신 자들을 위하여 그 날들을 감하시리라 사65:8

→ 이 역시 사실이라면 지구의 대환란이 올 것을 의미합니다. 또한 지구의 종말과 인류의 멸종은 다른 이야기입니다.

(마24:27) 번개가 동편에서 나서 서편까지 번쩍임 같이 인자의 임함도 그러하리라

→ 이 역시 사실이라면, 그 때에는 상상도 할 수 없었던 현대 초고도의 통신장비에 의한 한 방법이 될 수도 있습니다.

(마24:29-31) 29 ○그 날 환난 후에 즉시 해가 어두워지며 달이 빛을 내지 아니 하며 별들이 하늘에서 떨어지며 하늘의 권능들이 흔들리리라 사34:4, 계6:13

30 그 때에 인자의 징조가 하늘에서 보이겠고 그 때에 땅의 모든 족속들이 통곡하며 그들이 인자가 구름을 타고 능력과 큰 영광으로 오는 것을 보리라 마24:3, 단7:13, 계1:7

31 그가 큰 나팔소리와 함께 천사들을 보내리니 그들이 그의 택하신 자들을 하늘 이 끝에서 저 끝까지 사방에서 모으리라 고전15:52, 살전4:16

(마24:34-37) 34 내가 진실로 너희에게 말하노니 이 세대가 지나가기

전에 이 일이 다 일어나리라 마16:28, 마23:36

35 천지는 없어질지언정 내 말은 없어지지 아니하리라

36 그러나 그 날과 그 때는 아무도 모르나니 하늘의 천사들도, 아들도 모르고 오직 아버지만 아시느니라

37 노아의 때와 같이 인자의 임함도 그러하리라

→ 이 역시 사실입니다. 그러나 현대의 과학은 어느 정도 그 시점을 예측할 단계에까지는 와 있습니다.

(마26:56) 그러나 이렇게 된 것은 다 선지자들의 글을 이루려 함이니라 하시더라 이에 제자들이 다 예수를 버리고 도망하니라

(마27:50-54) 50 예수께서 다시 크게 소리 지르시고 영혼이 떠나시니라

51 이에 성소 휘장이 위로부터 아래까지 찢어져 둘이 되고 땅이 진동하며 바위가 터지고

52 무덤들이 열리며 자던 성도의 몸이 많이 일어나되

53 예수의 부활 후에 그들이 무덤에서 나와서 거룩한 성에 들어가 많은 사람에게 보이니라

54 백부장과 및 함께 예수를 지키던 자들이 지진과 그 일어난 일들을 보고 심히 두려워하여 이르되 이는 진실로 하나님의 아들이었도다 하더라

(막3:20-21) 20 ○집에 들어가시니 무리가 다시 모이므로 식사할 겨를

도 없는지라 막1:37, 막6:31

21 예수의 친족들이 듣고 그를 붙들러 나오니 이는 그가 미쳤다 함일러라

→ 예수님의 가족들도 예수님을 귀신 들려 미쳤다고 했습니다.

(막3:30-35) 30 이는 그들이 말하기를 더러운 귀신이 들렸다 함이러라

31 ○그 때에 예수의 어머니와 동생들이 와서 밖에 서서 사람을 보내어 예수를 부르니 눅8:19

32 무리가 예수를 둘러 앉았다가 여짜오되 보소서 당신의 어머니와 동생들과 누이들이 밖에서 찾나이다 마13:55, 요7:3

33 대답하시되 누가 내 어머니이며 동생들이냐 하시고

34 둘러앉은 자들을 보시며 이르시되 내 어머니와 내 동생들을 보라

35 누구든지 하나님의 뜻대로 행하는 자가 내 형제요 자매요 어머니이니라

(막6:5-6) 5 거기서는 아무 권능도 행하실 수 없어 다만 소수의 병자에게 안수하여 고치실 뿐이었고

6 그들이 믿지 않음을 이상히 여기셨더라

(막6:12-13) 12 제자들이 나가서 회개하라 전파하고

13 많은 귀신을 쫓아내며 많은 병자에게 기름을 발라 고치더라

현대인의 눈으로 본 성경

(막9:47-48) 47 만일 네 눈이 너를 범죄하게 하거든 빼버리라 한 눈으로 하나님의 나라에 들어가는 것이 두 눈을 가지고 지옥에 던져지는 것보다 나으니라 롬8:13

48 거기에서는 구더기도 죽지 않고 불도 꺼지지 아니하느니라

→ 이는 하나님의 나라와 지옥은 한 번 들어가면 그곳에서는 영원히 바꿀 수 없다는 뜻입니다.

(막13:24-27) 24 ○그 때에 그 환난 후 해가 어두워지며 달이 빛을 내지 아니하며

25 별들이 하늘에서 떨어지며 하늘에 있는 권능들이 흔들리리라 계6:13

26 그 때에 인자가 구름을 타고 큰 권능과 영광으로 오는 것을 사람들이 보리라 마16:27

27 또 그 때에 그가 천사들을 보내어 자기가 택하신 자들을 땅 끝으로부터 하늘 끝까지 사방에서 모으리라

(막13:28-33) 28 ○무화과나무의 비유를 배우라 그 가지가 연하여지고 잎사귀를 내면 여름이 가까운 줄 아나니

29 이와 같이 너희가 이런 일이 일어나는 것을 보거든 인자가 가까이 곧 문 앞에 이른 줄 알라 단11:33

30 내가 진실로 너희에게 말하노니 이 세대가 지나가기 전에 이 일이 다 일어나리라

31 천지는 없어지겠으나 내 말은 없어지지 아니하리라

32 그러나 그 날과 그 때는 아무도 모르나니 하늘에 있는 천사들도, 아들도 모르고 아버지만 아시느니라

33 주의하라 깨어 있으라 그 때가 언제인지 알지 못함이라 행1:7

(막14:61-62) 61 침묵하고 아무 대답도 아니하시거늘 대제사장이 다시 물어 이르되 네가 찬송 받을 이의 아들 그리스도냐

62 예수께서 이르시되 내가 그니라 인자가 권능자의 우편에 앉은 것과 하늘 구름을 타고 오는 것을 너희가 보리라 하시니

(막15:33-39) 33 ○제육시가 되매 온 땅에 어둠이 임하여 제구시까지 계속하더니 마27:45, 눅23:44

34 제구시에 예수께서 크게 소리 지르시되 엘리 엘리 라마 사박다니 하시니 이를 번역하면 나의 하나님, 나의 하나님 어찌하여 나를 버리셨나이까 하는 뜻이라 시22:1

35 곁에 섰던 자 중 어떤 이들이 듣고 이르되 보라 엘리야를 부른다 하고

36 한 사람이 달려가서 해면에 신 포도주를 적시어 갈대에 꿰어 마시게 하고 이르되 가만 두라 엘리야가 와서 그를 내려 주나 보자 하더라 마27:48, 요19:29, 시69:21

37 예수께서 큰 소리를 지르시고 숨지시니라

38 이에 성소 휘장이 위로부터 아래까지 찢어져 둘이 되니라 엡2:14, 히10:20

39 예수를 향하여 섰던 백부장이 그렇게 숨지심을 보고 이르되 이 사람은 진실로 하나님의 아들이었도다 하더라 신32:31

현대인의 눈으로 본 성경

→ 하나님의 아들 예수님이 육체로 죽기 직전 마지막으로 한 말은 '어찌하여 나를 버리셨나이까'였습니다. 이는 하나님이 자신의 -하늘에 있던 아들을- 인간의 땅에 예수로 죽게 하고 대신 모든 사람을 살리셨다는 뜻입니다.

(막16:14-18) 14 ○그 후에 열한 제자가 음식 먹을 때에 예수께서 그들에게 나타나사 그들의 믿음 없는 것과 마음이 완악한 것을 꾸짖으시니 이는 자기가 살아난 것을 본 자들의 말을 믿지 아니함일러라 눅24:36, 요20:19, 고전15:5

15 또 이르시되 너희는 *온 천하에 다니며 만민에게 복음을 전파하라*

16 믿고 세례를 받는 사람은 구원을 얻을 것이요 믿지 않는 사람은 정죄를 받으리라

17 믿는 자들에게는 이런 표적이 따르리니 곧 그들이 내 이름으로 귀신을 쫓아내며 새 방언을 말하며

18 뱀을 집어올리며 무슨 독을 마실지라도 해를 받지 아니하며 병든 사람에게 손을 얹은즉 나으리라 하시더라 눅10:19, 행28:5

→ 이런 표적들은 2천 년이 지난 지금도 세계 곳곳에서 동일하게 일어나고 있습니다.

(눅16:23-26) 23 그가 *음부에서 고통 중에 눈을 들어 멀리 아브라함과 그의 품에 있는 나사로를 보고*

24 불러 이르되 아버지 아브라함이여 나를 긍휼히 여기사 나사로를 보

내어 그 손가락 끝에 물을 찍어 내 혀를 서늘하게 하소서 내가 이 불꽃 가운데서 괴로워하나이다

25 아브라함이 이르되 얘 너는 살았을 때에 좋은 것을 받았고 나사로는 고난을 받았으니 이것을 기억하라 이제 그는 여기에서 위로를 받고 너는 괴로움을 받느니라 시73:12

26 그뿐 아니라 *너희와 우리 사이에 큰 구렁텅이가 놓여 있어 여기에서 너희에게 건너가고자 하되 갈 수 없고 거기에서 우리에게 건너올 수도 없게 하였느니라* 사59:2

(눅17:20-21) 20 ○바리새인들이 하나님의 나라가 어느 때에 임하나이까 묻거늘 예수께서 대답하여 이르시되 하나님의 나라는 볼 수 있게 임하는 것이 아니요

21 또 여기 있다 저기 있다고도 못하리니 *하나님의 나라는 너희 안에 있느니라* 롬14:17

→ 이 말이 사실이라면 하나님의 나라는 우리 안에 있습니다. 이는 바로 우리의 마음속에 하나님의 나라가 이루어진다는 것인데, 이것은 바로 우리의 마음은 가슴이 아니라 이제는 인간의 뇌인 것이 밝혀졌고, 그 뇌가 마음이 되는 것은 그 뇌에 기억된 정보를 말합니다. 결론적으로 그 사람의 기억(추억)이 좋으면 그는 천국이고 나쁘면 지옥인 것입니다.

또한 영혼은 육체가 없어져도 그 마음은 살아 있다는 것인데, 그것은 우리 뇌 속에 기억된 정보가 어딘가에는 전자기파 형태로 존재하는 것이

현대인의 눈으로 본 성경

되고 그것이 바로 우리가 죽은 뒤 육체로 부활 때까지 살아야 할 하나님의 나라인 것입니다. 절대 업그레이드되지는 않습니다.

그래서 우리는 살았을 때 잘 살아야 하고, 또 우리의 모든 기억(추억)들을 모두 아름답게 정리를 항상 해 두어야 합니다. 자신에 대한 지속적인 성찰인 것입니다. 그리고 이것이 모든 종교행위의 근본이 되기도 합니다.
→ 이것이 과학으로 본 하나님의 나라입니다.

(눅17:21) 또 여기 있다 저기 있다고도 못하리니 *하나님의 나라는 너희 안에 있느니라*

→ 여기에서 '너희 안에'는 'among'으로, 즉, '너희(크리스천 커뮤니티) 사이에(교회)'로 이해할 수도 있습니다. 그런데 이는 2천 년 동안 교회에서 한 가장 큰 실수 중 하나이기도 합니다.
→ 그것은 'among'만이 아니라, 사실은 'within'의 의미가 있다는 것을 간과한 것입니다. 그리하여 2천 년 교회 역사의 치명적인 '교회권력화'와 '천국의 교회독점화'라는 오류를 지금껏 쌓고 있는 것 또한 사실입니다.
(예수님은 명백하게 '하나님의 나라'는 어떤 특별한 장소나 특별한 사람이 아님을 분명히 했기 때문입니다. 하지만 성령으로 거듭난 사랑의 성도들이 모여 있는 교회가 하나님의 나라가 되어야 한다는 것 또한 명백합니다.)

(눅17:22-24) 22 ○또 제자들에게 이르시되 때가 이르리니 너희가 인자

의 날 하루를 보고자 하되 보지 못하리라 마9:15

23 사람이 너희에게 말하되 보라 저기 있다 보라 여기 있다 하리라 그러나 너희는 가지도 말고 따르지도 말라

24 번개가 하늘 아래 이 쪽에서 번쩍이어 하늘 아래 저 쪽까지 비침같이 인자도 자기 날에 그러하리라 살후2:2

(눅19:38) 이르되 찬송하리로다 주의 이름으로 오시는 왕이여 *하늘에는 평화요 가장 높은 곳에는 영광이로다 하니* 눅2:14

→ 예수님이 이 땅에 오심으로 하늘에는 평화가 이루어졌고, 가장 높은 곳(지극히 높으신 분)에는 영광이 되었습니다. 이는 사실 성경에서 가장 중요한 구절 중 하나이기도 한데, 십자가에 죽으러 가는 예수님에게 한 이 말은 그가 죽으므로 하늘에 평화가 이루어졌다는 것을 의미합니다. 또한 여호와에게 야곱을 주셨던 지극히 높은 분에게는 영광이 되었습니다.

→ 이것이 바로 예수님과 그 십자가 죽음의 진정한 의미입니다. 하나님들이 만든 사람을 너무 사랑하신 여호와가 사람에게 靈을 불어넣어 사람이 선과 악을 아는 창조적 사고와 자신의 정체성을 선택할 수 있는 능력을 가진 신이 되어 사람이 스스로의 몸과 마음을 누구에게도 빼앗기지 않게 되었고 神들이 사람의 몸과 마음을 마음대로 빼앗아 가지 못하게 되므로, 그것이 사람의 근본적 죄이고, 그 때문에 하나님들은 사람을 영생할 수 없도록 이별을 선언했고, 그래서 그 호흡을 넣었던 여호와는 모든 민족을 나눌 때에 야곱(이스라엘 민족)만을 얻었고, 그 이유로 하늘에는 분란이 일어나서 밤낮 마귀가 여호와를 참소했던 것입니다.

현대인의 눈으로 본 성경

→ 그리고 그 대가로 하늘에 있던 여호와의 아들이 인간 예수의 모습으로 이 땅에 와서 대신 죽으므로 비로소 하늘에 평화가 다시 생기고 가장 높은 곳에서도 다시 영광이 이루어진 것입니다.

→ 성경이 사실이라면 그렇다는 얘기입니다.

(눅20:34-35) 34 예수께서 이르시되 이 세상의 자녀들은 장가도 가고 시집도 가되 마24:38, 눅17:27

35 저 세상과 및 죽은 자 가운데서 부활함을 얻기에 합당히 여김을 받은 자들은 장가가고 시집가는 일이 없으며 고전15:44

→ 부활했다는 것이 아니라 부활함을 얻기에 합당히 여김을 받은 자들이라 한 이들은 부활을 준비하고 기다리는 신학적으로 중간지대라 부르는 음부나, 낙원, 연옥 등에 있는 자들을 의미합니다. 그러나 이를 현대의 과학으로 설명하면 인간의 뇌에 기억된 모든 자신의 기억된 정보입니다. 이것은 사람이 죽으면 몸이 없으므로 다시는 뇌에 업그레이드되지 않으니 그 인생에 그때까지만의 평생 기억(추억)이 지옥이면 지옥으로, 그 인생의 평생 기억(추억)이 천국이면 천국으로, 그 상태로 영원히 부활할 때까지 전자기파 형태로 있어야 합니다. 그래서 모든 인생들은 항상 자신을 성찰해야 하는 것입니다. 그곳이 바로 음부이고, 연옥이고, 그것이 바로 심판을 받는 행위책입니다.

(눅20:36-40) 36 그들은 다시 죽을 수도 없나니 이는 천사와 동등이요

부활의 자녀로서 하나님의 자녀임이라

37 죽은 자가 살아난다는 것은 모세도 가시나무 떨기에 관한 글에서 주를 아브라함의 하나님이요 이삭의 하나님이요 야곱의 하나님이시라 칭하였나니 출3:6

38 하나님은 죽은 자의 하나님이 아니요 살아 있는 자의 하나님이시라 하나님에게는 모든 사람이 살았느니라 하시니 롬6:10, 롬14:8

39 서기관 중 어떤 이들이 말하되 선생님 잘 말씀하셨나이다 하니

40 그들은 아무 것도 감히 더 물을 수 없음이더라

→ 부활의 자녀로 죽은 자는 누구나 다시 죽을 수도 없는 천사와 같은 존재이고, 하나님 앞에서는 산 자나 죽은 자나 다 살아 있는 존재입니다. 단지 육체를 지금 가지고 있느냐와 아닌가만이 다를 뿐입니다. 그러나 하나님에게는 다 같은 존재입니다. 마찬가지로 사람들도 육체를 가지고 있는 나(산 자)와 육체가 지금은 없는 나(죽은 자)만이 있을 뿐이고, 역시 하나님 앞에서는 천사와 같이 다 살아 있습니다.

(눅21:26-27) 26 사람들이 세상에 임할 일을 생각하고 무서워하므로 기절하리니 이는 하늘의 권능들이 흔들리겠음이라

27 그 때에 사람들이 인자가 구름을 타고 능력과 큰 영광으로 오는 것을 보리라

→ 만약 성경이 사실이라면 하늘의 권능들이 흔들린다는 것은 우주에 대변화가 한 번 온다는 것이고 이는 인류의 종말이든, 지구의 종말이든,

현대인의 눈으로 본 성경

이 우주의 종말이든, 현 세상의 종말을 의미합니다. 이는 과학적으로도 가능하고, 실제로 이 지구는 50억 년 후 태양이 팽창하면서 그에 흡수되어 사라지고, 태양 역시 폭발과 함께 우주 부유물로 떠돌다 다시 다른 별에 흡수되거나 블랙홀 속으로 사라집니다. 이것이 과학적 사실입니다. 그러나 우주와 태양과 지구의 종말이 현생인류의 멸종과 동의어는 아님을 알아야 합니다.

(눅21:32-33) 32 내가 진실로 너희에게 말하노니 이 세대가 지나가기 전에 모든 일이 다 이루어지리라

33 천지는 없어지겠으나 내 말은 없어지지 아니하리라

(눅21:34-36) 34 ㅇ너희는 스스로 조심하라 그렇지 않으면 방탕함과 술취함과 생활의 염려로 마음이 둔하여지고 뜻밖에 그 날이 덫과 같이 너희에게 임하리라

35 이 날은 온 지구상에 거하는 모든 사람에게 임하리라

36 이러므로 너희는 장차 올 이 모든 일을 능히 피하고 인자 앞에 서도록 항상 기도하며 깨어 있으라 하시니라

(요1:18) 본래 하나님을 본 사람이 없으되 아버지 품 속에 있는 독생하신 하나님이 나타내셨느니라

(요3:12) 내가 땅의 일을 말하여도 너희가 믿지 아니하거든 하물며 하늘의 일을 말하면 어떻게 믿겠느냐

→ 지금 이 말은 2천 년 전에 예수님이 하신 말씀들입니다. 그때의 과학적 지식이나 인간의 의식수준은 그 말씀을 이해하지 못한 것이 당연합니다. 그러나 이제 인간의 과학과 의식수준이 거의 성경의 내용을 다 이해할 만큼의 수준에 와 있고, 그것이 지금 이 책 "현대인의 눈으로 본 성경"입니다.

→ 하늘(heaven)이라면, 지금의 사고로 말하고 또 성경이 사실이라면, 그것은 다른 차원에 속한 곳이거나 다른 우주이거나인 것이 됩니다.

그러나 그것이 우리 마음속에만 있는 곳이라면, 그것은 허상이 되어 버리고, 성경은 근본적인 오류를 범하게 됩니다. 그런데 다행히도 시간이 지날수록 인간의 시각은 그 한계가 과학이라는 이름으로 기하급수적으로 팽창하여, 우주의 시작과 끝, 생명과 인간의 시작, 지구의 탄생과 종말, 거시적인 세계에서부터 소립자의 세상, 인간의 생각을 총괄하는 뇌에 대한 지식과, 이젠 이를 뛰어넘어 가상현실의 세상까지를 직접 보고 알게 되었습니다.
→ 이것 또한 우리가 이제 성경을 현대의 새로운 과학적 시각으로 새로 읽어야 할 이유이기도 합니다.

(요3:13-16) 13 하늘에서 내려온 자 곧 인자 외에는 하늘에 올라간 자가 없느니라 잠30:4, 행2:34, 요6:38, 요6:42
14 모세가 광야에서 뱀을 든 것 같이 인자도 들려야 하리니
15 이는 그를 믿는 자마다 영생을 얻게 하려 하심이니라

16 ○하나님이 세상을 이처럼 사랑하사 독생자를 주셨으니 이는 그를 믿는 자마다 멸망하지 않고 영생을 얻게 하려 하심이라

→ 이는 여호와 하나님이 세상을 이처럼(사람에게 그들처럼 영혼을 주셔서 창조적 사고를 하고 선악의 개념을 가지고, 자신의 정체성을 지킬 수 있는 존재 곧, 그들과 같은 神이 되게 하실 만큼 사랑하시는 것을 의미합니다.) 사랑하셔서 여호와는 모든 민족을 나눌 때에 야곱(이스라엘 민족)만을 가지고, 다른 모든 세계인(이방인)들은 예수님을 구세주로 믿기만 하면 영생을 얻을 수 있게 하셨다는 사실입니다.

→ 그 열쇠는 바로 예수님을 믿으면 받는 선물인 성령으로 인하여 불못에 이르지 아니하고 영생을 얻게 됩니다.

→ 블랙홀의 강한 중력에서는 빛(입자이든, 파장이든)을 비롯한 어떤 것도 빠져나올 수 없기 때문에 물질이 아닌 '사랑(성령)'이라는 관념만이 살아날 수 있습니다.

→ 이것 역시 과학적 사실입니다.

(요5:18) *유대인들이* 이로 말미암아 더욱 예수를 죽이고자 하니 이는 안식일을 범할 뿐만 아니라 하나님을 자기의 친아버지라 하여 자기를 하나님과 동등으로 삼으심이러라

→ 유대인들은 지금도 여호와만을 그들의 신으로 믿고 구세주로 예수님을 인정하지 않고, 그들의 종교인 유대교(구약만을 경전으로, 또 모세 5경만을 정경으로 믿습니다.)를 믿고 있습니다.

(요6:38-40) 38 내가 하늘에서 내려온 것은 내 뜻을 행하려 함이 아니요 나를 보내신 이의 뜻을 행하려 함이니라

39 *나를 보내신 이의 뜻*은 내게 주신 자 중에 내가 하나도 잃어 버리지 아니하고 마지막 날에 다시 살리는 이것이니라 요11:24, 요17:12

40 내 아버지의 뜻은 아들을 보고 믿는 자마다 영생을 얻는 이것이니 마지막 날에 내가 이를 다시 살리리라 하시니라

→ 예수님을 보내신 하나님의 뜻인 예수님이 말씀하시는 영생이요 구원은 그냥 인간의 마음속에 영원히 천국과 지옥이 이루어지는 것으로 끝나는 것이 아니라(그것은 어떤 종교나 철학, 사상을 가진 모든 인간이 똑같이 겪는 자신의 행위에 대한 뇌의 기억정보에 그대로 갇혀서 살아야 하는 세상 마지막 날까지 각자의 영원한 심판입니다. 이것은 모든 수련과 수양, 선행이고, 이것이 또한 음부이고 연옥이고 낙원이며 극락이고 지옥입니다.) 부활은 실제로 세상 마지막 날에 다시 몸으로 살리는 것으로 이것은 오직 세상의 어떤 종교나 철학에도 없는 유일한 구원입니다.

→ 그 유일한 과학적 방법은 '나'라는 존재의 정체성을 그대로 유지한 채(몸은 없지만) 성령과 함께 하나가 되어 세상 마지막 날 블랙홀(불못)에서 빠져나가 다른 세상으로 나가는 길 밖에는 없습니다. 그 구원의 성령호에 올라타는 방법은 오직 예수님을 구세주로 믿는 것 외에는 다른 방법은 없다고 성경은 말합니다. 성경이 사실이라면 과학적으로 그렇습니다. 불못(블랙홀)은 어떤 물질이든, 빛마저도 빠져나가지 못합니다. (빛도 파장이든 아니든 광자라는 물질이기 때문입니다.)

단 하나 블랙홀을 빠져나가는 방법은 물질이 아닌 개념밖에는 없는데, 성경은 그것을 성령(사랑)이라 말씀하십니다. 그리고 여호와 하나님은 지금도 사랑(성령)으로 온 우주에 충만하시며 우리와 교통하고 계십니다. 우리 인간의 과학은 아직 그 매커니즘을 이해하지 못하고 있지만, 그들은 이미 그 방법을 알고 있는 듯합니다. 그리고 이 부분부터 크리스천들에게는 완벽한 믿음의 영역이 됩니다.

(요6:41-42) 41 ○자기가 하늘에서 내려온 떡이라 하시므로 유대인들이 예수에 대하여 수군거려

42 이르되 이는 요셉의 아들 예수가 아니냐 그 부모를 우리가 아는데 자기가 지금 어찌하여 하늘에서 내려왔다 하느냐 눅4:22

(요8:42-45) 42 예수께서 이르시되 하나님이 너희 아버지였으면 너희가 나를 사랑하였으리니 이는 내가 하나님께로부터 나와서 왔음이라 나는 스스로 온 것이 아니요 아버지께서 나를 보내신 것이니라

43 어찌하여 내 말을 깨닫지 못하느냐 이는 내 말을 들을 줄 알지 못함이로다

44 너희는 너희 아비 마귀에게서 났으니 너희 아비의 욕심대로 너희도 행하고자 하느니라 그는 처음부터 살인한 자요 진리가 그 속에 없으므로 진리에 서지 못하고 거짓을 말할 때마다 제 것으로 말하나니 이는 그가 거짓말쟁이요 거짓의 아비가 되었음이라

45 내가 진리를 말하므로 너희가 나를 믿지 아니하는도다

→ 이는 하나님의 이름을 가증스럽게 이용하는 유대인들에게 하신 예수님의 말씀일 뿐입니다.

(요8:54) 예수께서 대답하시되 내가 내게 영광을 돌리면 내 영광이 아무 것도 아니거니와 내게 영광을 돌리시는 이는 내 아버지시니 곧 너희가 너희 하나님이라 칭하는 그이시라

(요10:33-39) 33 유대인들이 대답하되 선한 일로 말미암아 우리가 너를 돌로 치려는 것이 아니라 신성모독으로 인함이니 네가 사람이 되어 자칭 하나님이라 함이로라 요10:29
34 예수께서 이르시되 너희 율법에 기록된 바 내가 너희를 신이라 하였노라 하지 아니하였느냐 시82:6
35 성경은 폐하지 못하나니 하나님의 말씀을 받은 사람들을 신이라 하셨거든
36 하물며 아버지께서 거룩하게 하사 세상에 보내신 자가 나는 하나님의 아들이라 하는 것으로 너희가 어찌 신성모독이라 하느냐
37 만일 내가 내 아버지의 일을 행하지 아니하거든 나를 믿지 말려니와
38 내가 행하거든 나를 믿지 아니할지라도 그 일은 믿으라 그러면 너희가 아버지께서 내 안에 계시고 내가 아버지 안에 있음을 깨달아 알리라 하시니
39 그들이 다시 예수를 잡고자 하였으나 그 손에서 벗어나 나가시니라

→ 성경엔 처음부터 사람을 神이라 했습니다. 그 이유로 에덴에서 쫓겨

현대인의 눈으로 본 성경

낳고, 그것이 원죄가 되었고, 예수님이 대신 죽음으로 인간도 비로소 하나님들에게 같은 神으로 인정받고 같이 부활에 이르러 영생에 드는 것이 바로 성경이 말하는 구원입니다.

(요12:27) 지금 내 마음이 괴로우니 무슨 말을 하리요 아버지여 나를 구원하여 이 때를 면하게 하여 주옵소서 그러나 내가 이를 위하여 이 때에 왔나이다

→ 예수님이 이 땅에 사람의 모습으로 오신 이유는 바로 이 모든 일에 책임을 지시고 사람을 살리시고 대신 죽기 위해서입니다.

(요5:27-29) 27 또 인자됨으로 말미암아 심판하는 권한을 주셨느니라
28 이를 놀랍게 여기지 말라 무덤 속에 있는 자가 다 그의 음성을 들을 때가 오나니
29 선한 일을 행한 자는 생명의 부활로, 악한 일을 행한 자는 심판의 부활로 나오리라 고전15:52

→ 이는 바로 모든 사람은 죽음 후에 자신의 행위에 대한 영원한 대가를 스스로 받는다는 뜻입니다.

(요16:12-13) 12 내가 아직도 너희에게 이를 것이 많으나 지금은 너희가 감당하지 못하리라
13 그러나 진리의 성령이 오시면 그가 너희를 모든 진리 가운데로 인

도하시리니 그가 스스로 말하지 않고 오직 들은 것을 말하며 장래 일을 너희에게 알리시리라

→ 성령이 오셔서 가르쳐 주실 진리는(그때는 감당치 못했을) 바로 이제야 알게 되는 성령으로 말미암아 이 세상의 종말과 불못(블랙홀)에서 빠져나가는 장래 일입니다.

→ 심판의 책은 두 권인데, 하나는 행위책이고, 하나는 생명책입니다. 행위책은 우리 뇌에 기억된 자신의 평생 기억 정보(추억)이고, 생명책은 성령으로 인침을 받는 것입니다. (비유로 말하자면, 성령이라는 큰 구원의 비행기에 올라타고 블랙홀을 빠져나가는 것입니다. 성경이 사실이라면 다른 방법은 없습니다. 그 구체적인 과학적 방법은 우리 인간의 과학은 아직 모릅니다. 하지만 성경은 그렇게 말하고 있습니다.)

(요17:1-10) 1 예수께서 이 말씀을 하시고 눈을 들어 하늘을 우러러 이르시되 아버지여 때가 이르렀사오니 아들을 영화롭게 하사 아들로 아버지를 영화롭게 하게 하옵소서 마12:18
2 아버지께서 아들에게 주신 모든 사람에게 영생을 주게 하시려고 만민을 다스리는 권세를 아들에게 주셨음이로소이다
3 영생은 곧 유일하신 참 하나님과 그가 보내신 자 예수 그리스도를 아는 것이니이다
4 아버지께서 내게 하라고 주신 일을 내가 이루어 아버지를 이 세상에서 영화롭게 하였사오니

현대인의 눈으로 본 성경

5 아버지여 창세 전에 내가 아버지와 함께 가졌던 영화로써 지금도 아버지와 함께 나를 영화롭게 하옵소서 빌2:6, 히1:3

6 세상 중에서 내게 주신 사람들에게 내가 아버지의 이름을 나타내었나이다 그들은 아버지의 것이었는데 내게 주셨으며 그들은 아버지의 말씀을 지키었나이다

7 지금 그들은 아버지께서 내게 주신 것이 다 아버지로부터 온 것인 줄 알았나이다

8 나는 아버지께서 내게 주신 말씀들을 그들에게 주었사오며 그들은 이것을 받고 내가 아버지께로부터 나온 줄을 참으로 아오며 아버지께서 나를 보내신 줄도 믿었사옵나이다 마16:16, 요6:69

9 내가 그들을 위하여 비옵나니 내가 비옵는 것은 세상을 위함이 아니요 내게 주신 자들을 위함이니이다 그들은 아버지의 것이로소이다

10 내 것은 다 아버지의 것이요 아버지의 것은 내 것이온데 내가 그들로 말미암아 영광을 받았나이다 시50:23

→ 우리 모든 인간은 하나님들의 소유물로 만들었습니다. 그것이 바로 인간창조의 뜻임을 인정하지 않을 수 없습니다.

(요17:22) 내게 주신 영광을 내가 그들에게 주었사오니 이는 우리가 하나가 된 것 같이 그들도 하나가 되게 하려 함이니이다

→ 이것이 바로 예수님이 죽으므로 인간이 하나님들과 하나가 된 것입니다. 그때서야 비로소 그들이 인간을 받아주셨습니다.

(행2:37-39) 37 ○그들이 이 말을 듣고 마음에 찔려 베드로와 다른 사도들에게 물어 이르되 형제들아 우리가 어찌할꼬 하거늘

38 베드로가 이르되 너희가 회개하여 각각 예수 그리스도의 이름으로 세례를 받고 죄 사함을 받으라 그리하면 성령의 선물을 받으리니 롬6:4

39 이 약속은 너희와 너희 자녀와 모든 먼 데 사람 곧 주 우리 하나님이 얼마든지 부르시는 자들에게 하신 것이라 하고

→ 성경의 회개는 -지금 본문의 베드로도, 또한 요단강에서 세례를 베풀던 세례 요한도- 유대인들에게 한 말씀입니다. 그들 유대인들은 모세를 통하여 여호와께 순종하기로 계약을 했는데, 그 약속을 1천 5백 년 동안 어기고 불순종하며 지속적으로 다른 신을 음란하게 섬겼기 때문에 회개가 조건이고, 이방인(세계인)들에겐 사실, 해당이 안 됩니다. 그리고 성경은 실제로 이방인들에겐 그냥 단순한 믿음만을 요구하셨습니다. 그러면 모든 세계인(이방인)들은 예수님만 믿음으로 간단하게 구원받을 수 있게 하셨습니다. 이것이 성경에 쓰인 진리입니다.

(행3:17-19) 17 형제들아 너희가 알지 못하여서 그리하였으며 너희 관리들도 그리한 줄 아노라 눅23:13

18 그러나 하나님이 모든 선지자의 입을 통하여 자기의 그리스도께서 고난 받으실 일을 미리 알게 하신 것을 이와 같이 이루셨느니라

19 그러므로 너희가 회개하고 돌이켜 너희 죄 없이 함을 받으라 이같이 하면 새롭게 되는 날이 주 앞으로부터 이를 것이요

현대인의 눈으로 본 성경

→ 이 역시 유대인들에게 한 말씀입니다.

(행5:30-31) 30 너희가 나무에 달아 죽인 예수를 우리 조상의 하나님
이 살리시고

31 이스라엘에게 회개함과 죄 사함을 주시려고 그를 오른손으로 높이
사 임금과 구주로 삼으셨느니라

→ 이 역시 유대인들에게 한 말씀입니다.

(행8:1-8) 1 사울은 그가 죽임 당함을 마땅히 여기더라 그 날에 예루살
렘에 있는 교회에 큰 박해가 있어 사도 외에는 다 유대와 사마리아 모든
땅으로 흩어지니라

2 경건한 사람들이 스데반을 장사하고 위하여 크게 울더라

3 사울이 교회를 잔멸할새 각 집에 들어가 남녀를 끌어다가 옥에 넘기
니라

4 ○그 흩어진 사람들이 두루 다니며 복음의 말씀을 전할새

5 빌립이 사마리아 성에 내려가 그리스도를 백성에게 전파하니

6 무리가 빌립의 말도 듣고 행하는 표적도 보고 한마음으로 그가 하는
말을 따르더라

7 많은 사람에게 붙었던 더러운 귀신들이 크게 소리를 지르며 나가고
또 많은 중풍병자와 못 걷는 사람이 나으니

8 그 성에 큰 기쁨이 있더라

→ 여기에서부터는 회개라는 말이 없습니다. 오직 구원을 이루는 믿음만이 있습니다. 이유는 이제는 유대인이 아닌 이방인(세계인)에게 복음이 전파되기 때문입니다. 그래서 세계인인 현재의 크리스천들은 원래 아예 회개와는 관계가 없는 것이었습니다. 인간은 처음부터 신이었기 때문입니다. 이것만으로도 우리는 쓸데없는 죄의 속박과 사슬에서 벗어나야 합니다. 이것이 진정한 크리스천의 평화이고 자유입니다. 그러나 그렇다고 함부로 막 살아도 된다는 의미가 아닙니다. 크리스천들의 아름다운 삶은 이제 부활 때까지 스스로가 살 천국을 자신의 마음속에 만들어 두어야 하기 때문입니다. (그래도 두고두고 영원히 잊히지 않는 자신의 부끄러운 실수나 치명적 범죄행위 등이 사라지지 않는 트라우마로 남아 자신을 괴롭힌다면 먼저 세상의 법에 따라 그 대가를 치르고 피해자에게 사죄하고 그 후 크리스천들은 비로소 하나님에게 빌고 도움을 구하면 예수님이 우리의 죄를 대신하여 십자가에서 죽으신 그 대가로 우리를 값없이 용서해 주십니다. 하지만 제일 좋은 방법은 그 죄를 짓기 전에 스스로 차단하여 실수를 애초에 면하는 것입니다. 이는 세상에서 오직 성경과 교회와 크리스천들에게만 있는 축복입니다. 이 역시 현대의 과학적 시각으로 보면, 예수님의 십자가 희생이라는 엄청난 대속으로 하나님께 도움을 구한 사람의 나쁜 기억을 완전히 리부팅(rebooting)하여 새로운 사람이 되게 하는 것입니다.) 성경의 구체적인 방법은, 물세례를 통하여 그 전까지의 자신을 완전히 물속에 장사 지내 새로 태어나고, 성령세례를 통해 매일매일 죽고 매일 새로운 사람으로 태어남으로 실질적인 마음속의 천국을 이루는 것입니다.

현대인의 눈으로 본 성경

(행9:3-5) 3 사울이 길을 가다가 다메섹에 가까이 이르더니 홀연히 하늘로부터 빛이 그를 둘러 비추는지라

4 땅에 엎드러져.들으매 소리가 있어 이르시되 사울아 사울아 네가 어찌하여 나를 박해하느냐 하시거늘

5 대답하되 주여 누구시니이까 이르시되 나는 네가 박해하는 예수라

(행9:18-19) 18 즉시 사울의 눈에서 비늘 같은 것이 벗어져 다시 보게 된지라 일어나 세례를 받고

19 음식을 먹으매 강건하여지니라 행26:20

(행11:25-26) 25 *바나바가 사울을 찾으러 다소에 가서*

26 만나매 안디옥에 데리고 와서 둘이 교회에 1년간 모여 있어 큰 무리를 가르쳤고 제자들이 안디옥에서 비로소 그리스도인이라 일컬음을 받게 되었더라

→ '그리스도'는 고대 그리스어 '크리스토스(기름부음을 받은 자)'에서 온 말로 구세주인 예수님을 의미합니다.

→ 이 그리스도인들이 바로 지금 우리 크리스천(christian)들입니다.

(행13:46) 바울과 바나바가 담대히 말하여 이르되 하나님의 말씀을 마땅히 먼저 너희에게 전할 것이로되 너희가 그것을 버리고 영생을 얻기에 합당하지 않은 자로 자처하기로 *우리가 이방인에게로 향하노라 마 10:6, 롬1:16*

→ 이 이방인이 바로 지금 우리 세계인입니다.

(행14:16-17) 16 하나님이 지나간 세대에는 모든 민족으로 자기들의
길들을 가게 방임하셨으나
17 그러나 자기를 증언하지 아니하신 것이 아니니 곧 여러분에게 하
늘로부터 비를 내리시며 결실기를 주시는 선한 일을 하사 음식과 기쁨
으로 여러분의 마음에 만족하게 하셨느니라 하고

→ 예수님이 오시기 전까지는 모든 민족들이 자기의 길을 가게 하셨지
만 자연과 양심을 통해 하나님께서는 모든 이에게 자신을 드러내고 계셨
습니다.

→ 그러므로 지금 우리 크리스천(세계인)들은 자연과 양심 속에 반하
는 죄를 지어서는 아니 됩니다. 그러면 자기 스스로 무덤을 파는 꼴이 됩
니다.

(롬6:13) 또한 너희 지체를 불의의 무기로 죄에게 내주지 말고 오직 너
희 자신을 죽은 자 가운데서 다시 살아난 자 같이 하나님께 드리며 너희
지체를 의의 무기로 하나님께 드리라 시19:13, 시119:133

(롬7:23) 내 지체 속에서 한 다른 법이 내 마음의 법과 싸워 내 지체 속
에 있는 죄의 법으로 나를 사로잡는 것을 보는도다

현대인의 눈으로 본 성경

(롬7:21-25) 21 그러므로 내가 한 법을 깨달았노니 곧 선을 행하기 원하는 나에게 악이 함께 있는 것이로다

22 내 속사람으로는 하나님의 법을 즐거워하되

23 내 지체 속에서 한 다른 법이 내 마음의 법과 싸워 내 지체 속에 있는 죄의 법으로 나를 사로잡는 것을 보는도다

24 오호라 나는 곤고한 사람이로다 이 사망의 몸에서 누가 나를 건져내랴

25 우리 주 예수 그리스도로 말미암아 하나님께 감사하리로다 그런즉 내 자신이 마음으로는 하나님의 법을 육신으로는 죄의 법을 섬기노라

(롬8:14) 무릇 하나님의 영으로 인도함을 받는 사람은 곧 <u>하나님의 아들이라</u>

(롬8:29) 하나님이 미리 아신 자들을 또한 그 아들의 형상을 본받게 하기 위하여 미리 정하셨으니 이는 <u>그로 많은 형제 중에서 맏아들이 되게</u> 하려 하심이니라

(롬16:20) 평강의 하나님께서 속히 사탄을 너희 발 아래에서 상하게 하시리라 우리 주 예수의 은혜가 너희에게 있을지어다

(고전2:16) 누가 주의 마음을 알아서 주를 가르치겠느냐 그러나 우리가 그리스도의 마음을 가졌느니라 사40:13

(고전6:13) 음식은 배를 위하여 있고 배는 음식을 위하여 있으나 하나

님은 이것 저것을 다 폐하시리라 몸은 음란을 위하여 있지 않고 오직 주를 위하여 있으며 주는 몸을 위하여 계시느니라 살전4:3

(고전13:1-13) 1 내가 사람의 방언과 천사의 말을 할지라도 사랑이 없으면 소리 나는 구리와 울리는 꽹과리가 되고

2 내가 예언하는 능력이 있어 모든 비밀과 모든 지식을 알고 또 산을 옮길 만한 모든 믿음이 있을지라도 사랑이 없으면 내가 아무 것도 아니요

3 내가 내게 있는 모든 것으로 구제하고 또 내 몸을 불사르게 내줄지라도 사랑이 없으면 내게 아무 유익이 없느니라

4 사랑은 오래 참고 사랑은 온유하며 시기하지 아니하며 사랑은 자랑하지 아니하며 교만하지 아니하며

5 무례히 행하지 아니하며 자기의 유익을 구하지 아니하며 성내지 아니하며 악한 것을 생각하지 아니하며 헬, 것을

6 불의를 기뻐하지 아니하며 진리와 함께 기뻐하고

7 모든 것을 참으며 모든 것을 믿으며 모든 것을 바라며 모든 것을 견디느니라

8 사랑은 언제까지나 떨어지지 아니하되 예언도 폐하고 방언도 그치고 지식도 폐하리라

9 우리는 부분적으로 알고 부분적으로 예언하니

10 온전한 것이 올 때에는 부분적으로 하던 것이 폐하리라

11 내가 어렸을 때에는 말하는 것이 어린 아이와 같고 깨닫는 것이 어린 아이와 같고 생각하는 것이 어린 아이와 같다가 장성한 사람이 되어

현대인의 눈으로 본 성경

서는 어린 아이의 일을 버렸노라

12 우리가 지금은 거울로 보는 것 같이 희미하나 그 때에는 얼굴과 얼굴을 대하여 볼 것이요 지금은 내가 부분적으로 아나 그 때에는 주께서 나를 아신 것 같이 내가 온전히 알리라

13 그런즉 믿음, 소망, 사랑, 이 세 가지는 항상 있을 것인데 그 중의 제일은 사랑이라 헬, 더 큰 것은

(고전15:4-8) 4 장사 지낸 바 되셨다가 성경대로 사흘만에 다시 살아나사

5 게바에게 보이시고 후에 열두 제자에게와

6 그 후에 오백여 형제에게 일시에 보이셨나니 그 중에 지금까지 대다수는 살아 있고 어떤 사람은 잠들었으며

7 그 후에 야고보에게 보이셨으며 그 후에 모든 사도에게와

8 맨 나중에 만삭되지 못하여 난 자 같은 내게도 보이셨느니라

→ 이렇게 성경은 예수님의 육체적인 부활을 구체적으로 기술하고 있습니다. 차후에 크리스천들도 이와 같은 육체로의 부활을 약속하신 것입니다.

부활은 그냥 관념 속에만 있는 것이 아닙니다.

(고전15:35) 누가 묻기를 죽은 자들이 어떻게 다시 살아나며 어떠한 몸으로 오느냐 하리니

(고전15:38-40) 38 하나님이 그 뜻대로 그에게 형체를 주시되 각 종자에게 그 형체를 주시느니라

39 육체는 다 같은 육체가 아니니 하나는 사람의 육체요 하나는 짐승의 육체요 하나는 새의 육체요 하나는 물고기의 육체라

40 하늘에 속한 형체도 있고 땅에 속한 형체도 있으나 하늘에 속한 것의 영광이 따로 있고 땅에 속한 것의 영광이 따로 있으니

(고전15:51-54) 51 보라 내가 너희에게 비밀을 말하노니 우리가 다 잠잘 것이 아니요 마지막 나팔에 순식간에 홀연히 다 변화되리니

52 나팔 소리가 나매 죽은 자들이 썩지 아니할 것으로 다시 살아나고 우리도 변화되리라

53 이 썩을 것이 반드시 썩지 아니할 것을 입겠고 이 죽을 것이 죽지 아니함을 입으리로다

54 이 썩을 것이 썩지 아니함을 입고 이 죽을 것이 죽지 아니함을 입을 때에는 사망을 삼키고 이기리라고 기록된 말씀이 이루어지리라 사25:8

(고후1:22) 그가 또한 우리에게 인치시고 보증으로 우리 마음에 성령을 주셨느니라

→ 이것이 바로 생명책에 기록됨을 의미합니다.

(고후3:3) 너희는 우리로 말미암아 나타난 그리스도의 편지니 이는 먹으로 쓴 것이 아니요 오직 살아 계신 하나님의 영으로 쓴 것이며 또 돌판

현대인의 눈으로 본 성경

에 쓴 것이 아니요 오직 육의 마음판에 쓴 것이라

(고후3:13-18) 13 우리는 모세가 이스라엘 자손들에게 장차 없어질 것
의 결국을 주목하지 못하게 하려고 수건을 그 얼굴에 쓴 것 같이 아니하
노라

14 그러나 그들의 마음이 완고하여 오늘까지도 구약을 읽을 때에 그 수
건이 벗겨지지 아니하고 있으니 그 수건은 그리스도 안에서 없어질 것이라

15 오늘까지 모세의 글을 읽을 때에 수건이 그 마음을 덮었도다

16 그러나 언제든지 주께로 돌아가면 그 수건이 벗겨지리라

17 주는 영이시니 주의 영이 계신 곳에는 자유가 있느니라

18 우리가 다 수건을 벗은 얼굴로 거울을 보는 것 같이 주의 영광을 보
매 그와 같은 형상으로 변화하여 영광에서 영광에 이르니 곧 주의 영으로
말미암음이니라

(고후5:1-2) 1 만일 땅에 있는 우리의 장막 집이 무너지면 하나님께서
지으신 집 곧 손으로 지은 것이 아니요 하늘에 있는 영원한 집이 우리에
게 있는 줄 아느니라 사38:12, 막14:58, 벧후1:13

2 참으로 우리가 여기 있어 탄식하며 하늘로부터 오는 우리 처소로 덧
입기를 간절히 사모하노라 롬8:23, 고전15:53

(고후5:17) 그런즉 누구든지 그리스도 안에 있으면 새로운 피조물이라
이전 것은 지나갔으니 보라 새 것이 되었도다 사43:18

(고후5:21) *하나님이 죄를 알지도 못하신 이를 우리를 대신하여 죄로 삼*
으신 것은 우리로 하여금 그 안에서 하나님의 의가 되게 하려 하심이라

→ 예수님의 죽으심은 하나님의 의가 되려 하려 하신 것입니다.

(고후12:1-4) 1 무익하나마 내가 부득불 자랑하노니 주의 환상과 계시
를 말하리라

2 내가 그리스도 안에 있는 한 사람을 아노니 그는 14년 전에 *셋째 하늘*
에 이끌려 간 자라 (그가 몸 안에 있었는지 몸 밖에 있었는지 나는 모르
거니와 하나님은 아시느니라)

3 내가 이런 사람을 아노니 (그가 몸 안에 있었는지 몸 밖에 있었는지
나는 모르거니와 하나님은 아시느니라)

4 그가 낙원으로 *이끌려 가서* 말로 표현할 수 없는 말을 들었으니 사
람이 가히 이르지 못할 말이로다

→ 셋째 하늘(삼천층)은 지금의 과학으로 설명하면 '다중우주', '다중차
원'으로 설명이 가능합니다. 2천 년 전에 이런 개념이 있었다는 것은 놀랄
일입니다.

(갈5:19-21) 19 육체의 일은 분명하니 곧 음행과 더러운 것과 호색과

20 우상 숭배와 주술과 원수 맺는 것과 분쟁과 시기와 분냄과 당 짓는
것과 분열함과 이단과

21 투기와 술 취함과 방탕함과 또 그와 같은 것들이라 전에 너희에게

현대인의 눈으로 본 성경

경계한 것 같이 경계하노니 <u>이런 일을 하는 자들은 하나님의 나라를 유업으로 받지 못할 것이요</u>

→ 이와 같이 음행, 호색, 투기, 술 취함, 방탕함 등에 몸이 길들여져 있으면, 육체가 없어진 후에는 몸이 없으니까 영원히 그런 일을 할 수 없는데도 불구하고 그 기억에 빠져 그 일들을 그리워하며 괴로워합니다. 이것이 음부의 지옥이고 하나님의 나라를 유업으로 받지 못하는 것입니다. 그러므로 육체로 살아 있을 때에 몸이 없는 영으로도 행복을 누릴 수 있는 연습을 하여 놓으면, 몸이 없어져도 여러 몸의 미련에 빠져 영원히 괴로워하는 수모를 겪는 스스로의 지옥에 들지 않게 됩니다. 그것이 바로 음행, 호색, 투기, 술 취함, 방탕함에 길들여지지 않는 삶입니다.

→ 그것을 신령한 삶이라 합니다. 그래야 죽어 부활을 기다릴 때까지 그곳에서도 천국의 삶을 누릴 수 있습니다.

(갈5:22-24) 22 오직 성령의 열매는 사랑과 희락과 화평과 오래 참음과 자비와 양선과 충성과

23 온유와 절제니 이 같은 것을 금지할 법이 없느니라

24 그리스도 예수의 사람들은 육체와 함께 <u>그 정욕과 탐심을 십자가에 못 박았느니라</u>

(엡1:10) <u>하늘에 있는 것이나 땅에 있는 것이 다 그리스도 안에서 통일되게 하려 하심이라</u>

(엡3:14-15) 14 이러므로 내가 하늘과 땅에 있는 각 족속에게
15 이름을 주신 아버지 앞에 무릎을 꿇고 비노니

→ 성경이 사실이라면 하늘에도 땅에 있는 것과 같은 각 족속이 있고,
땅에도 각 족속이 있습니다.

(빌3:20) 그러나 우리의 시민권은 하늘에 있는지라 거기로부터 구원
하는 자 곧 주 예수 그리스도를 기다리노니
(골1:15-17) 15 그는 보이지 아니하는 하나님의 형상이시오 모든 피조
물보다 먼저 나신 이시니
16 만물이 그에게서 창조되되 하늘과 땅에서 보이는 것들과 보이지 않
는 것들과 혹은 왕권들이나 주권들이나 통치자들이나 권세들이나 만물
이 다 그로 말미암고 그를 위하여 창조되었고
17 또한 그가 만물보다 먼저 계시고 만물이 그 안에 함께 섰느니라

→ 하나님의 아들은 창조 이전부터 계셨는데, 2천 년 전 성령으로 인간
예수님의 몸으로 이 세상에 오신 것입니다. 그리고 죽고, 하늘에 다시 평
화가 이루어졌고, 가장 높은 곳에서는 다시 영광이 된 것입니다. 그것이
바로 하나님의 의(義)였습니다.

(골1:20) 그의 십자가의 피로 화평을 이루사 만물 곧 땅에 있는 것들이나
하늘에 있는 것들이 그로 말미암아 자기와 화목하게 되기를 기뻐하심이라

(골3:5-6) 5 그러므로 땅에 있는 지체를 죽이라 곧 음란과 부정과 사욕과 악한 정욕과 탐심이니 *탐심은 우상 숭배니라*

6 *이것들로 말미암아 하나님의 진노가 임하느니라* -어떤 사본에, '진노가' 아래 '순종하지 아니하는 자식들에게'가 있음

→ 성경에서 일관되게 인간에게 요구하는 것은 음란과 탐심하지 말라는 것입니다. 그것은, 몸이 없어졌을 때 인간이 가장 괴로운 것은 바로 음란과 욕심입니다. 몸이 없으니 음란이 불가능하고, 몸이 없으니 아무것도 더 가지지 못하기 때문입니다. 그것이 바로 영원한 지옥에 들어가는 지름길입니다. (하지만 여호와 하나님은 처음 아담을 만드시고 외로울까 하와를 만드시고 두 사람을 보시기에 좋았다고 하셨습니다. 또 번성하라고 하셨습니다. 이는 정상적인 가정에서의 부부생활은 음란이 아님을 알아야 합니다. 또한 예수님이 가르쳐 주신 기도문에는 '일용할 양식을 주옵시고'라 했습니다. 탐심이란 그 범위를 넘는 끝없는 중독을 의미합니다.)

(엡5:5) 너희도 정녕 이것을 알거니와 *음행하는 자나* 더러운 자나 *탐하는 자* 곧 우상 숭배자는 다 *그리스도와 하나님의 나라에서 기업을 얻지 못하리니*

(살전4:3-5) 3 *하나님의 뜻은 이것이니 너희의 거룩함이라 곧 음란을 버리고*

4 각각 거룩함과 존귀함으로 자기의 아내 대할 줄을 알고

5 하나님을 모르는 *이방인과 같이 색욕을 따르지 말고*

(살전4:15-17) 15 우리가 주의 말씀으로 너희에게 이것을 말하노니 주께서 강림하실 때까지 우리 살아 남아 있는 자도 자는 자보다 결코 앞서지 못하리라

16 주께서 호령과 천사장의 소리와 하나님의 나팔 소리로 친히 하늘로부터 강림하시리니 그리스도 안에서 죽은 자들이 먼저 일어나고

17 그 후에 우리 살아 남은 자들도 그들과 함께 구름 속으로 끌어 올려 공중에서 주를 영접하 네.게 하시리니 그리하여 우리가 항상 주와 함께 있으리라

(살후1:7) 환난을 받는 너희에게는 우리와 함께 안식으로 갚으시는 것이 하나님의 공의시니 주 예수께서 자기의 능력의 천사들과 함께 하늘로부터 불꽃 가운데에 나타나실 때에 말4:1, 마25:41

(살후2:3-4) 3 누가 어떻게 하여도 너희가 미혹되지 말라 먼저 배교하는 일이 있고 저 불법의 사람 곧 멸망의 아들이 나타나기 전에는 그 날이 이르지 아니하리니 단7:25, 단8:25, 요17:12, 계13:5

4 그는 대적하는 자라 신이라고 불리는 모든 것과 숭배함을 받는 것에 대항하여 그 위에 자기를 높이고 하나님의 성전에 앉아 자기를 하나님이라고 내세우느니라 사14:14, 겔28:2, 행17:23

(딤전2:5) 하나님은 한 분이시요 또 하나님과 사람 사이에 중보자도 한 분이시니 곧 사람이신 그리스도 예수라

(히1:1-14) 1 옛적에 선지자들을 통하여 여러 부분과 여러 모양으로 우

현대인의 눈으로 본 성경

리 조상들에게 말씀하신 하나님이

2 이 모든 날 마지막에는 아들을 통하여 우리에게 말씀하셨으니 이 아들을 만유의 상속자로 세우시고 또 그로 말미암아 모든 세계를 지으셨느니라 막12:7

3 이는 하나님의 영광의 광채시요 그 본체의 형상이시라 그의 능력의 말씀으로 만물을 붙드시며 죄를 정결하게 하는 일을 하시고 높은 곳에 계신 지극히 크신 이의 우편에 앉으셨느니라

4 그가 천사보다 훨씬 뛰어남은 그들보다 더욱 아름다운 이름을 기업으로 얻으심이니

5 하나님께서 어느 때에 천사 중 누구에게 너는 내 아들이라 오늘 내가 너를 낳았다 하셨으며 또 다시 나는 그에게 아버지가 되고 그는 내게 아들이 되리라 하셨느냐 시2:7, 시89:26

6 또 그가 맏아들을 이끌어 세상에 다시 들어오게 하실 때에 하나님의 모든 천사들은 그에게 경배할지어다 말씀하시며 롬8:29, 벧전3:22

7 또 천사들에 관하여는 그는 그의 천사들을 바람으로, 그의 사역자들을 불꽃으로 삼으시느니라 하셨으되 시104:4

8 아들에 관하여는 하나님이여 주의 보좌는 영영하며 주의 나라의 규는 공평한 규이니이다 시45:6

9 주께서 의를 사랑하시고 불법을 미워하셨으니 그러므로 하나님 곧 주의 하나님이 즐거움의 기름을 주께 부어 주를 동류들보다 뛰어나게 하셨도다 하였고

10 또 주여 태초에 주께서 땅의 기초를 두셨으며 하늘도 주의 손으로 지으신 바라

11 그것들은 멸망할 것이나 오직 주는 영존할 것이요 그것들은 다 옷과 같이 낡아지리니

12 의복처럼 갈아입을 것이요 그것들은 옷과 같이 변할 것이나 주는 여전하여 연대가 다함이 없으리라 하였으나

13 어느 때에 천사 중 누구에게 내가 네 원수로 네 발등상이 되게 하기까지 너는 내 우편에 앉아 있으라 하셨느냐

14 모든 천사들은 섬기는 영으로서 구원받을 상속자들을 위하여 섬기라고 보내심이 아니냐

(히2:10-11) 10 그러므로 만물이 그를 위하고 또한 그로 말미암은 이가 많은 아들들을 이끌어 영광에 들어가게 하시는 일에 그들의 구원의 창시자를 고난을 통하여 온전하게 하심이 합당하도다

11 *거룩하게 하시는 이와 거룩하게 함을 입은 자들이 다 한 근원에서 난지라 그러므로 형제라 부르시기를 부끄러워하지 아니하시고*

(히5:12) 때가 오래 되었으므로 너희가 마땅히 선생이 되었을 터인데 너희가 다시 하나님의 말씀의 초보에 대하여 누구에게서 가르침을 받아야 할 처지이니 단단한 음식은 못 먹고 젖이나 먹어야 할 자가 되었도다

(히8:1-2) 1 지금 우리가 하는 말의 요점은 이러한 대제사장이 우리에게 있다는 것이라 그는 하늘에서 지극히 크신 이의 보좌 우편에 앉으셨으니

2 성소와 참 장막에서 섬기는 이시라 이 장막은 주께서 세우신 것이요 사람이 세운 것이 아니니라 히9:11

현대인의 눈으로 본 성경

(히9:11-12) 11 ○그리스도께서는 장래 좋은 일의 대제사장으로 오사 손으로 짓지 아니한 것 곧 이 창조에 속하지 아니한 더 크고 온전한 장막으로 말미암아 히10:1

12 염소와 송아지의 피로 하지 아니하고 오직 자기의 피로 영원한 속죄를 이루사 단번에 성소에 들어가셨느니라 레4:3

(벧전3:19-20) 19 그가 또한 영으로 가서 옥에 있는 영들에게 선포하시니라

20 그들은 전에 노아의 날 방주를 준비할 동안 하나님이 오래 참고 기다리실 때에 복종하지 아니하던 자들이라 방주에서 물로 말미암아 구원을 얻은 자가 몇 명뿐이니 겨우 여덟 명이라

→ 바로 성경 속에서 말하는 옥이 사람이 죽은 후 부활을 기다리는 곳인데, 지금의 과학적 사고로 말하면, 사람이 죽어 몸은 없어져도 그 뇌에 기록된 기억 정보는 전자기파 형태로 이 지구장 안 어딘가에는 존재하고 있습니다. 그러므로 그 기억이 나쁘면 그것이 부활 때까지 지옥이고, 그 기억이 좋으면 부활 때까지 천국이 됩니다.

→ 그러니 모두가 내 평생의 모든 일들을 죽을 때 어떻게 기억하고 있는가가 얼마나 중요하겠습니까? 나쁜 것은 잊고 좋은 것만 기억하는 것이 아니라 모든 기억을 다 좋게 해석하여 뇌에 입력을 시켜놔야 하는 것입니다. 그래야 진정한 천국이 내 마음에 이루어집니다. 아니면 나쁜 일을 잊은 것 같았지만 그때 단지 외면한 것일 뿐 그것은 다시 무의식 속에

쌓여 더 큰 지옥을 내 마음속에 만들어 갑니다. 이것은 크리스천에게만 해당되는 것이 아니라 모든 인류에게 다 해당되는 것입니다.

　→ 이것이 바로, 수련이고, 수양이고, 기도이고, 명상이고, 참선이고, 묵상입니다.

　(벧전4:5-6) *5 그들이 산 자와 죽은 자를 심판하기로 예비하신 이에게 사실대로 고하리라*

　6 이를 위하여 죽은 자들에게도 복음이 전파되었으니 이는 육체로는 사람으로 심판을 받으나 영으로는 하나님을 따라 살게 하려 함이라

　(벧후1:21) 예언은 언제든지 사람의 뜻으로 낸 것이 아니요 오직 성령의 감동하심을 받은 사람들이 하나님께 받아 말한 것임이라

　(벧후2:4-5) 4 하나님이 범죄한 천사들을 용서하지 아니하시고 지옥에 던져 어두운 구덩이에 두어 심판 때까지 지키게 하셨으며

　5 옛 세상을 용서하지 아니하시고 오직 의를 전파하는 노아와 그 일곱 식구를 보존하시고 경건하지 아니한 자들의 세상에 홍수를 내리셨으며

　(벧후2:12) *그러나 이 사람들은 본래 잡혀 죽기 위하여 난 이성 없는 짐승 같아서 그 알지 못하는 것을 비방하고 그들의 멸망 가운데서 멸망을 당하며*

　→ 본래 잡혀 죽기 위하여 난 이성 없는 짐승 같은 사람들이 바로 하나님들에 의해 창세기 1장에 처음 만들어진 사람(여호와가 호흡을 불어넣

어 영적인 인간을 만들기 전의 사람입니다. 현생 인류 이전 여러 종류의 인간종들까지입니다).

(벧후3:8) 사랑하는 자들아 주께는 하루가 천 년 같고 천 년이 하루 같다는 이 한 가지를 잊지 말라 시90:4

→ 영원한 우주의 시간 속에서 하루나 1천 년이나 하나님에게는 별 의미가 없다는 사실입니다.

(벧후3:10) 그러나 주의 날이 도둑 같이 오리니 그 날에는 하늘이 큰 소리로 떠나가고 물질이 뜨거운 불에 풀어지고 땅과 그 중에 있는 모든 일이 드러나리로다 마24:35, 계20:11

→ 하늘이 큰 소리로 떠나간다는 이야기는 최근까지도 전혀 인간의 사고로는 이해가 안 되는 전혀 현실 불가능한 신화나 비유나 상징으로만 여겼고, 이것은 당연히 성경은 과학과는 다른 세계의 상징이나 비유나 허튼 소리로 이어졌지만, 최근에야 우주공간은 그냥 아무것도 없는 진공상태의 허공이 아니고 암흑에너지라는 어떤 물질로 채워져 있다는 사실이 밝혀져, 하늘이 큰 소리로 떠나갈 수도 있고, 두루마리처럼 말려 사라질 수도 있다는 것이 빈 소리가 아님이 밝혀졌습니다.

(계7:3-4) 3 이르되 우리가 우리 하나님의 종들의 이마에 인치기까지 땅이나 바다나 나무들을 해하지 말라 하더라

<u>4 내가 인침을 받은 자의 수를 들으니 이스라엘 자손의 각 지파 중에서 인침을 받은 자들이 십사만 사천이니 계9:16, 계14:1</u>

→ 이는 세계인 중에서가 아니라 이스라엘 민족 중에서 14만4천 명이 인침을 받는다는 이야기입니다. 이는 유대인들이 다시 예수 안에서 성령으로 인침을 받을 때까지 하나님이 기다리신다는 이야기입니다.

(계9:7-11) 7 <u>황충들의 모양은 전쟁을 위하여 준비한 말들 같고 그 머리에 금 같은 관 비슷한 것을 썼으며 그 얼굴은 사람의 얼굴 같고</u>
<u>8 또 여자의 머리털 같은 머리털이 있고 그 이빨은 사자의 이빨 같으며</u>
<u>9 또 철 호심경 같은 호심경이 있고 그 날개들의 소리는 병거와 많은 말들이 전쟁터로 달려 들어가는 소리 같으며</u>
<u>10 또 전갈과 같은 꼬리와 쏘는 살이 있어 그 꼬리에는 다섯 달 동안 사람들을 해하는 권세가 있더라</u>
<u>11 그들에게 왕이 있으니 무저갱의 사자라 히브리어로는 그 이름이 아바돈이요 헬라어로는 그 이름이 아볼루온이더라</u>

→ 이제부터 나오는 황충들과 같은 심판의 존재들은 그때는 짐승같이 보였을지 모르나 지금의 눈으로 보면 아주 발전한 탱크나 비행기나 최신 무기체제로도 보입니다.

(계12:10) 내가 또 들으니 하늘에 큰 음성이 있어 이르되 이제 우리 하나님의 구원과 능력과 나라와 또 그의 그리스도의 권세가 나타났으니

우리 형제들을 참소하던 자 곧 우리 하나님 앞에서 밤낮 참소하던 자가 쫓겨났고

→ 성경 속의 이 모든 사건이 일어난 것이 바로 사람을 살리시기 위한 하나님의 사랑임을 아는 하늘의 마귀가 밤낮 참소했던 것입니다. 그 가장 큰 이유는, 그들이 자유의지도 없고 영적이지도 않고 창의적이지도 않은, 단지 짐승 같이 몸으로만 있는 처음의 사람을 그들이 마음대로 각자 가질 수가 없게 되었기 때문입니다.

→ 이는 여호와 하나님의 사람에 대한 사랑 때문에 그들은 사람들의 몸 속에 들어가서 사람들의 정신까지 탈취하고 자신들이 몸으로 부활할 희망이 사라졌기 때문입니다.

→ 이래서 우리 크리스천들은 우리 사람이라는 존재가 얼마나 소중하고 가치가 있는지를 알아 정신을 똑바로 차리고 사랑과 진리의 거룩한 성령 외에는 어떤 것에게도 몸과 마음과 생각을 빼앗기지 않아야 합니다. 생각도 탈취당하면 나를 다 빼앗긴다는 무서운 사실도 명심해야 합니다. 믿음, 소망, 사랑 …그중에 제일은 사랑이라 성경은 말합니다.

(계19:14) 하늘에 있는 군대들이 희고 깨끗한 세마포 옷을 입고 백마를 타고 그를 따르더라

→ 이 하늘에 있는 군대들은 분명 이 지구상과 이 우주 안에 있는 존재들은 아닙니다.

(계20:5-6) 5 (그 나머지 죽은 자들은 그 천 년이 차기까지 살지 못하더라) 이는 첫째 부활이라 눅14:14, 빌3:11

6 이 첫째 부활에 참여하는 자들은 복이 있고 거룩하도다 둘째 사망이 그들을 다스리는 권세가 없고 도리어 그들이 하나님과 그리스도의 제사장이 되어 천 년 동안 그리스도와 더불어 왕 노릇 하리라 살전4:16, 계2:11, 계21:8

→ 첫째 부활이 있고, 그 후에 둘째 사망이 있습니다. 여기에서 첫째 부활은 모든 사람이 죽는 순간 영으로 자신이 스스로 지은 천국과 지옥(음부, 연옥, 낙원, 스올, 극락이라고도 함)에 드는 것을 말하고, 둘째 사망은 과학적으로 말할 때 -이것은 성경에만 있는 개념인데- 영원히 꺼지지 않는 불못(블랙홀 속)에 드는 것을 말합니다.

→ 그런데, 여기에서 아주 중요한 사실은 -이것이 성경의 결론일 수도 있는데- 성경의 마지막 천국은 인간이 육체로 부활하여 하나님과 함께 있는 것인데, 바로 지금 이 순간, 내가 바로 지금 내 몸을 가지고 있고, 하나님이신 성령과 함께 하면 바로 이 순간이 진짜 천국의 한 현현인 것입니다. 지금 살아 있는 이 순간, 성령과 함께하는 이 순간이 바로 천국의 현현인 것입니다. 그러므로 지금 이 순간이 얼마나 감격스럽고 감사한 것임을 알고, 행복해하며 성령과 함께 기쁨을 누리는 것이 바로 살아 있는 모든 크리스천들의 참 행복인 것도 알아야 합니다.

(계20:11-15) 11 ○또 내가 크고 흰 보좌와 그 위에 앉으신 이를 보니 땅

현대인의 눈으로 본 성경

과 하늘이 그 앞에서 피하여 간 데 없더라 단2:35

12 또 내가 보니 죽은 자들이 큰 자나 작은 자나 그 보좌 앞에 서 있는 데 책들이 펴 있고 또 다른 책이 펴졌으니 곧 생명책이라 죽은 자들이 자기 행위를 따라 책들에 기록된 대로 심판을 받으니 단7:10

13 바다가 그 가운데에서 죽은 자들을 내주고 또 사망과 음부도 그 가운데에서 죽은 자들을 내주매 각 사람이 자기의 행위대로 심판을 받고

14 사망과 음부도 불못에 던져지니 이것은 둘째 사망 곧 불못이라

15 누구든지 생명책에 기록되지 못한 자는 불못에 던져지더라

→ 이 행위책이 바로 인간 뇌 속에 기록된 자신의 모든 기억정보이고, (과학적으로도 인간의 뇌와 심장을 포함한 모든 장기가 완전히 멈춘 후에도 4시간에서 1주일간은 그 의식이 살아 있음이 확인되었습니다.) 이 생명책은 바로 성령으로 인침을 받는 것입니다.

(계21:1-8) 1 또 내가 새 하늘과 새 땅을 보니 처음 하늘과 처음 땅이 없어졌고 바다도 다시 있지 않더라

2 또 내가 보매 거룩한 성 새 예루살렘이 하나님께로부터 하늘에서 내려오니 그 준비한 것이 신부가 남편을 위하여 단장한 것 같더라

3 내가 들으니 보좌에서 큰 음성이 나서 이르되 보라 하나님의 장막이 사람들과 함께 있으매 하나님이 그들과 함께 계시리니 그들은 하나님의 백성이 되고 하나님은 친히 그들과 함께 계셔서

4 모든 눈물을 그 눈에서 닦아주시니 다시는 사망이 없고 애통하는 것이나 곡하는 것이나 아픈 것이 다시 있지 아니하리니 처음 것들이 다 지

나 갔음이러라

5 보좌에 앉으신 이가 이르시되 보라 내가 만물을 새롭게 하노라 하시고 또 이르시되 이 말은 신실하고 참되니 기록하라 하시고

6 또 내게 말씀하시되 이루었도다 나는 알파와 오메가요 처음과 마지막이라 내가 생명수 샘물을 목마른 자에게 값없이 주리니

7 이기는 자는 이것들을 상속으로 받으리라 나는 그의 하나님이 되고 그는 내 아들이 되리라

8 그러나 두려워하는 자들과 믿지 아니하는 자들과 흉악한 자들과 살인자들과 음행하는 자들과 점술가들과 우상 숭배자들과 거짓말하는 모든 자들은 불과 유황으로 타는 못에 던져지리니 이것이 둘째 사망이라

→ 이렇게 해서 하나님의 창조 작업의 완성이 이루어진 것입니다. 이 모든 사건의 중심에는 사람을 하나님들과 같이 받아들여 인정해 주시고 영생을 얻게 하기 위하신 여호와 하나님의 선하심과 그 여호와 하나님의 아들 예수님의 대신 희생이신 죽음이 있습니다.

(계21:9-11) 9 ○일곱 대접을 가지고 마지막 일곱 재앙을 담은 일곱 천사 중 하나가 나아와서 내게 말하여 이르되 이리 오라 내가 신부 곧 어린 양의 아내를 네게 보이리라 하고 계17:1, 계15:7

10 성령으로 나를 데리고 크고 높은 산으로 올라가 하나님께로부터 하늘에서 내려오는 거룩한 성 예루살렘을 보이니 계17:3

11 하나님의 영광이 있어 그 성의 빛이 지극히 귀한 보석 같고 벽옥과 수정 같이 맑더라

현대인의 눈으로 본 성경

→ 이 상황이 진짜 천국의 상황이고 이때는 하나님과 인간이 함께 같은 자리에 거하게 됩니다.

(계22:1-5) 1 또 그가 수정 같이 맑은 생명수의 강을 내게 보이니 하나님과 및 어린양의 보좌로부터 나와서 창2:10, 겔47:1

2 길 가운데로 흐르더라 강 좌우에 생명나무가 있어 열두 가지 열매를 맺되 달마다 그 열매를 맺고 그 나무 잎사귀들은 만국을 치료하기 위하여 있더라 겔47:12

3 다시 저주가 없으며 하나님과 그 어린양의 보좌가 그 가운데에 있으리니 그의 종들이 그를 섬기며

4 그의 얼굴을 볼 터이요 그의 이름도 그들의 이마에 있으리라

5 다시 밤이 없겠고 등불과 햇빛이 쓸 데 없으니 이는 주 하나님이 그들에게 비치심이라 그들이 세세토록 왕 노릇 하리로다

→ 그때에 사람이 하나님의 얼굴을 본다는 것은 하나님도 그때는 몸으로 우리와 함께하신다는 것입니다.

→ 무엇보다 놀라운 사실은 하나님도 얼굴이 있다는 사실이 이 시점에서 명확하게 드러납니다.

→ 성경의 마지막과 성경의 처음이 결국 마주치는 놀라운 장면입니다.

→ 이것 또한 성경 속에 숨어 있던 놀라운 사실이었습니다.

5.
천국

우리가 생각하는 천국(天國)은 하늘(heaven), 하나님의 나라(The king-dom of God), 하늘나라(The kingdom of heaven), 공중(skies)으로 성경에는 기록되어 있습니다.

→ '하나님의 나라'(The kingdom of God)는 하나님이 성령으로 함께 계시는 곳 어디나를 말하는 것이고, '하늘나라'(The kingdom of heaven)는 하늘에 있는 나라를 말합니다.

→ 그러므로 천국은 두 가지로 나누어서 설명할 수 있습니다.

→ 성경이 사실이라면 크리스천을 포함하여 모든 사람들은 죽은 후 음부라는 곳에서 악인은 악한 대로, 선인은 선한 대로, 부활을 기다리다, 때가 되면 한순간 모두 육체로 부활하여 마지막 심판(백보좌 심판)을 받고, 생명책(성령의 인침)에 기록되지 않은 불신자는 불못(블랙홀)으로, 생명책에 기록된 크리스천은 새 하늘과 새 땅으로 들어가는데, 그곳이 바로 진짜 '천국'(The kingdom of heaven)입니다.

(마21:23-27) 23 예수께서 성전에 들어가 가르치실새 대제사장들과 백

성의 장로들이 나아와 이르되 네가 무슨 권위로 이런 일을 하느냐 또 누가 이 권위를 주었느냐

24 예수께서 대답하시되 나도 한 말을 너희에게 물으리니 너희가 대답하면 나도 무슨 권위로 이런 일을 하는지 이르리라

25 요한의 세례가 어디로부터 왔느냐 하늘[(헬)우라노스/heaven/하늘, 공중, 하늘세계]로부터냐 사람으로부터냐 그들이 서로 의논하여 이르되 만일 하늘로부터라 하면 어찌하여 그를 믿지 아니하였느냐 할 것이요 헬, 또는 침례

26 만일 사람으로부터라 하면 모든 사람이 요한을 선지자로 여기니 백성이 무섭다 하여

27 예수께 대답하여 이르되 우리가 알지 못하노라 하니 예수께서 이르시되 나도 무슨 권위로 이런 일을 하는지 너희에게 이르지 아니하리라

→ 하나님의 나라/the Kingdom of God, 헬) 바실레이아/주권, 왕권, 왕국, 통치, 왕정, 국토

(마12:28) 그러나 내가 하나님의 성령을 힘입어 귀신을 쫓아내는 것이면 하나님의 나라가 이미 너희에게 임하였느니라

→ the kingdom of God

(눅18:16) 예수께서 그 어린 아이들을 불러 가까이 하시고 이르시되 어린 아이들이 내게 오는 것을 용납하고 금하지 말라 하나님의 나라가 이

런 자의 것이니라

→ the kingdom of God

(마5:1-3) 1 예수께서 무리를 보시고 산에 올라가 앉으시니 제자들이 나아온지라
2 입을 열어 가르쳐 이르시되
3 심령이 가난한 자는 복이 있나니 천국이 그들의 것임이요

천국 → the kingdom of heaven, 헬) 바실레이아/주권, 왕권, 왕국, 통치, 왕정, 국토

(마7:21) 나더러 주여 주여 하는 자마다 다 천국에 들어갈 것이 아니요 다만 하늘에 계신 내 아버지의 뜻대로 행하는 자라야 들어가리라

→ the kingdom of heaven

(눅10:15) 가버나움아 네가 하늘에까지 높아지겠느냐 음부에까지 낮아지리라

→ skies, 헬) 우라노스/하늘, 공중, 하늘세계
→ 음부/depths, 헬) 하네스/죽은 영들의 거처, 죽은 자의 거처, 처벌받는 곳, 지옥, 지옥세계, 죽음

(삼상2:10) 여호와를 대적하는 자는 산산이 깨어질 것이라 하늘에서 우레로 그들을 치시리로다 여호와께서 땅 끝까지 심판을 내리시고 자기 왕에게 힘을 주시며 자기의 기름 부음을 받은 자의 뿔을 높이시리로다 하니라

→ heaven, 히) 샤마임/하늘, 천국

(마16:15-19) 15 이르시되 너희는 나를 누구라 하느냐

16 시몬 베드로가 대답하여 이르되 주는 그리스도시요 살아 계신 하나님의 아들이시니이다

17 예수께서 대답하여 이르시되 바요나 시몬아 네가 복이 있도다 이를 네게 알게 한 이는 혈육이 아니요 하늘에 계신 내 아버지시니라

18 또 내가 네게 이르노니 너는 베드로라 내가 이 반석 위에 내 교회를 세우리니 음부의 권세가 이기지 못하리라

19 내가 천국 열쇠를 네게 주리니 네가 땅에서 무엇이든지 매면 하늘에서도 매일 것이요 네가 땅에서 무엇이든지 풀면 하늘에서도 풀리리라 하시고

(눅16:23-26) 23 그가 음부에서 고통중에 눈을 들어 멀리 아브라함과 그의 품에 있는 나사로를 보고

24 불러 이르되 아버지 아브라함이여 나를 긍휼히 여기사 나사로를 보내어 그 손가락 끝에 물을 찍어 내 혀를 서늘하게 하소서 내가 이 불꽃 가운데서 괴로워하나이다

25 아브라함이 이르되 얘 너는 살았을 때에 좋은 것을 받았고 나사로

는 고난을 받았으니 이것을 기억하라 이제 그는 여기서 위로를 받고 너는 괴로움을 받느니라 시73:12

26 그뿐 아니라 너희와 우리 사이에 큰 구렁텅이가 놓여 있어 여기에서 너희에게 건너가고자 하되 갈 수 없고 거기에서 우리에게 건너올 수도 없게 하였느니라 사59:2

(눅18:17) 내가 진실로 너희에게 이르노니 누구든지 하나님의 나라를 어린아이와 같이 받아들이지 않는 자는 결단코 거기 들어가지 못하리라 하시니라

(요3:3-5) 3 예수께서 대답하여 이르시되 진실로 진실로 네게 이르노니 사람이 거듭나지 아니하면 하나님의 나라를 볼 수 없느니라

4 니고데모가 이르되 사람이 늙으면 어떻게 날 수 있사옵나이까 두 번째 모태에 들어갔다가 날 수 있사옵나이까

5 예수께서 대답하시되 진실로 진실로 네게 이르노니 사람이 물과 성령으로 나지 아니하면 하나님의 나라에 들어갈 수 없느니라

(요14:6) 예수께서 이르시되 내가 곧 길이요 진리요 생명이니 나로 말미암지 않고는 아버지께로 올 자가 없느니라

(요14:11) 내가 아버지 안에 거하고 아버지께서 내 안에 계심을 믿으라 그렇지 못하겠거든 행하는 그 일로 말미암아 나를 믿으라

(행2:16-21) 16 이는 곧 선지자 요엘을 통하여 말씀하신 것이니 일렀으

현대인의 눈으로 본 성경

되 욜2:28

17 하나님이 말씀하시기를 말세에 내가 내 영을 모든 육체에 부어 주리니 너희의 자녀들은 예언할 것이요 너희의 젊은이들은 환상을 보고 너희의 늙은이들은 꿈을 꾸리라 욜 2:28 이하

18 그 때에 내가 내 영을 내 남종과 여종들에게 부어 주리니 그들이 예언할 것이요

19 또 내가 위로 하늘에서는 기사를 아래로 땅에서는 징조를 베풀리니 곧 피와 불과 연기로다

20 주의 크고 영화로운 날이 이르기 전에 해가 변하여 어두워지고 달이 변하여 피가 되리라 마24:29, 막13:24, 눅21:25

21 누구든지 주의 이름을 부르는 자는 구원을 받으리라 하였느니라 (이 구절에는 굵기를 넣으시는 것일지요.)

(행16:30-32) 30 그들을 데리고 나가 이르되 선생들이여 내가 어떻게 하여야 구원을 받으리이까 하거늘 행2:37

31 이르되 주 예수를 믿으라 그리하면 너와 네 집이 구원을 받으리라 하고

32 주의 말씀을 그 사람과 그 집에 있는 모든 사람에게 전하더라

(롬10:13) 누구든지 주의 이름을 부르는 자는 구원을 받으리라

(롬13:10) 사랑은 이웃에게 악을 행하지 아니하나니 그러므로 사랑은 율법의 완성이니라

(고전15:51-53) 51 보라 내가 너희에게 비밀을 말하노니 우리가 다 잠잘 것이 아니요 마지막 나팔에 순식간에 홀연히 다 변화되리니

52 나팔 소리가 나매 죽은 자들이 썩지 아니할 것으로 다시 살아나고 우리도 변화되리라

53 이 썩을 것이 반드시 썩지 아니할 것을 입겠고 이 죽을 것이 죽지 아니함을 입으리로다

(고후3:16-18) 16 그러나 언제든지 주께로 돌아가면 그 수건이 벗겨지리라

17 주는 영이시니 주의 영이 계신 곳에는 자유가 있느니라

18 우리가 다 수건을 벗은 얼굴로 거울을 보는 것 같이 주의 영광을 보매 그와 같은 형상으로 변화하여 영광에서 영광에 이르니 곧 주의 영으로 말미암음 이니라

(계21:3-8) 3 내가 들으니 보좌에서 큰 음성이 나서 이르되 보라 하나님의 장막이 사람들과 함께 있으매 하나님이 그들과 함께 계시리니 그들은 하나님의 백성이 되고 하나님은 친히 그들과 함께 계셔서 레26:11

4 모든 눈물을 그 눈에서 닦아주시니 다시는 사망이 없고 애통하는 것이나 곡하는 것이나 아픈 것이 다시 있지 아니하리니 처음 것들이 다 지나 갔음이러라

5 보좌에 앉으신 이가 이르시되 보라 내가 만물을 새롭게 하노라 하시고 또 이르시되 이 말은 신실하고 참되니 기록하라 하시고

6 또 내게 말씀하시되 이루었도다 나는 알파와 오메가요 처음과 마지

현대인의 눈으로 본 성경

막이라 내가 생명수 샘물을 목마른 자에게 값없이 주리니

7 이기는 자는 이것들을 상속으로 받으리라 나는 그의 하나님이 되고 그는 내 아들이 되리라

8 그러나 두려워하는 자들과 믿지 아니하는 자들과 흉악한 자들과 살인자들과 음행하는 자들과 점술가들과 우상 숭배자들과 거짓말하는 모든 자들은 불과 유황으로 타는 못에 던져지리니 이것이 둘째 사망이라

→ 불과 유황이 타는 못에 던져지는 것은 지금까지는 관념적이거나 상징적으로만 여겨졌으나 이제 과학은 모든 사람과 이 지구, 또 모든 항성, 우주까지도 그 끝은 결국 거대한 블랙홀로 삶을 마감하고 이 지구와 그 속의 모든 생명체는 어떤 경우에도 결국, 태양의 불 속에 흡수되어 사라집니다. 그러나 현 인류의 멸종과 지구의 종말이 같은 이야기는 아닙니다. 지구는 그대로 있고, 현 인류는 멸종 후 새로운 인류가 지구상에 탄생할 가능성은 충분히 있습니다.

→ 이것은 과학적 사실입니다.

(계21:22-27) 22 성안에서 내가 성전을 보지 못하였으니 이는 주 하나님 곧 전능하신 이와 및 어린양이 그 성전이심이라 요4:23

23 그 성은 해나 달의 비침이 쓸 데 없으니 이는 하나님의 영광이 비치고 어린양이 그 등불이 되심이라 사60:19

24 만국이 그 빛 가운데로 다니고 땅의 왕들이 자기 영광을 가지고 그리로 들어가리라

25 낮에 성문들을 도무지 닫지 아니하리니 거기에는 밤이 없음이라

26 사람들이 만국의 영광과 존귀를 가지고 그리로 들어가겠고

27 무엇이든지 속된 것이나 가증한 일 또는 거짓말하는 자는 결코 그리로 들어가지 못하되 오직 어린양의 생명책에 기록된 자들만 들어가리라

(계22:1-5) 1 또 그가 수정 같이 맑은 생명수의 강을 내게 보이니 하나님과 및 어린양의 보좌로부터 나와서 창2:10, 겔47:1

2 길 가운데로 흐르더라 강 좌우에 생명나무가 있어 열두 가지 열매를 맺되 달마다 그 열매를 맺고 그 나무 잎사귀들은 만국을 치료하기 위하여 있더라 겔47:12

3 다시 저주가 없으며 하나님과 그 어린양의 보좌가 그 가운데에 있으리니 그의 종들이 그를 섬기며

4 그의 얼굴을 볼 터이요 그의 이름도 그들의 이마에 있으리라

5 다시 밤이 없겠고 등불과 햇빛이 쓸 데 없으니 이는 주 하나님이 그들에게 비치심이라 그들이 세세토록 왕 노릇 하리로다

(계22:12-15) 12 보라 내가 속히 오리니 내가 줄 상이 내게 있어 각 사람에게 그가 행한 대로 갚아 주리라

13 나는 알파와 오메가요 처음과 마지막이요 시작과 마침이라

14 자기 두루마기를 빠는 자들은 복이 있으니 이는 그들이 생명나무에 나아가며 문들을 통하여 성에 들어갈 권세를 받으려 함이로다

15 개들과 점술가들과 음행하는 자들과 살인자들과 우상 숭배자들과 및 거짓말을 좋아하며 지어내는 자는 다 성 밖에 있으리라

현대인의 눈으로 본 성경

(계22:17) ○성령과 신부가 말씀하시기를 오라 하시는도다 듣는 자도 오라 할 것이요 목마른 자도 올 것이요 또 원하는 자는 값없이 생명수를 받으라 하시더라

6.
죄

일반적으로 우리는 죄를 원죄(아담으로부터 물려받은 죄)와 자범죄(자신이 직접 저지른 죄)로 이루어져 있다고 여기고 있는데, 성경에서 말하는 죄는 더 자세히 말하고 있습니다.

(창3:5-7) 5 너희가 그것을 먹는 날에는 너희 눈이 밝아져 하나님과 같이 되어 선악을 알 줄 하나님이 아심이니라

6 여자가 그 나무를 본즉 먹음직도 하고 보암직도 하고 지혜롭게 할 만큼 탐스럽기도 한 나무인지라 여자가 그 열매를 따먹고 자기와 함께 있는 남편에게도 주매 그도 먹은지라

7 이에 그들의 눈이 밝아져 자기들이 벗은 줄을 알고 무화과나무 잎을 엮어 치마로 삼았더라

(창3:11) 이르시되 누가 너의 벗었음을 네게 알렸느냐 <u>내가 네게 먹지 말라 명한 그 나무 열매를 네가 먹었느냐</u>

→ 사람은 '선악을 알게 하는 나무의 열매'를 먹지 말라는 하나님의 명

현대인의 눈으로 본 성경

령을 어기고 그 열매를 먹습니다. (이는 흔히 선악과라 불리는 열매인데, 사실인즉슨, '선악을 알게 하는 나무의 열매'입니다.) 그리고 눈이 밝아져 자기들이 벗은 줄을 알고 나뭇잎을 치마로 삼습니다. 이것이 하나님께 불순종이 되어 사람의 원죄가 됩니다. 그러나 22절에 보면 그것이 그리 간단한 문제가 아닙니다.

(창3:22-24) 22 ○여호와 하나님이 이르시되 보라 이 사람이 선악을 아는 일에 우리 중 하나 같이 되었으니 그가 그의 손을 들어 생명나무 열매도 따먹고 영생할까 하노라 하시고

23 여호와 하나님이 에덴동산에서 그를 내보내어 그의 근원이 된 땅을 갈게 하시니라

24 이같이 하나님이 그 사람을 쫓아내시고 에덴동산 동쪽에 그룹들과 두루 도는 불 칼을 두어 생명 나무의 길을 지키게 하시니라

→ 사람이 에덴에서 쫓겨난 것은 불순종하여 간단히 그 열매를 먹은 것만이 아니라, 그 열매를 먹고 선악을 아는 일에 하나님들 중 하나같이 되었기 때문입니다. 그것은 사람도 하나님(神)이 되었기 때문이라는 뜻입니다. 이는 분명히 22절에 기록하고 있습니다.

→ 사람이 그 열매를 먹고 신이 되어 한 첫 변화는 부끄러움을 알고 옷을 입었다는 것입니다. 관념을 가지게 된 것입니다.

→ 그리고 사람은 신들의 세계에서 쫓겨나 땅에서 땅을 갈게 됩니다. 그리고 생명나무로부터 차단을 당합니다.

→ 그것이 바로 진짜 원죄입니다.

→ 그리고 그 후 예수님이 죽고 나서야 하나님들이 사람을 다시 예수의 이름으로 그들의 세계에 받아들이고 사람에게도 부활과 영생을 허락합니다.

→ 그것이 바로 구원입니다. 그것이 바로 하나님의 은혜입니다. 그것이 바로 예수님의 사랑입니다.

→ 하나님이 우리 사람을 그리 사랑하지 않으셨다면 우리 사람도 다른 짐승들처럼 살거나, 아니면 여러 신들에게 몸은 점령당하고 정신은 강탈 당한 아무 의미 없는 존재가 되었을 것입니다. 하지만 안타깝게 지금 현재도 하나님께서 자신의 아들을 죽이면서까지 우리에게 주신 사람 스스로의 고귀함과 귀중함을 모르고 그렇게 무의미하게 다 빼앗기고 사는 많은 사람들이 있습니다.

→ 그러므로 우리 크리스천들은 특히, 스스로의 고귀함을 알고, 예수님의 죽으심이 헛되지 않도록, 정신을 바로 하여 우리의 몸(뇌)과 모든 정신(판단, 결단)을 지켜야 합니다.

(막1:14-15) 14 ○요한이 잡힌 후 예수께서 갈릴리에 오셔서 하나님의 복음을 전파하여

15 이르시되 때가 찼고 하나님의 나라가 가까이 왔으니 <u>회개하고 복음을 믿으라</u> 하시더라

→ 여기에서 회개는 갈릴리에서 유대인들에게 한 말씀입니다.

유대인에게 회개가 중요한 조건이 된 것은, 그들은 모세를 통하여 여호와 하나님께 순종을 약속했기 때문입니다. 그러고도 그들은 지속적으로 여호와 하나님께 불순종하고 다른 신을 섬겼습니다. 그리고 그들은 나라까지 멸망을 당하고, 급기야는 메시야로 오신 예수님까지도 죽였습니다. 그리고 그들은 전 세계로 뿔뿔이 흩어짐을 당합니다. 하지만 사랑의 하나님은 그 유대인들에게도 예수님을 통하여 마지막까지 구원의 기회를 주시고 하나님께로 돌아오길 기다리고 계십니다.

(계7:3-4) 3 이르되 우리가 우리 하나님의 종들의 이마에 인치기까지 땅이나 바다나 나무들을 해하지 말라 하더라

4 내가 인침을 받은 자의 수를 들으니 이스라엘 자손의 각 지파 중에서 인침을 받은 자들이 십사만 사천이니

(계14:1) 또 내가 보니 보라 어린 양이 시온 산에 섰고 그와 함께 십사만 사천이 서 있는데 그들의 이마에는 어린 양의 이름과 그 아버지의 이름을 쓴 것이 있더라

→ 그러므로 우리 세계인(이방인)들은 아예 처음부터 성경의 회개와는 거리가 있습니다. 더불어 크리스천들은 이제 이런 사실들을 알고, 쓸데없는 죄의 사슬에서 벗어나 진정한 자유와 평화와 행복을 얻어야 합니다. 죄를 상대하지 말고 행복을 상대해야 합니다.

(계7:9) 이 일 후에 내가 보니 각 나라와 족속과 백성과 방언에서 아무도 능히 셀 수 없는 큰 무리가 나와 흰 옷을 입고 손에 종려 가지를 들고

보좌 앞과 어린 양 앞에 서서

→ 이들 능히 셀 수 없는 큰 무리는 이미 예수님의 은혜로 구원 받은 전 세계의 크리스천들을 말합니다.

(눅19:38) 이르되 찬송하리로다 주의 이름으로 오시는 왕이여 *하늘에는 평화요 가장 높은 곳에는 영광이로다 하니 눅2:14*

(행16:30-32) 30 그들을 데리고 나가 이르되 선생들이여 내가 어떻게 하여야 구원을 받으리이까 하거늘 행2:37

31 이르되 주 예수를 믿으라 그리하면 너와 네 집이 구원을 받으리라 하고

32 주의 말씀을 그 사람과 그 집에 있는 모든 사람에게 전하더라

→ 그런 후 예수님이 오시고 이 이방인(세계인)들에게 구원의 조건은 아무것도 없고, 단지 "주 예수를 믿으라"였습니다.

(살전4:3-5) 3 하나님의 뜻은 이것이니 너희의 거룩함이라 곧 음란을 버리고

4 각각 거룩함과 존귀함으로 자기의 아내 대할 줄을 알고

5 하나님을 모르는 이방인과 같이 색욕을 따르지 말고

→ 그렇다고 크리스찬만 되면 죄(자범죄)가 완전히 없다고는 할 수 없

현대인의 눈으로 본 성경

습니다. 죄(자범죄)란 기본적으로 하나님이 싫어하시는 것을 하는 것입니다. 쉽게 알 수 있는 것은, 십계명과 예수님이 주신 새 계명(하나님을 사랑하고 서로 사랑하라는 새 계명). 그리고 -세상 모든 사람에게- 하나님이 주신 양심을 어기는 것입니다. 그때 비로소 회개(하나님께 예수님의 이름으로 잘못했다고 용서를 비는 것)가 필요한 것입니다. 회개하면 예수님께서 이미 스스로 십자가에서 죽으시므로 모든 사람에게 구원의 길을 열어주셨기 때문에, 하나님께서 그 은혜로 값 없이 누구나 용서해 주십니다.

→ 이것이야말로 모든 죄의 사슬로부터 사람이 자유를 얻는 큰 은혜입니다. 그리고 회개와 용서는 하나님과의 화해이고, 자신과의 화해이고, 세상과의 화해이기도 합니다.

7.
그들의 부활

부활이란 개념은, 그것도 인간의 육체 부활이란 개념은, -누구나 믿음으로 죽음 후 다시 육체의 부활에 이르고 영생을 얻는다는 개념은- 성경 속의 대단히 난해한 문제로, 이는 하나님이 사람을 창조하신 진짜 이유와, 인간의 자유의지와, 인간이 사는 이유와, 진정한 부활과, 왜 인간이 하나님의 은혜가 너무 고맙고 크다는 것을 알아야 하는지와, 예수님이 왜 굳이 죽어야 했는지의 진짜 이유와, 예수님이 죽으므로 왜 하늘에 평화가 생겼는지와, 왜 그 값으로 하나님이 모든 사람을 예수님께 주었는지와, 왜 하나님은 야훼로 이스라엘만의 하나님이 되게 했는지와, 왜 종말이 있고, 왜 그 마지막 심판이 있고, 진짜 인간의 구원이 무엇인지와, 그때 왜 하나님은 새 하늘과 새 땅에 내려오셔서 인간을 직접 대면하여 보시는지를 설명해 주는 것입니다.

예로부터 인도에서는 환생을 믿었고, 동양에서는 후손이 대를 잇는 것을 넓은 의미의 부활로 보았습니다. 이집트의 미라도 그런 부활을 소망했기 때문입니다. 하지만 진정한 부활은 자신이 다시 태어나는 것을 말합니다. 막연한 에너지가 아니라 자신의 정체성을 그대로 가지고 다시

현대인의 눈으로 본 성경

나로 태어나는 것이 진정한 부활입니다.

(질량불변의 법칙에 의해 내 원자의 하나가 다른 사람이 몸을 이룰 때에 섞여 들어갈 수 있을지는 모르나, 사람의 몸은 60조 개의 세포로 이루어져 있는데, 그 60조 개의 세포가 다시 그 자리에 딱 맞게 들어가 예전과 똑같은 방식으로 다시 작동한다는 것은 과학적으로 완벽하게 불가능합니다.)

이제 인간의 과학은 진정한 "나'라는 자신의 정체성"을, '내가 살면서 자신이 겪었던 모든 기억의 총합'이라고 설명하고 있습니다. 바로 '나의 뇌에 기억된 내 인생의 모든 경험과 모든 정보의 총합'이 '나'인 것입니다.

얼마 전까지도 사람들은 육체의 부활을 웃음거리로 여겼습니다. 하지만 이제 인간의 과학은 더 이상 그것을 신화로만 보지 않습니다. 간단히 예를 하나 들면, 나의 뇌에 기억된 모든 정보를 다른 몸의 뇌에 그대로 입력시키면 내가 그 몸을 가진 내가 되는 것입니다. 그러면 나의 부활이 됩니다. [현재 과학자들이 뇌과학과 유전학과 AI(인공지능) 연구에 박차를 가하고 있는 것도 이런 종교적, 철학적 함의가 포함되어 있기 때문입니다.]

뇌는 생각하는 시스템입니다. 어떤 뇌의 그 시스템을 내가 가지면 내가 그 뇌의 주인으로 부활하는 것입니다. 그래서 여러 신들과 헤아릴 수 없는 많은 귀신들이 우리들의 생각을 훔치려 하는 것입니다. 그 이유로 여호와 하나님이 사람을 너무 사랑하셔서 우리의 생각을 빼앗기지 않도록 사람에게 영적인 능력과 고귀한 자유의지를 주신 것입니다.

이제 여기에서, 우리는 근본적으로 "왜 하늘의 그들은 모두 사람[사람의 몸(뇌)]을 서로 가지려 하는가?"는 물음에 대한 답을 얻을 수 있습니다.

(창1:26-31) 26 하나님이 이르시되 <u>우리의 형상을 따라 우리의 모양대로</u> 우리가 사람을 만들고 그들로 바다의 물고기와 하늘의 새와 가축과 온 땅과 땅에 기는 모든 것을 다스리게 하자 하시고 시리아어 역본에는 온 땅의 짐승과

27 하나님이 자기 형상 곧 하나님의 형상대로 사람을 창조하시되 남자와 여자를 창조하시고

28 하나님이 그들에게 복을 주시며 하나님이 그들에게 이르시되 생육하고 번성하여 땅에 충만하라, 땅을 정복하라, 바다의 물고기와 하늘의 새와 땅에 움직이는 모든 생물을 다스리라 하시니라

29 하나님이 이르시되 내가 온 지면의 씨 맺는 모든 채소와 씨 가진 열매 맺는 모든 나무를 너희에게 주노니 너희의 먹을거리가 되리라

30 또 땅의 모든 짐승과 하늘의 모든 새와 생명이 있어 땅에 기는 모든 것에게는 내가 모든 푸른 풀을 먹을거리로 주노라 하시니 그대로 되니라

31 하나님이 지으신 그 모든 것을 보시니 보시기에 심히 좋았더라 저녁이 되고 아침이 되니 이는 여섯째 날이니라

→ 하나님들은 분명히 그들의 형상과 모양을 가지고 있었습니다. 그것

현대인의 눈으로 본 성경

은 정신만이 아닙니다. 그것은 분명한 물질입니다. 왜냐하면 사람을 하나님들의 형상과 모양대로 만들었기 때문입니다.

→ 그러나 지금 그들은 처음부터 우리에게 그 모양과 형상은 없고 오직 영으로만 우리와 소통하고 있습니다. 그들의 모양과 형상은 어찌 된 것인가요? 이는 현대인들이 가질 수 있는 합리적인 의문입니다. 원래 없었을까요? 아니면 하늘나라에는 있을까요? 아니면 있었는데 어떤 이유로든 없어지고 그 靈만이 지금 남아 우리 앞에 있는 걸까요?

→ 아무튼 지금 그들은 몸은 없고 靈으로만 우리에게 있습니다.

(창2:4-7) 4 이것이 천지가 창조될 때에 하늘과 땅의 내력이니 여호와 하나님이 땅과 하늘을 만드시던 날에
5 여호와 하나님이 땅에 비를 내리지 아니하셨고 땅을 갈 사람도 없었으므로 들에는 초목이 아직 없었고 밭에는 채소가 나지 아니하였으며
6 안개만 땅에서 올라와 온 지면을 적셨더라
7 여호와 하나님이 땅의 흙으로 사람을 지으시고 생기를 그 코에 불어넣으시니 사람이 생령이 되니라 히, 생물

→ 이 하나님은 여호와 하나님으로 창세기 1장의 하나님들과는 달리 땅의 흙을 사용(이미 세상에 있던 물질)해 사람을 지으신 후 생기를 코에 불어넣으시니 사람이 생령이 되었습니다.
→ 이 사람이 바로 지금의 개념과 관념을 가진 생각하는 현생인류(호

<u>모 사피엔스 사피엔스)</u>입니다.

(창2:15-17) 15 여호와 하나님이 그 사람을 이끌어 에덴동산에 두어 그
것을 경작하며 지키게 하시고

16 여호와 하나님이 그 사람에게 명하여 이르시되 동산 각종 나무의 열
매는 네가 임의로 먹되

17 선악을 알게 하는 나무의 열매는 먹지 말라 네가 먹는 날에는 <u>반드
시 죽으리라</u> 하시니라

(출9:1) 여호와께서 모세에게 이르시되 바로에게 들어가서 그에게 이
르라 히브리 사람의 하나님 여호와께서 말씀하시기를 내 백성을 보내라
그들이 나를 섬길 것이니라

(출13:12) 너는 태에서 처음 난 모든 것과 네게 있는 가축의 태에서 처
음 난 것을 다 구별하여 여호와께 돌리라 수컷은 여호와의 것이니라

→ 여호와는 일관되게 이스라엘은 자신의 것이라 합니다. 또한 일관되
게 다른 신을 섬기는 것을 금합니다. 그것이 여호와에게 이스라엘 민족
의 가장 큰 죄였습니다. 그 이유는 이스라엘 민족이 모세를 통하여 여호
와에게 복종을 약속했기 때문입니다.

(출19:5-8) 5 세계가 다 내게 속하였나니 너희가 내 말을 잘 듣고 내 언
약을 지키면 너희는 모든 민족 중에서 내 소유가 되겠고

6 너희가 내게 대하여 제사장 나라가 되며 거룩한 백성이 되리라 너는 이 말을 이스라엘 자손에게 전할지니라

7 ○모세가 내려와서 백성의 장로들을 불러 여호와께서 자기에게 명령하신 그 모든 말씀을 그들 앞에 진술하니

8 백성이 일제히 응답하여 이르되 여호와께서 명령하신 대로 우리가 다 행하리이다 모세가 백성의 말을 여호와께 전하매

(출20:3-6) 3 ○너는 나 외에는 다른 신들을 네게 두지 말라

4 ○너를 위하여 새긴 우상을 만들지 말고 또 위로 하늘에 있는 것이나 아래로 땅에 있는 것이나 땅 아래 물 속에 있는 것의 어떤 형상도 만들지 말며

5 그것들에게 절하지 말며 그것들을 섬기지 말라 나 네 하나님 여호와는 질투하는 하나님인즉 나를 미워하는 자의 죄를 갚되 아버지로부터 아들에게로 삼사 대까지 이르게 하거니와

6 나를 사랑하고 내 계명을 지키는 자에게는 천 대까지 은혜를 베푸느니라

(출24:8) 모세가 그 피를 가지고 백성에게 뿌리며 이르되 이는 여호와께서 이 모든 말씀에 대하여 너희와 세우신 언약의 피니라 히9:20, 히13:20

(신14:2) 너는 네 하나님 여호와의 성민이라 여호와께서 지상 만민 중에서 너를 택하여 자기 기업의 백성으로 삼으셨느니라

(신32:8-9) 8 *지극히 높으신 자가 민족들에게 기업을 주실 때에, 인종을*

나누실 때에 이스라엘 자손의 수효대로 백성들의 경계를 정하셨도다
9 여호와의 분깃은 자기 백성이라 야곱은 그가 택하신 기업이로다

→ '지극히 높으신 자'가 민족들에게 기업을 주실 때에, 인종을 나누실 때에 여호와에게는 야곱(이스라엘 민족)만을 주셨습니다.

→ '이는 지극히 높으신 자'가 인간과 인종을 신들에게 나누어 줬다는 뜻이 됩니다.

→ 왜일까?

왜 그들은 인간이 필요할까?

왜 그들은 인간에게 들어오려고 할까?

왜 인간의 몸에 들어와서 인간을 가지려 할까?

(수24:15) 만일 여호와를 섬기는 것이 너희에게 좋지 않게 보이거든 너희 조상들이 강 저쪽에서 섬기던 신들이든지 또는 너희가 거주하는 땅에 있는 아모리 족속의 신들이든지 너희가 섬길 자를 오늘 택하라 오직 나와 내 집은 여호와를 섬기겠노라 하니 삿6:10

(삿2:19) 그 사사가 죽은 후에는 그들이 돌이켜 그들의 조상들보다 더욱 타락하여 다른 신들을 따라 섬기며 그들에게 절하고 그들의 행위와 패역한 길을 그치지 아니하였으므로

(삿10:10) ○이스라엘 자손이 여호와께 부르짖어 이르되 우리가 우리

현대인의 눈으로 본 성경

하나님을 버리고 바알들을 섬김으로 주께 범죄하였나이다 하니

→ 바알은 가나안에 살던 원주민들이 섬기는 신의 이름입니다.

(삼상12:22) 여호와께서는 너희를 자기 백성으로 삼으신 것을 기뻐하셨으므로 여호와께서는 그의 크신 이름을 위해서라도 자기 백성을 버리지 아니하실 것이요

(삼상15:22-23) 22 사무엘이 이르되 여호와께서 번제와 다른 제사를 그의 목소리를 청종하는 것을 좋아하심 같이 좋아하시겠나이까 순종이 제사보다 낫고 듣는 것이 숫양의 기름보다 나으니
23 이는 거역하는 것은 점치는 죄와 같고 완고한 것은 사신 우상에게 절하는 죄와 같음이라 왕이 여호와의 말씀을 버렸으므로 여호와께서도 왕을 버려 왕이 되지 못하게 하셨나이다 하니

(삼하7:24) 주께서 주의 백성 이스라엘을 세우사 영원히 주의 백성으로 삼으셨사오니 여호와여 주께서 그들의 하나님이 되셨나이다

(대상5:25) 그들이 그들의 조상들의 하나님께 범죄하여 하나님이 그들 앞에서 멸하신 그 땅 백성의 신들을 간음하듯 섬긴지라

→ 하나님 외에 다른 신을 섬기는 것을 성경은 간음이라 표현합니다. 그만큼 그것은 중요한 일이었습니다.

(잠1:7) *여호와를 경외하는 것이 지식의 근본이거늘* 미련한 자는 지혜 와 훈계를 멸시하느니라

→ 여호와를 경외하는 것이 인간의 모든 지식의 근본이라 성경은 말합 니다.

(전12:12-14) 12 내 아들아 또 이것들로부터 경계를 받으라 많은 책들 을 짓는 것은 끝이 없고 많이 공부하는 것은 몸을 피곤하게 하느니라 13 *일의 결국을 다 들었으니 하나님을 경외하고 그의 명령들을 지킬지 어다 이것이 모든 사람의 본분이니라* 14 하나님은 모든 행위와 모든 은밀한 일을 선악간에 심판하시리라

→ 사람의 본분은 하나님을 경외하고 그의 명령을 지키는 것입니다. 이 것이 모든 사람의 본분이라 성경은 말합니다. 사람 창조의 목적이 최소 한 사람에게 있지 않다는 것입니다.

(사43:21) *이 백성은 내가 나를 위하여 지었나니 나를 찬송하게 하려 함 이니라*

→ 여기에서 분명하게 하나님은 인간창조의 목적이 어디에 있음을 밝 힙니다. 그것은 명백하게 하나님 자신을 위하여 이 백성을 지었다고 말 하고 있습니다.

현대인의 눈으로 본 성경

→ 그런데, 우리 사람에게 그것이 다행이고 행복인 것은 삼위일체 하나님은 '사랑' 그 자체라는 사실입니다. [사실, 그 하나님이 '사랑'이 아니고 '악'이라 해도 우리 인간은 선택의 여지가 없습니다. 지금도 그 '악'의 신(귀신)들이 인간을 노리고 있습니다. 성삼위 하나님은 우리 사람이 그 악의 사슬에 빠질까 사람에게 구원의 길을 열어 주셨습니다. 그것이 바로 사람 스스로가 자신의 앞길을 선택할 수 있는 능력이었습니다. 그것이 바로 성삼위 하나님의 우리에게 향하신 진정한 사랑이십니다. 그러므로 우리 크리스천들은 절대 사랑의 성령 안으로 들어가야만 합니다.]

(사55:6) ○너희는 여호와를 만날 만한 때에 찾으라 가까이 계실 때에 그를 부르라

(막1:14-15) 14 ○요한이 잡힌 후 예수께서 갈릴리에 오셔서 하나님의 복음을 전파하여

15 이르시되 때가 찼고 하나님의 나라가 가까이 왔으니 회개하고 복음을 믿으라 하시더라

(막15:37-39) 37 예수께서 큰 소리를 지르시고 숨지시니라

38 이에 성소 휘장이 위로부터 아래까지 찢어져 둘이 되니라 엡2:14, 히10:20

39 예수를 향하여 섰던 백부장이 그렇게 숨지심을 보고 이르되 이 사람은 진실로 하나님의 아들이었도다 하더라 신32:31

(눅19:38) 이르되 찬송하리로다 주의 이름으로 오시는 왕이여 하늘에는 평화요 가장 높은 곳에는 영광이로다 하니 눅2:14

(요3:16) ○하나님이 세상을 이처럼 사랑하사 독생자를 주셨으니 이는 그를 믿는 자마다 멸망하지 않고 영생을 얻게 하려 하심이라

→ 예수님은 하늘에서 이미 영원 전부터 하나님의 아들로 하나님과 같이 계시던 분이었습니다. 그러다, 인간 예수의 몸으로 사람들에게 나타나시고 대신 죽으신 것입니다.

(요14:19-20) 19 조금 있으면 세상은 다시 나를 보지 못할 것이로되 너희는 나를 보리니 이는 내가 살아 있고 너희도 살아 있겠음이라
20 그 날에는 내가 아버지 안에, 너희가 내 안에, 내가 너희 안에 있는 것을 너희가 알리라

→ 하나님과 예수님과 우리가 다 하나의 몸이 되는 것은 바로 크신 사랑의 성령 안에 우리가 들어가므로 이루어집니다.

(롬12:1) 그러므로 형제들아 내가 하나님의 모든 자비하심으로 너희를 권하노니 너희 몸을 하나님이 기뻐하시는 거룩한 산 제물로 드리라 이는 너희가 드릴 영적 예배니라 합당한

→ 성경은 우리 몸을 하나님이 기뻐하시는 거룩한 산 제물로 드리라고

말하고 있습니다. 우리 인간의 몸을 다른 신에게 주지 말고 여호와 하나님께 드리라는 것입니다. 지금 크리스천들에게 그것은 바로 '사랑의 성령'입니다.

→ 사실 우리 인간은 몸과 마음을 아무에게도 주지 않고 스스로 가지고 있어도 됩니다. 모든 철학이나, 종교, 과학…에서 그렇게 하고 있습니다. 그러나 거기까지입니다. 그것은 사람이 죽고 스스로 지은 행위대로 지은 자신만의 천국과 지옥에서 혼령으로 세상 끝 날까지 있다가 모두 같이 블랙홀로 사라지고 맙니다. 부활과 새 하늘과 새 땅의 기쁨은 없습니다. - 여기에서부터는 이제 (과학적으로도 이해 가능한) 믿음입니다. - 온 우주와 모든 것을 다 초월하고 관통하는 예수님의 사랑의 성령 안에 들어가는 것만이 진정한 구원입니다. 바로 하나님이 자신의 아들을 대신 죽이기까지 하시면서 우리 사람에게 주신 부활의 은혜이십니다.

(롬14:8) 우리가 살아도 주를 위하여 살고 죽어도 주를 위하여 죽나니 그러므로 사나 죽으나 우리가 주의 것이로다

→ 우리는 주의 것입니다.

(고전3:16-17) 16 ○너희는 너희가 하나님의 성전인 것과 하나님의 성령이 너희 안에 계시는 것을 알지 못하느냐
17 누구든지 하나님의 성전을 더럽히면 하나님이 그 사람을 멸하시리라 하나님의 성전은 거룩하니 너희도 그러하니라

→ 우리는 하나님의 성전입니다.

(고전6:13) 음식은 배를 위하여 있고 배는 음식을 위하여 있으나 하나님은 이것 저것을 다 폐하시리라 몸은 음란을 위하여 있지 않고 오직 주를 위하여 있으며 주는 몸을 위하여 계시느니라 살전4:3

(고전6:19-20) 19 너희 몸은 너희가 하나님께로부터 받은 바 너희 가운데 계신 성령의 전인 줄을 알지 못하느냐 너희는 너희 자신의 것이 아니라 20 값으로 산 것이 되었으니 그런즉 너희 몸으로 하나님께 영광을 돌리라

→ 우리 몸은 우리 자신의 것이 아니라 성령의 전입니다. 그래서 그 몸으로 사람은 하나님께 영광을 돌려야 합니다.

→ 그러나 그 선택은 자신에게 있습니다.
→ 그리고 그 결과 또한 마찬가지입니다.

십계명의 제일은,
(출20:3) 너는 나 외에는 다른 신들을 네게 두지 말라
("You shall have no other gods before me")
입니다. → believe가 아니고 have입니다.

(고전8:5-6) 5 비록 하늘에나 땅에나 신이라 불리는 자가 있어 많은 신과 많은 주가 있으나

6 그러나 우리에게는 한 하나님 곧 아버지가 계시니 만물이 그에게서 났고 우리도 그를 위하여 있고 또한 한 주 예수 그리스도께서 계시니 만물이 그로 말미암고 우리도 그로 말미암아 있느니라

→ 하늘에나 땅에나 신이라 불리는 자가 많으나 우리는 하나님과 예수님을 위하여 있습니다.

(고전10:14-20) 14 그런즉 내 사랑하는 자들아 우상 숭배하는 일을 피하라

15 나는 지혜 있는 자들에게 말함과 같이 하노니 너희는 내가 이르는 말을 스스로 판단하라

16 우리가 축복하는 바 축복의 잔은 그리스도의 피에 참여함이 아니며 우리가 떼는 떡은 그리스도의 몸에 참여함이 아니냐

17 떡이 하나요 많은 우리가 한 몸이니 이는 우리가 다 한 떡에 참여함이라

18 육신을 따라 난 이스라엘을 보라 제물을 먹는 자들이 제단에 참여하는 자들이 아니냐

19 그런즉 내가 무엇을 말하느냐 우상의 제물은 무엇이며 우상은 무엇이냐

20 무릇 이방인이 제사하는 것은 귀신에게 하는 것이요 하나님께 제사하는 것이 아니니 나는 너희가 귀신과 교제하는 자가 되기를 원하지 아니하노라

(고전12:13) 우리가 유대인이나 헬라인이나 종이나 자유인이나 다 한 성령으로 세례를 받아 한 몸이 되었고 또 다 한 성령을 마시게 하셨느니라 헬, 또는 침례

(고전12:27) <u>너희는 그리스도의 몸이요 지체의 각 부분이라</u>

(고전15:35) 누가 묻기를 죽은 자들이 어떻게 다시 살아나며 어떠한 몸으로 오느냐 하리니

(고전15:44-53) 44 육의 몸으로 심고 신령한 몸으로 다시 살아나나니 육의 몸이 있은즉 또 영의 몸도 있느니라

45 기록된 바 첫 사람 아담은 생령이 되었다 함과 같이 마지막 아담은 살려 주는 영이 되었나니 창2:7

46 그러나 먼저는 신령한 사람이 아니요 육의 사람이요 그 다음에 신령한 사람이니라

47 첫 사람은 땅에서 났으니 흙에 속한 자이거니와 둘째 사람은 하늘에서 나셨느니라

48 무릇 흙에 속한 자들은 저 흙에 속한 자와 같고 무릇 하늘에 속한 자들은 저 하늘에 속한 이와 같으니

49 우리가 흙에 속한 자의 형상을 입은 것 같이 또한 하늘에 속한 이의 형상을 입으리라

50 형제들아 내가 이것을 말하노니 혈과 육은 하나님 나라를 이어 받을 수 없고 또한 썩는 것은 썩지 아니하는 것을 유업으로 받지 못하느니라

51 보라 내가 너희에게 비밀을 말하노니 우리가 다 잠 잘 것이 아니요 마지막 나팔에 순식간에 홀연히 다 변화되리니

52 나팔 소리가 나매 죽은 자들이 썩지 아니할 것으로 다시 살아나고 우리도 변화되리라

53 이 썩을 것이 반드시 썩지 아니할 것을 입겠고 이 죽을 것이 죽지 아니함을 입으리로다

(고후1:22) 그가 또한 우리에게 인치시고 보증으로 우리 마음에 성령을 주셨느니라

(고후3:13-18) 13 우리는 모세가 이스라엘 자손들에게 장차 없어질 것의 결국을 주목하지 못하게 하려고 수건을 그 얼굴에 쓴 것 같이 아니하노라

14 그러나 그들의 마음이 완고하여 오늘까지도 구약을 읽을 때에 그 수건이 벗겨지지 아니하고 있으니 그 수건은 그리스도 안에서 없어질 것이라

15 오늘까지 모세의 글을 읽을 때에 수건이 그 마음을 덮었도다

16 그러나 언제든지 주께로 돌아가면 그 수건이 벗겨지리라

17 주는 영이시니 주의 영이 계신 곳에는 자유가 있느니라

18 우리가 다 수건을 벗은 얼굴로 거울을 보는 것 같이 주의 영광을 보매 그와 같은 형상으로 변화하여 영광에서 영광에 이르니 곧 주의 영으로 말미암음이니라

(고후 6:16) 하나님의 성전과 우상이 어찌 일치가 되리요 <u>우리는 살아 계신 하나님의 성전이라</u> 이와 같이 하나님께서 이르시되 내가 그들 가운데 거하며 두루 행하여 나는 그들의 하나님이 되고 그들은 나의 백성이 되리라 계2:1

(고후11:2-4) 2 내가 하나님의 열심으로 너희를 위하여 열심을 내노니 내가 너희를 정결한 처녀로 한 남편인 그리스도께 드리려고 중매함이로다 그러나 나는 엡5:27

3 뱀이 그 간계로 하와를 미혹한 것 같이 너희 마음이 그리스도를 향하는 진실함과 깨끗함에서 떠나 부패할까 두려워하노라

4 만일 누가 가서 우리가 전파하지 아니한 다른 예수를 전파하거나 혹은 너희가 받지 아니한 다른 영을 받게 하거나 혹은 너희가 받지 아니한 다른 복음을 받게 할 때에는 너희가 잘 용납하는구나 고전3:11, 갈1:6

(갈2:20) 내가 그리스도와 함께 십자가에 못 박혔나니 그런즉 이제는 내가 사는 것이 아니요 오직 내 안에 그리스도께서 사시는 것이라 이제 내가 육체 가운데 사는 것은 나를 사랑하사 나를 위하여 자기 자신을 버리신 하나님의 아들을 믿는 믿음 안에서 사는 것이라

(엡1:22-23) 22 또 만물을 그의 발 아래에 복종하게 하시고 그를 만물 위에 교회의 머리로 삼으셨느니라

23 교회는 그의 몸이니 만물 안에서 만물을 충만하게 하시는 이의 충만함이니라

(살전4:15-17) 15 우리가 주의 말씀으로 너희에게 이것을 말하노니 주께서 강림하실 때까지 우리 살아 남아 있는 자도 자는 자보다 결코 앞서지 못하리라

16 주께서 호령과 천사장의 소리와 하나님의 나팔 소리로 친히 하늘로부터 강림하시리니 그리스도 안에서 죽은 자들이 먼저 일어나고

17 그 후에 우리 살아 남은 자들도 그들과 함께 구름 속으로 끌어 올려 공중에서 주를 영접하게 하시리니 그리하여 우리가 항상 주와 함께 있으리라

(벧후2:12) 그러나 이 사람들은 본래 잡혀 죽기 위하여 난 이성 없는 짐승 같아서 그 알지 못하는 것을 비방하고 그들의 멸망 가운데서 멸망을 당하며

→ 원래 사람들은 하나님들이 잡혀 죽기 위하여 난 이성 없는 짐승같이 만들었는데, 그 이유는 놀랍게도 영이 있고 현재 몸이 없는 하나님들이 그들의 형상과 모양대로 사람을 만들어 자신들의 몸으로 삼기 위함이었습니다. 사람의 창조는 사람을 위함이 아니요, 그들의 부활이었던 것이었습니다. 그런데 여호와 하나님이 사람을 너무 사랑하셔서 호흡을 넣으셔서 그들과 같은 신으로 만드시고, 사람이 자신들을 지킬 수 있게 하셨습니다. 그 이유로 하늘에서는 계속 하나님을 참소하고, 여호와는 야곱만을 가지시고, 대신 그 이유로 하늘에 있던 아들 예수가 땅에 사람의 몸으로 와서 죽고, 다시 하늘엔 평화가 오고, 그들은 그때에서야 사람도 그들의 일원으로 받아 주고, 사람에게도 부활과 영생을 같이 허락하는 것입

니다. (여기에서 한 가지를 분명히 알아야 할 것이 있습니다. '지구의 종말'과 '현생 인류'의 멸종은 서로 다른 말입니다.) 그것은 예수님의 부활 승천 후에야 성령께서 사람에게 온 것만으로도 잘 알 수 있습니다.

→ 이렇게 사람의 창조가 그들의 부활을 위함이었음을 알 수 있는 것은, 세상 마지막에 하늘이 두루마리처럼 말려 사라지고, 새 하늘과 새 땅이 하늘에서 내려오고, 크리스천들은 육체로 다시 부활하여, 그때는 천사와 같이 이 땅에 내려오신 하나님을 사람이 육으로 대면해서 본다고 했기 때문입니다.

→ 세상을 재창조하신 것입니다. 그 과정에서, 이 지구상에서 다 사라지고 살아남는 존재는 오직 하나, 사랑의 성령 안으로 들어간 크리스천 뿐입니다. (→ 그 길은 오직 예수님을 자신의 구주로 받아들이는 것입니다.) 그 이유는 사람에게 호흡을 넣어 주신 여호와 하나님의 사랑과 아들 예수님의 헌신과 희생 때문이었습니다. 그랬기 때문에 처음 세상은 다 지나고 하나님이 세상을 새롭게 하신 것입니다. (그 이유로 하늘에서 여호와 하나님은 사탄에게 계속 참소를 당했고, 그의 아들 예수님이 대신 죽고서야 비로소 하늘에 평화가 온 것입니다. 이것이 진정한 십자가의 의미입니다.)

모든 크리스천들이 동시에 육체로 부활할 수 있는 방법은 과학적으로 단 하나밖에는 없습니다. 그것은 현생인류가 모두 죽고(멸종), 몸과 기계적인 뇌만 가진 -창의적인 영적 관념은 없는- 새로운 인간종이 등장하고, 그 새로운 인간종의 뇌에 크리스천들의 기억정보를 입력시켜 새로운 몸

현대인의 눈으로 본 성경

을 얻는 방법입니다.

→ 이것은 성경 요한계시록에 생생히 기록하고 있습니다.

이것은 이미 하나님들이 최초에 사람을 만들 때에 사용한 방법이고, 그들은 지금도 그렇게 하고 있습니다. 그런데 놀라운 것은 성경의 마지막 종말에 이것이 그대로 기록되어 있다는 사실입니다. 하나님은 크리스천만 살리시고 세상을 다시 재창조하시는 것입니다. 그때는 하나님과 천사들과 함께 사람들도 모두 육체로 부활하여 서로 얼굴을 대면하여 봅니다. 사람을 그들 하나님들 속에 일원으로 받아들인 것입니다. 그것이 구원입니다. 처음 창조 때 여호와 하나님의 사랑으로 신이 된 인간을 받아들이지 않았다가 예수님이 대신 죽고 나서야 그리 된 것이 진정한 하나님과 예수님의 사람을 향하신 은혜입니다.

여기에서 우리 크리스천들은 꼭 명심해야 할 두 가지가 있습니다.

첫째는, 마귀가 지금도 두루 삼킬 자를 찾아다니고 있습니다. 그러므로 우리 크리스천들은 정신을 바로 차리고 우리의 정신을 강탈당하면 안 됩니다. 여호와 하나님이 자신의 아들을 죽이면서까지 우리 사람에게 주신 자유의지의 능력입니다. 이 능력으로 우리 크리스천들은 맑은 정신으로 하나님의 영이신 사랑의 성령과 하나가 되어 있어야 합니다. 그것이 진정한 자유입니다.

둘째는, 온 우주 창조의 정점은 바로 사람의 몸입니다. 사람의 몸은 세상에서 가장 신기하고 신비스러운 존재입니다. 앞으로 우리 크리스천은 엄청난 일들을 죽은 후 겪으며 다시 이 몸을 얻게 될 것입니다.

그런데 지금 우리는 그 몸을 지금 내가 현재 가지고 있습니다. 그리고 하나님도 성령으로 우리와 현재 같이하십니다. 우리 크리스천에게는 이 순간이 바로 부활 후 천국의 현현인 것입니다. 얼마나 놀랍고 행복하고 신비스러운 현재 이 순간인지 모릅니다. 그러므로 이 이유만으로도 지금 이 순간 우리 모든 크리스천들은 늘 감사하고 행복하고 스스로를 소중하게 여겨야 합니다.

현대인의 눈으로 본 성경

8.
사랑의 큰 성령

성령(성령은 하나님의 영이시고, 성령은 예수님의 영이시며, 동시에 스스로의 인격과 주체성을 가지신 분이십니다.)은 인간이 하나님에게로 가는 통로이고, 이 세계에서 다른 세계로 가는 통로이고, 이 우주에서 다른 우주로 가는 통로입니다. 그리고 성령은 인간이 완전한 신이 되는 통로입니다. (마치 비유로 말하면 그 안에 들어가서 함께 움직이는 큰 우주선과 같은 세상입니다.) 성령은 사랑이고, 사랑은 온 우주에 충만해 있고, 하나님은 사랑이고, 하나님은 온 우주에 계시니, 성령에 들어가는 것이 바로 하나님 안에 들어가는 것이요, 하나님과 하나가 되니, 그것이 바로 영원한 구원입니다. 그 이유는 아무리 성경으로 봐도, 과학적으로 따져 봐도, 성경 안에 전혀 성령 외에는 위의 모든 것을 해결할 다른 방법이 없습니다. 또한 과학으로 봐도 빛(빛도 광자라는 물질입니다.)까지 삼키는 블랙홀을 빠져나갈 방법은 결국 이론적으로 물질이 아닌 개념밖에는 없습니다. 성령은 사랑이고 사랑은 개념입니다. 그리고 하나님은 스스로를 사랑 그 자체라고 정의하고 있습니다. 크리스천이 사랑의 성령 안에 들어가서 모두가 하나가 되는 순간 살아서도, 죽어서도, 부활 때에도, 그 모든 문제가 한 번에 해결됩니다.

→ 그리고 여기에서 성경 속의 아주 난해했던 중요한 사실 하나가 또 풀리는데, 그것은 바로 '휴거'입니다.

→ 성령을 받는 것을 성령이 우리에게 내려온다고만 생각했지, 그 말이 같은 말로 우리가 성령 안으로 들어간다고는 미처 생각하지 못한 것이 지금까지 '휴거'를 어렵게만 여겼던 이유입니다.

→ 우리가 살아서는 성령 안으로 들어가 완전한 영의 사람으로 다시 태어나 하나님과 함께 살다가,

→ 죽는 순간 누구나 한순간에 몸을 버리고 영혼의 나로 변화될 때에, 성령의 인침으로 생명책에 기록된 사람만은 자신의 행위대로 혼령(영혼)으로 영원히 떠돌며 살지 아니하고, 죽는 순간 바로 성령 안으로 들어가 성삼위 하나님과 부활 때까지 사랑과 행복과 진리를 누리는 것입니다.

→ 이것이 바로 성경이 말하는 진짜 '휴거'입니다.

(요3:3-5) 3 예수께서 대답하여 이르시되 진실로 진실로 네게 이르노니 사람이 거듭나지 아니하면 하나님의 나라를 볼 수 없느니라

4 니고데모가 이르되 사람이 늙으면 어떻게 날 수 있사옵나이까 두 번째 모태에 들어갔다가 날 수 있사옵나이까

5 예수께서 대답하시되 진실로 진실로 네게 이르노니 사람이 물과 성령으로 나지 아니하면 하나님의 나라에 들어갈 수 없느니라

(요7:38-39) 38 나를 믿는 자는 성경에 이름과 같이 그 배에서 생수의 강이 흘러나오리라 하시니

39 이는 그를 믿는 자들이 받을 성령을 가리켜 말씀하신 것이라(예수

께서 아직 영광을 받지 않으셨으므로 성령이 아직 그들에게 계시지 아니하시더라)

(요14:16-17) 16 내가 아버지께 구하겠으니 그가 또 다른 보혜사를 너희에게 주사 영원토록 너희와 함께 있게 하리니

17 그는 진리의 영이라 세상은 능히 그를 받지 못하나니 이는 그를 보지도 못하고 알지도 못함이라 그러나 너희는 그를 아나니 그는 너희와 함께 거하심이요 또 너희 속에 계시겠음이라

(요14:19-20) 19 조금 있으면 세상은 다시 나를 보지 못할 것이로되 너희는 나를 보리니 이는 내가 살아 있고 너희도 살아 있겠음이라

20 그 날에는 내가 아버지 안에, 너희가 내 안에, 내가 너희 안에 있는 것을 너희가 알리라

(고후1:22) 그가 또한 우리에게 인치시고 보증으로 우리 마음에 성령을 주셨느니라

(고후5:5) *곧 이것을 우리에게 이루게 하시고 보증으로 성령을 우리에게 주신 이는 하나님이시니라*

(고후5:17) 그런즉 누구든지 그리스도 안에 있으면 새로운 피조물이라 이전 것은 지나갔으니 보라 새 것이 되었도다 사43:18

(고전15:51-53) 51 보라 내가 너희에게 비밀을 말하노니 우리가 다 잠잘 것이 아니요 마지막 나팔에 순식간에 홀연히 다 변화되리니

52 나팔 소리가 나매 죽은 자들이 썩지 아니할 것으로 다시 살아나고 우리도 변화되리라

53 이 썩을 것이 반드시 썩지 아니할 것을 입겠고 이 죽을 것이 죽지 아니함을 입으리로다

(살전4:16-17) 16 주께서 호령과 천사장의 소리와 하나님의 나팔 소리로 친히 하늘로부터 강림하시리니 그리스도 안에서 죽은 자들이 먼저 일어나고

17 그 후에 우리 살아 남은 자들도 그들과 함께 구름 속으로 끌어 올려 공중에서 주를 영접하게 하시리니 그리하여 우리가 항상 주와 함께 있으리라

(창1:26) 하나님이 자기 형상 곧 하나님의 형상대로 사람을 창조하시되 남자와 여자를 창조하시고

→ *하나님들(엘로힘)이 사람을 만드시는데, 처음에는 사람의 육체만을 만드셨습니다.*

(창2:4) 여호와 하나님이 땅의 흙으로 사람을 지으시고 생기를 그 코에 불어넣으시니 사람이 생령이 되니라 히, 생물

현대인의 눈으로 본 성경

→ 그 후에 그 하나님들 중의 한 하나님이신 여호와 하나님이 현재의 인간에게 하나님의 영(호흡)을 불어 넣으셨습니다. 그 순간부터 인간은 원래 하나님의 생기가 함께 하는 생영이 된 것입니다.

(창3:22-24) 22 여호와 하나님이 이르시되 보라 이 사람이 선악을 아는 일에 우리 중 하나 같이 되었으니 그가 그의 손을 들어 생명 나무 열매도 따먹고 영생할까 하노라 하시고

23 여호와 하나님이 에덴동산에서 그를 내보내어 그의 근원이 된 땅을 갈게 하시니라

24 이같이 하나님이 그 사람을 쫓아내시고 에덴동산 동쪽에 그룹들과 두루 도는 불 칼을 두어 생명 나무의 길을 지키게 하시니라

→ 그 후 사람은 선악과를 먹고 선악을 알게 되고 하나님들같이 되어 버려 하나님들로부터 버림을 받고 영생을 못하도록 되어 버린 것입니다.

→ 이것이 바로 원죄입니다. (이것은 근본적으로 사람이 神이 되었기 때문입니다.)

→ 그리고 그것은 예수님을 통해 새 영인 성령을 받고 영생에 다시 들어가게 되는 것이고, 그것이 바로 구원입니다.

(겔36:26-27) 26 또 새 영을 너희 속에 두고 새 마음을 너희에게 주되 너희 육신에서 굳은 마음을 제거하고 부드러운 마음을 줄 것이며

27 또 내 영을 너희 속에 두어 너희로 내 율례를 행하게 하리니 너희가 내 규례를 지켜 행할지라

→ 聖靈은 여호와의 靈입니다.

(마3:11) 나는 너희로 회개하게 하기 위하여 물로 세례를 베풀거니와 내 뒤에 오시는 이는 나보다 능력이 많으시니 나는 그의 신을 들기도 감당하지 못하겠노라 그는 성령과 불로 너희에게 세례를 베푸실 것이요

(마3:16-17) 16 예수께서 세례를 받으시고 곧 물에서 올라오실새 하늘이 열리고 하나님의 성령이 비둘기 같이 내려 자기 위에 임하심을 보시더니 막1:10

17 하늘로부터 소리가 있어 말씀하시되 이는 내 사랑하는 아들이요 내 기뻐하는 자라 하시니라

→ 이 순간 하나님과 예수님과 성령은 한 장면에 따로따로 같이 등장합니다.

(마4:1-2) 1 그 때에 예수께서 성령에게 이끌리어 마귀에게 시험을 받으러 광야로 가사

2 사십 일을 밤낮으로 금식하신 후에 주리신지라

(마12:31-32) 31 그러므로 내가 너희에게 이르노니 사람에 대한 모든 죄와 모독은 사하심을 얻되 성령을 모독하는 것은 사하심을 얻지 못하겠고

32 또 누구든지 말로 인자를 거역하면 사하심을 얻되 누구든지 말로 성령을 거역하면 이 세상과 오는 세상에서도 사하심을 얻지 못하리라

(마28:19-20) 19 그러므로 너희는 가서 모든 민족을 제자로 삼아 아버지와 아들과 성령의 이름으로 세례를 베풀고

20 내가 너희에게 분부한 모든 것을 가르쳐 지키게 하라 볼지어다 내가 세상 끝 날까지 너희와 항상 함께 있으리라 하시니라

(막3:28-29) 28 내가 진실로 너희에게 이르노니 사람의 모든 죄와 모든 모독 하는 일은 사하심을 얻되

29 누구든지 성령을 모독하는 자는 영원히 사하심을 얻지 못하고 영원한 죄가 되느니라 하시니

→ 성령은 크리스천에게 선택이 아니라 필수입니다. 그만큼 중요합니다.

→ 성령 안에 들어가는 것은 '나는 지금 성령 안에 있을 거라는 막연한 느낌'이 아닙니다. 그런 추측 또한 아닙니다. '나는 지금 성령 안에 있다는 확실하고도 명백한' 사실이거나, 아니거나입니다.

→ 그것은 스스로도 알고, 그 성령 안에 있는 사람끼리는 서로 알아봅니다. 사랑이라는 공통분모로 서로 알아보는 것입니다.

(요14:26) 보혜사 곧 아버지께서 내 이름으로 보내실 성령 그가 너희에게 모든 것을 가르치고 내가 너희에게 말한 모든 것을 생각나게 하리라 눅24:8

(요15:12) 내 계명은 곧 내가 너희를 사랑한 것 같이 너희도 서로 사랑하라 하는 이것이니라

(행2:1-4) 1 오순절 날이 이미 이르매 그들이 다같이 한 곳에 모였더니

2 홀연히 하늘로부터 급하고 강한 바람 같은 소리가 있어 그들이 앉은 온 집에 가득하며 행4:31

3 마치 불의 혀처럼 갈라지는 것들이 그들에게 보여 각 사람 위에 하나씩 임하여 있더니

4 그들이 다 성령의 충만함을 받고 성령이 말하게 하심을 따라 다른 언어들로 말하기를 시작하니라

(행2:16-21) 16 이는 곧 선지자 요엘을 통하여 말씀하신 것이니 일렀으되 욜2:28

17 하나님이 말씀하시기를 말세에 내가 내 영을 모든 육체에 부어 주리니 너희의 자녀들은 예언할 것이요 너희의 젊은이들은 환상을 보고 너희의 늙은이들은 꿈을 꾸리라 욜2:28 이하

18 그 때에 내가 내 영을 내 남종과 여종들에게 부어 주리니 그들이 예언할 것이요

19 또 내가 위로 하늘에서는 기사를 아래로 땅에서는 징조를 베풀리니 곧 피와 불과 연기로다

20 주의 크고 영화로운 날이 이르기 전에 해가 변하여 어두워지고 달이 변하여 피가 되리라 마24:29, 막13:24, 눅21:25

21 누구든지 주의 이름을 부르는 자는 구원을 받으리라 하였느니라

(행2:37-39) 37 ○그들이 이 말을 듣고 마음에 찔려 베드로와 다른 사도들에게 물어 이르되 형제들아 우리가 어찌할꼬 하거늘

38 베드로가 이르되 너희가 회개하여 각각 예수 그리스도의 이름으로 세례를 받고 죄 사함을 받으라 그리하면 성령의 선물을 받으리니 롬6:4

39 이 약속은 너희와 너희 자녀와 모든 먼 데 사람 곧 주 우리 하나님이 얼마든지 부르시는 자들에게 하신 것이라 하고

(행8:14-17) 14 ○예루살렘에 있는 사도들이 사마리아도 하나님의 말씀을 받았다 함을 듣고 베드로와 요한을 보내매

15 그들이 내려가서 그들을 위하여 성령 받기를 기도하니 행2:38

16 이는 아직 한 사람에게도 성령 내리신 일이 없고 오직 주 예수의 이름으로 세례만 받을 뿐이더라 마28:19, 행19:2

17 이에 두 사도가 그들에게 안수하매 성령을 받는지라

(행10:44-46) 44 ○베드로가 이 말을 할 때에 성령이 말씀 듣는 모든 사람에게 내려오시니

45 베드로와 함께 온 할례 받은 신자들이 이방인들에게도 성령 부어 주심으로 말미암아 놀라니

46 이는 방언을 말하며 하나님 높임을 들음이러라

(행19:2-7) 2 이르되 너희가 믿을 때에 성령을 받았느냐 이르되 아니라 우리는 성령이 계심도 듣지 못하였노라

3 바울이 이르되 그러면 너희가 무슨 세례를 받았느냐 대답하되 요한의 세례니라

4 바울이 이르되 요한이 회개의 세례를 베풀며 백성에게 말하되 내 뒤

에 오시는 이를 믿으라 하였으니 이는 곧 예수라 하거늘 헬, 또는 침례

5 그들이 듣고 주 예수의 이름으로 세례를 받으니 헬, 또는 침례

6 바울이 그들에게 안수하매 성령이 그들에게 임하시므로 방언도 하고 예언도 하니

7 모두 열두 사람쯤 되니라

(롬8:2) 이는 그리스도 예수 안에 있는 생명의 성령의 법이 죄와 사망의 법에서 너를 해방하였음이라 갈2:19, 롬5:21

(롬8:9-10) 9 *만일 너희 속에 하나님의 영이 거하시면 너희가 육신에 있지 아니하고 영에 있나니 누구든지 그리스도의 영이 없으면 그리스도의 사람이 아니라*

10 또 그리스도께서 너희 안에 계시면 몸은 죄로 말미암아 죽은 것이나 영은 의로 말미암아 살아 있는 것이니라

(롬8:14) *무릇 하나님의 영으로 인도함을 받는 사람은 곧 하나님의 아들이라*

(롬13:10) 사랑은 이웃에게 악을 행하지 아니하나니 그러므로 사랑은 율법의 완성이니라

(고전3:16-17) 16 ○너희는 너희가 하나님의 성전인 것과 하나님의 성령이 너희 안에 계시는 것을 알지 못하느냐

현대인의 눈으로 본 성경

17 누구든지 하나님의 성전을 더럽히면 하나님이 그 사람을 멸하시리라 하나님의 성전은 거룩하니 너희도 그러하니라

(고전12:13) 우리가 유대인이나 헬라인이나 종이나 자유인이나 다 한 성령으로 세례를 받아 한 몸이 되었고 또 다 한 성령을 마시게 하셨느니라 헬, 또는 침례

(고전12:3-11) 3 그러므로 내가 너희에게 알리노니 하나님의 영으로 말하는 자는 누구든지 예수를 저주할 자라 하지 아니하고 또 성령으로 아니하고는 누구든지 예수를 주시라 할 수 없느니라

4 은사는 여러 가지나 성령은 같고

5 직분은 여러 가지나 주는 같으며

6 또 사역은 여러 가지나 모든 것을 모든 사람 가운데서 이루시는 하나님은 같으니

7 각 사람에게 성령을 나타내심은 유익하게 하려 하심이라

8 어떤 사람에게는 성령으로 말미암아 지혜의 말씀을, 어떤 사람에게는 같은 성령을 따라 지식의 말씀을,

9 다른 사람에게는 같은 성령으로 믿음을, 어떤 사람에게는 한 성령으로 병 고치는 은사를,

10 어떤 사람에게는 능력 행함을, 어떤 사람에게는 예언함을, 어떤 사람에게는 영들 분별함을, 다른 사람에게는 각종 방언 말함을, 어떤 사람에게는 방언들 통역함을 주시나니

11 이 모든 일은 같은 한 성령이 행하사 그의 뜻대로 각 사람에게 나

누어 주시는 것이니라

(고전13:1-13) 1 내가 사람의 방언과 천사의 말을 할지라도 사랑이 없으면 소리 나는 구리와 울리는 꽹과리가 되고

2 내가 예언하는 능력이 있어 모든 비밀과 모든 지식을 알고 또 산을 옮길 만한 모든 믿음이 있을지라도 사랑이 없으면 내가 아무 것도 아니요

3 내가 내게 있는 모든 것으로 구제하고 또 내 몸을 불사르게 내줄지라도 사랑이 없으면 내게 아무 유익이 없느니라

4 사랑은 오래 참고 사랑은 온유하며 시기하지 아니하며 사랑은 자랑하지 아니하며 교만하지 아니하며

5 무례히 행하지 아니하며 자기의 유익을 구하지 아니하며 성내지 아니하며 악한 것을 생각하지 아니하며 헬, 것을

6 불의를 기뻐하지 아니하며 진리와 함께 기뻐하고

7 모든 것을 참으며 모든 것을 믿으며 모든 것을 바라며 모든 것을 견디느니라

8 *사랑은 언제까지나 떨어지지 아니하되* 예언도 폐하고 방언도 그치고 지식도 폐하리라

9 우리는 부분적으로 알고 부분적으로 예언하니

10 온전한 것이 올 때에는 부분적으로 하던 것이 폐하리라

11 내가 어렸을 때에는 말하는 것이 어린 아이와 같고 깨닫는 것이 어린아이와 같고 생각하는 것이 어린 아이와 같다가 장성한 사람이 되어서는 어린아이의 일을 버렸노라

12 우리가 지금은 거울로 보는 것 같이 희미하나 그 때에는 얼굴과 얼

현대인의 눈으로 본 성경

굴을 대하여 볼 것이요 지금은 내가 부분적으로 아나 그 때에는 주께서 나를 아신 것 같이 내가 온전히 알리라

13 그런즉 믿음, 소망, 사랑, 이 세 가지는 항상 있을 것인데 그 중의 제일은 사랑이라 헬, 더 큰 것은

(고후1:22) *그가 또한 우리에게 인치시고 보증으로 우리 마음에 성령을 주셨느니라*

(고후5:5) *곧 이것을 우리에게 이루게 하시고 보증으로 성령을 우리에게 주신 이는 하나님이시니라*

(엡1:17) 우리 주 예수 그리스도의 하나님, 영광의 아버지께서 지혜와 계시의 영을 너희에게 주사 하나님을 알게 하시고

(엡4:30) 하나님의 성령을 근심하게 하지 말라 그 안에서 너희가 구원의 날까지 인치심을 받았느니라

→ 성령은 보이지 아니하는 하나님의 형상입니다.

(살전5:16-23) 16 항상 기뻐하라
17 쉬지 말고 기도하라
18 범사에 감사하라 이것이 그리스도 예수 안에서 너희를 향하신 하나님의 뜻이니라

19 성령을 소멸하지 말며

20 예언을 멸시하지 말고

21 범사에 헤아려 좋은 것을 취하고

22 악은 어떤 모양이라도 버리라

23 ○평강의 하나님이 친히 너희를 온전히 거룩하게 하시고 또 너희의 온 영과 혼과 몸이 우리 주 예수 그리스도께서 강림하실 때에 흠 없게 보전되기를 원하노라

(요일4:12-13) 12 어느 때나 하나님을 본 사람이 없으되 만일 우리가 서로 사랑하면 하나님이 우리 안에 거하시고 그의 사랑이 우리 안에 온전히 이루어지느니라

13 그의 성령을 우리에게 주시므로 우리가 그 안에 거하고 그가 우리 안에 거하시는 줄을 아느니라

(계21:9-11) 9 ○일곱 대접을 가지고 마지막 일곱 재앙을 담은 일곱 천사 중 하나가 나아와서 내게 말하여 이르되 이리 오라 내가 신부 곧 어린 양의 아내를 네게 보이리라 하고 계17:1, 계15:7

10 성령으로 나를 데리고 크고 높은 산으로 올라가 하나님께로부터 하늘에서 내려오는 거룩한 성 예루살렘을 보이니 계17:3

11 하나님의 영광이 있어 그 성의 빛이 지극히 귀한 보석 같고 벽옥과 수정 같이 맑더라

현대인의 눈으로 본 성경

9.
예수님 죽음의 의미

지금까지 우리는 우리의 죄[원죄(아담과 하와가 불순종하여 선악과를 먹은 죄)와 자범죄(자신이 지은 여러 죄)]를 예수님이 대신 십자가에서 지시고 죽으신 것으로 알고 있으나, 이제 와서 성경을 좀 더 깊이 들여다 보니 -그것이 틀린 말은 아니지만- 그것이 그리 간단한 문제가 아닙니다.

사실, 결과적으로는 그리 되었지만 사람이 에덴에서 쫓겨난 것은 불순종해서가 아니라 사람이 하나님들 중의 하나같이 되었기 때문입니다. 바로, 사람도 神이 되었기 때문에 하나님들이 사람을 그들과 같은 하나님으로 인정해 주지 않고 사람을 에덴에서 내보낸 것입니다. 그들처럼 영생을 얻는 생명나무는 사람이 접근 못 하도록 그룹들과 두루 도는 불칼을 두어 그 길을 지키게 하셨습니다..

그 원인이 여호와 하나님이 사람을 너무 사랑하셔서 사람에게 호흡을 불어넣어 생령이 되게 했기 때문이었습니다. 그것이 그들 세계에서 큰 문제가 되었던 것 같습니다. 사람이 자유의지를 가지고 스스로를 지키고 자신의 앞길을 결정할 수 있게 되었기 때문입니다.

원래 하나님들은 사람을, 위해 만든 것이 아니었습니다. 사람에게 영생은 아예 계획에 없었습니다. (이는 사람을 에덴에서 내보낼 때 사람이 영생하지 못하도록 생명나무를 지킨 것에서 알 수 있습니다.) 하나님들은 그들의 필요에 의해 사람을 만들었습니다. 그리고 그들은 사람의 몸을 서로서로 가지기를 원했습니다. 세상과 사람은 몸이 없는 자신들의 부활을 위함이었습니다.

(이는 새 하늘과 새 땅 이후 새로운 세상이 되었을 때 그들 하나님들도 우리 사람들과 서로 얼굴을 대면하여 볼 수 있는 몸으로 다 같이 하늘에서 내려오는 것을 통해 알 수 있습니다.)

그런데 여호와 하나님이 사람을 그만 너무 사랑하셔서 사람에게 호흡을 불어넣으신 것입니다. 그래서 그들은 사람을 마음대로 가질 수 없게 되었고, 그들의 계획이 틀어졌고, 급기야는 세상을 다시 창조해야만 하는 이유가 되었습니다.

그 이유로 하늘에서 밤낮 사탄은 하나님을 참소했고, 여호와는 지극히 크신 자가 모든 민족과 인종을 나누실 때에 야곱(이스라엘 민족)만 받았습니다.

그래도 하나님은 사람을 포기하지 않으시고 하늘에 있던 자신의 아들을 이 땅에 인간 예수님으로 오게 하셔서서 모든 것을 다 십자가로 지게 하시고 대신 죽게 하신 것입니다. 그제서야 하늘에는 평화가 다시 오고 사람에겐 하나님의 성령이 오십니다.

그리고 모든 이방인(세계인)을 예수님에게 주시고 예수님을 통하여 지금 온 세상은 구원(영생)을 받고 있습니다.

더불어, 하나님이 세상을 다시 처음부터 재창조하실 때 그 때에는 사람에게도 하나님들과 같이 부활(영생)의 길을 열어 주셨습니다. 이것이 성경이 말하는 진정한 하나님의 은혜이고, 사랑이며, 하나님이 사람에게 주신 구원입니다.

또한 이것이 바로 진정한 예수님이 십자가에서 죽으신 이유입니다.

(신18:18) 내가 그들의 형제 중에서 너와 같은 선지자 하나를 그들을 위하여 일으키고 내 말을 그 입에 두리니 내가 그에게 명령하는 것을 그가 무리에게 다 말하리라

(시20:6-7) 6 여호와께서 자기에게 기름 부음 받은 자를 구원하시는 줄 이제 내가 아노니 그의 오른손의 구원하는 힘으로 그의 거룩한 하늘에서 그에게 응답하시리로다
7 어떤 사람은 병거, 어떤 사람은 말을 의지하나 우리는 여호와 우리 하나님의 이름을 자랑하리로다

(사11:1) 이새의 줄기에서 한 싹이 나며 그 뿌리에서 한 가지가 나서 결

실할 것이요

(사11:6-9) 6 ○그 때에 이리가 어린양과 함께 살며 표범이 어린 염소와 함께 누우며 송아지와 어린 사자와 살진 짐승이 함께 있어 어린 아이에게 끌리며 호2:18, 사65:25

7 암소와 곰이 함께 먹으며 그것들의 새끼가 함께 엎드리며 사자가 소처럼 풀을 먹을 것이며

8 젖 먹는 아이가 독사의 구멍에서 장난하며 젖 뗀 어린 아이가 독사의 굴에 손을 넣을 것이라 욥5:23, 겔34:25

9 내 거룩한 산 모든 곳에서 해 됨도 없고 상함도 없을 것이니 이는 물이 바다를 덮음 같이 여호와를 아는 지식이 세상에 충만할 것임이니라

(사42:1-4) 1 내가 붙드는 나의 종, 내 마음에 기뻐하는 자 곧 내가 택한 사람을 보라 내가 나의 영을 그에게 주었은즉 그가 이방에 정의를 베풀리라

2 그는 외치지 아니하며 목소리를 높이지 아니하며 그 소리를 거리에 들리게 하지 아니하며

3 상한 갈대를 꺾지 아니하며 꺼져 가는 등불을 끄지 아니하고 진실로 정의를 시행할 것이며

4 그는 쇠하지 아니하며 낙담하지 아니하고 세상에 정의를 세우기에 이르리니 섬들이 그 교훈을 앙망하리라

(사53:5-6) 5 그가 찔림은 우리의 허물 때문이요 그가 상함은 우리의 죄악 때문이라 그가 징계를 받으므로 우리는 평화를 누리고 그가 채찍에 맞으므로 우리는 나음을 받았도다

현대인의 눈으로 본 성경

6 우리는 다 양 같아서 그릇 행하여 각기 제 길로 갔거늘 여호와께서
는 우리 모두의 죄악을 그에게 담당시키셨도다

→ 그런데, 여기에서 아주 중요한 문제에 이르게 됩니다. 그것은 우리
사람(유대인)이 그렇게 얻은 소중한 자유의지를 여호와와의 약속을 받아
들이는 데 사용하지 않고 제 길로 각자 갔다는 것입니다. 그래서 예수님
이 대신 죽습니다. 그래도 그들은 예수님을 결국 십자가에 매달아 죽입
니다.

(사53:10) 여호와께서 그에게 상함을 받게 하시기를 원하사 질고를 당
하게 하셨은즉 그의 영혼을 속건제물로 드리기에 이르면 그가 씨를 보게
되며 그의 날은 길 것이요 또 그의 손으로 여호와께서 기뻐하시는 뜻을
성취하리로다 후손

(사54:7) 내가 잠시 너를 버렸으나 큰 긍휼로 너를 모을 것이요

(사61:1) 주 여호와의 영이 내게 내리셨으니 이는 여호와께서 내게 기
름을 부으사 가난한 자에게 아름다운 소식을 전하게 하려 하심이라 나를
보내사 마음이 상한 자를 고치며 포로된 자에게 자유를, 갇힌 자에게 놓
임을 선포하며

(마11:12-14) 12 세례 요한의 때부터 지금까지 천국은 침노를 당하나니
침노하는 자는 빼앗느니라 헬, 또는 침례

13 모든 선지자와 율법이 예언한 것은 요한까지니

14 만일 너희가 즐겨 받을진대 오리라 한 엘리야가 곧 이 사람이니라 말4:6

(마17:5) 말할 때에 홀연히 빛난 구름이 그들을 덮으며 구름 속에서 소리가 나서 이르시되 이는 내 사랑하는 아들이요 내 기뻐하는 자니 너희는 그의 말을 들으라 하시는지라

(마21:9) 앞에서 가고 뒤에서 따르는 무리가 소리 높여 이르되 호산나 다윗의 자손이여 찬송하리로다 주의 이름으로 오시는 이여 가장 높은 곳에서 호산나 하더라 막11:15, 눅19:45, 요12:13 (호산나는 "도와주소서! 구원하소서!"라는 뜻임)

(마26:12) 이 여자가 내 몸에 이 향유를 부은 것은 내 장례를 위하여 함이니라

(마26:38-39) 38 이에 말씀하시되 내 마음이 매우 고민하여 죽게 되었으니 너희는 여기 머물러 나와 함께 깨어 있으라 하시고

39 조금 나아가사 얼굴을 땅에 대시고 엎드려 기도하여 이르시되 내 아버지여 만일 할 만하시거든 이 잔을 내게서 지나가게 하옵소서 그러나 나의 원대로 마시옵고 아버지의 원대로 하옵소서 하시고

(마26:42) 다시 두 번째 나아가 기도하여 이르시되 내 아버지여 만일

현대인의 눈으로 본 성경

내가 마시지 않고는 이 잔이 내게서 지나갈 수 없거든 아버지의 원대로 되기를 원하나이다 하시고

(마26:56) 그러나 이렇게 된 것은 다 선지자들의 글을 이루려 함이니라 하시더라 이에 제자들이 다 예수를 버리고 도망하니라

(마27:45-46) 45 ○제육시로부터 온 땅에 어둠이 임하여 제구시까지 계속되더니

46 제구시쯤에 예수께서 크게 소리 질러 이르시되 엘리 엘리 라마 사박다니 하시니 이는 곧 나의 하나님, 나의 하나님, 어찌하여 나를 버리셨나이까 하는 뜻이라 시22:1

(마27:50-54) 50 예수께서 다시 크게 소리 지르시고 영혼이 떠나시니라

51 이에 성소 휘장이 위로부터 아래까지 찢어져 둘이 되고 땅이 진동하며 바위가 터지고

52 무덤들이 열리며 자던 성도의 몸이 많이 일어나되

53 예수의 부활 후에 그들이 무덤에서 나와서 거룩한 성에 들어가 많은 사람에게 보이니라

54 백부장과 및 함께 예수를 지키던 자들이 지진과 그 일어난 일들을 보고 심히 두려워하여 이르되 이는 진실로 하나님의 아들이었도다 하더라

(막1:9-11) 9 ○그 때에 예수께서 갈릴리 나사렛으로부터 와서 요단 강에서 요한에게 세례를 받으시고

10 곧 물에서 올라오실새 하늘이 갈라짐과 성령이 비둘기 같이 자기에게 내려오심을 보시더니 요1:32

11 하늘로부터 소리가 나기를 너는 내 사랑하는 아들이라 내가 너를 기뻐하노라 하시니라

(막10:38) 예수께서 이르시되 너희는 너희가 구하는 것을 알지 못하는도다 내가 마시는 잔을 너희가 마실 수 있으며 내가 받는 세례를 너희가 받을 수 있느냐

(막14:61-62) 61 침묵하고 아무 대답도 아니하시거늘 대제사장이 다시 물어 이르되 네가 찬송 받을 이의 아들 그리스도냐

62 예수께서 이르시되 내가 그니라 인자가 권능자의 우편에 앉은 것과 하늘 구름을 타고 오는 것을 너희가 보리라 하시니

(막15:33-54) 53 ○제육시가 되매 온 땅에 어둠이 임하여 제구시까지 계속하더니 마27:45, 눅23:44

54 제구시에 예수께서 크게 소리 지르시되 엘리 엘리 라마 사박다니 하시니 이를 번역하면 나의 하나님, 나의 하나님 어찌하여 나를 버리셨나이까 하는 뜻이라 시22:1

(막15:37-39) 37 예수께서 큰 소리를 지르시고 숨지시니라

38 이에 성소 휘장이 위로부터 아래까지 찢어져 둘이 되니라 엡2:14, 히10:20

현대인의 눈으로 본 성경

39 예수를 향하여 섰던 백부장이 그렇게 숨지심을 보고 이르되 이 사람은 진실로 하나님의 아들이었도다 하더라 신32:31

(눅4:14-15) 14 ○예수께서 성령의 능력으로 갈릴리에 돌아가시니 그 소문이 사방에 퍼졌고 마4:12

15 친히 그 여러 회당에서 가르치시매 뭇 사람에게 칭송을 받으시더라

(눅19:38) 이르되 찬송하리로다 주의 이름으로 오시는 왕이여 *하늘에는 평화요 가장 높은 곳에는 영광이로다 하니* 눅2:14

(요3:16) ○하나님이 세상을 이처럼 사랑하사 독생자를 주셨으니 이는 그를 믿는 자마다 멸망하지 않고 영생을 얻게 하려 하심이라

(요8:42) 예수께서 이르시되 하나님이 너희 아버지였으면 너희가 나를 사랑하였으리니 이는 내가 하나님께로부터 나와서 왔음이라 나는 스스로 온 것이 아니요 아버지께서 나를 보내신 것이니라

(요8:54) 예수께서 대답하시되 내가 내게 영광을 돌리면 내 영광이 아무 것도 아니거니와 내게 영광을 돌리시는 이는 내 아버지시니 곧 너희가 너희 하나님이라 칭하는 그이시라

(요11:25-27) 25 예수께서 이르시되 나는 부활이요 생명이니 나를 믿는 자는 죽어도 살겠고

26 무릇 살아서 나를 믿는 자는 영원히 죽지 아니하리니 이것을 네가 믿느냐

27 이르되 주여 그러하외다 주는 그리스도시요 세상에 오시는 하나님의 아들이신 줄 내가 믿나이다

(요13:34-35) 34 새 계명을 너희에게 주노니 서로 사랑하라 내가 너희를 사랑한 것 같이 너희도 서로 사랑하라 1요2:7, 1요3:11

35 너희가 서로 사랑하면 이로써 모든 사람이 너희가 내 제자인 줄 알리라 1요2:5

(요14:6) 예수께서 이르시되 내가 곧 길이요 진리요 생명이니 나로 말미암지 않고는 아버지께로 올 자가 없느니라

(요15:26-27) 26 내가 아버지께로부터 너희에게 보낼 보혜사 곧 아버지께로부터 나오시는 진리의 성령이 오실 때에 그가 나를 증언하실 것이요

27 너희도 처음부터 나와 함께 있었으므로 증언하느니라

(요18:11) 예수께서 베드로더러 이르시되 칼을 칼집에 꽂으라 아버지께서 주신 잔을 내가 마시지 아니하겠느냐 하시니라

현대인의 눈으로 본 성경

10.

다른 신들

성경에는 많은 다른 신들이 나오고, 그 신들은 사람을 현혹하고, 하나님은 사람이 그 다른 신들을 섬기는 그것을 가장 큰 죄로 여기며, 하나님과 다른 신들의 사실상 영적 전쟁이(인간을 서로 소유하려는 전쟁) 성경속의 큰 사실입니다. 사실 우리 사람은 사람을 만든 하나님들 모두가 정말 착하고 선한 존재인지는 알지 못합니다. 또한 그들이 모두가 선한 존재일 필요도 사실 그들에겐 없습니다. (많은 고대신화의 神들은 우리 사람의 시각으로 볼 때 그렇지 않은 경우도 많이 있습니다.) 단지 우리 사람이 아는 것은 그들 중 우리 사람에게 직접 나타나신 여호와 하나님입니다. 그리고 그 아들 예수님과 성령입니다. 그런데 다행히도 이 성부, 성자, 성령 하나님은 스스로를 사랑이라 말씀하십니다. 이에 우리 크리스천들은 이 성삼위 하나님만 알면 되는 것입니다. 정확히 말하면 다른 신들은 신경 쓸 필요도 없습니다. 단, 우리 크리스천은 정신을 바로 차리고 다른 神들에게 몸(몸엔 당연히 뇌가 포함되고, 뇌는 생각과 결단 등입니다.)과 영혼[(여기엔 빙의-귀신들림)도 포함됩니다.]을 강탈당하면 안 되는 것은 분명한 사실입니다.

(출8:6-7) 6 아론이 애굽 물들 위에 그의 손을 내밀매 개구리가 올라와서 애굽 땅에 덮이니

7 요술사들도 자기 요술대로 그와 같이 행하여 개구리가 애굽 땅에 올라오게 하였더라

(출15:11) 여호와여 신 중에 주와 같은 자가 누구니이까 주와 같이 거룩함으로 영광스러우며 찬송할 만한 위엄이 있으며 기이한 일을 행하는 자가 누구니이까

(출23:24-25) 24 너는 그들의 신을 경배하지 말며 섬기지 말며 그들의 행위를 본받지 말고 그것들을 다 깨뜨리며 그들의 주상을 부수고

25 네 하나님 여호와를 섬기라 그리하면 여호와가 너희의 양식과 물에 복을 내리고 너희 중에서 병을 제하리니

(레19:4) 너희는 헛된 것들에게로 향하지 말며 너희를 위하여 신상들을 부어 만들지 말라 나는 너희의 하나님 여호와이니라

(레20:6-7) 6 ○접신한 자와 박수무당을 음란하게 따르는 자에게는 내가 진노하여 그를 그의 백성 중에서 끊으리니

7 너희는 스스로 깨끗하게 하여 거룩할지어다 나는 너희의 하나님 여호와이니라

(신13:1-3) 1 너희 중에 선지자나 꿈꾸는 자가 일어나서 이적과 기사를

현대인의 눈으로 본 성경

네게 보이고 마24:24

2 그가 네게 말한 그 이적과 기사가 이루어지고 너희가 알지 못하던 다른 신들을 우리가 따라 섬기자고 말할지라도

3 너는 그 선지자나 꿈 꾸는 자의 말을 청종하지 말라 이는 너희의 하나님 여호와께서 너희가 마음을 다하고 뜻을 다하여 너희의 하나님 여호와를 사랑하는 여부를 알려 하사 너희를 시험하심이니라

(신17:3-5) 3 가서 다른 신들을 섬겨 그것에게 절하며 내가 명령하지 아니한 일월성신에게 절한다 하자

4 그것이 네게 알려지므로 네가 듣거든 자세히 조사해 볼지니 만일 그 일과 말이 확실하여 이스라엘 중에 이런 가증한 일을 행함이 있으면

5 너는 그 악을 행한 남자나 여자를 네 성문으로 끌어내고 그 남자나 여자를 돌로 쳐죽이되

(신 20:18) 이는 그들이 그 신들에게 행하는 모든 가증한 일을 너희에게 가르쳐 본받게 하여 너희가 너희의 하나님 여호와께 범죄하게 할까 함이니라

(신32:16-19) 16 그들이 다른 신으로 그의 질투를 일으키며 가증한 것으로 그의 진노를 격발하였도다

17 그들은 하나님께 제사하지 아니하고 귀신들에게 하였으니 곧 그들이 알지 못하던 신들, 근래에 들어온 새로운 신들 너희의 조상들이 두려워하지 아니하던 것들이로다

18 너를 낳은 반석을 네가 상관하지 아니하고 너를 내신 하나님을 네가 잊었도다

19 그러므로 여호와께서 보시고 미워하셨으니 그 자녀가 그를 격노하게 한 까닭이로다

(신32:39) 이제는 나 곧 내가 그인 줄 알라 나 외에는 신이 없도다 나는 죽이기도 하며 살리기도 하며 상하게도 하며 낫게도 하나니 내 손에서 능히 빼앗을 자가 없도다 삼상2:6, 왕하5:7

(수23:7-8) 7 너희 중에 남아 있는 이 민족들 중에 들어가지 말라 그들의 신들의 이름을 부르지 말라 그것들을 가리켜 맹세하지 말라 또 그것을 섬겨서 그것들에게 절하지 말라 출23:13, 시16:4, 렘5:7

8 오직 너희의 하나님 여호와께 가까이 하기를 오늘까지 행한 것 같이 하라 신10:20, 신11:22

(삿16:23-24) 23 ○블레셋 사람의 방백들이 이르되 우리의 신이 우리 원수 삼손을 우리 손에 넘겨주었다 하고 다 모여 그들의 신 다곤에게 큰 제사를 드리고 즐거워하고

24 백성들도 삼손을 보았으므로 이르되 우리의 땅을 망쳐 놓고 우리의 많은 사람을 죽인 원수를 우리의 신이 우리 손에 넘겨주었다 하고 자기들의 신을 찬양하며

(삼상5:1-3) 1 블레셋 사람들이 하나님의 궤를 빼앗아 가지고 에벤에셀

에서부터 아스돗에 이르니라

2 블레셋 사람들이 하나님의 궤를 가지고 다곤의 신전에 들어가서 다곤 곁에 두었더니

3 아스돗 사람들이 이튿날 일찍이 일어나 본즉 다곤이 여호와의 궤 앞에서 엎드러져 그 얼굴이 땅에 닿았는지라 그들이 다곤을 일으켜 다시 그 자리에 세웠더니 사46:7

(삼하7:22) 그런즉 주 여호와여 주는 위대하시니 이는 우리 귀로 들은 대로는 주와 같은 이가 없고 주 외에는 신이 없음이니이다

(왕상18:21) 엘리야가 모든 백성에게 가까이 나아가 이르되 너희가 어느 때까지 둘 사이에서 머뭇머뭇 하려느냐 여호와가 만일 하나님이면 그를 따르고 바알이 만일 하나님이면 그를 따를지니라 하니 백성이 말 한 마디도 대답하지 아니하는지라

(왕상18:24) 너희는 너희 신의 이름을 부르라 나는 여호와의 이름을 부르리니 이에 불로 응답하는 신 그가 하나님이니라 백성이 다 대답하되 그 말이 옳도다 하니라

(왕상18:38) 이에 여호와의 불이 내려서 번제물과 나무와 돌과 흙을 태우고 또 도랑의 물을 핥은지라

(왕하17:24) 앗수르 왕이 바벨론과 구다와 아와와 하맛과 스발와임에

서 사람을 옮겨다가 이스라엘 자손을 대신하여 사마리아 여러 성읍에 두매 그들이 사마리아를 차지하고 그 여러 성읍에 거주하니라

(왕하17:27-29) 27 앗수르 왕이 명령하여 이르되 너희는 그 곳에서 사로잡아 온 제사장 한 사람을 그 곳으로 데려가되 그가 그 곳에 가서 거주하며 그 땅 신의 법을 무리에게 가르치게 하라 하니
28 이에 사마리아에서 사로잡혀 간 제사장 중 한 사람이 와서 벧엘에 살며 백성에게 어떻게 여호와 경외할지를 가르쳤더라
29 그러나 각 민족이 각기 자기의 신상들을 만들어 사마리아 사람이 지은 여러 산당들에 두되 각 민족이 자기들이 거주한 성읍에서 그렇게 하여

(왕하 17:41) 이 여러 민족이 여호와를 경외하고 또 그 아로새긴 우상을 섬기니 그들의 자자손손이 그들의 조상들이 행하던 대로 그들도 오늘까지 행하니라

(대상16:25-28) 25 여호와는 위대하시니 극진히 찬양할 것이요 모든 신보다 경외할 것임이여
26 만국의 모든 신은 헛것이나 여호와께서는 하늘을 지으셨도다
27 존귀와 위엄이 그의 앞에 있으며 능력과 즐거움이 그의 처소에 있도다
28 여러 나라의 종족들아 영광과 권능을 여호와께 돌릴지어다 여호와께 돌릴지어다

(대상17:20) 여호와여 우리 귀로 들은 대로는 주와 같은 이가 없고 주

현대인의 눈으로 본 성경

외에는 하나님이 없나이다

(대하33:6) 또 힌놈의 아들 골짜기에서 그의 아들들을 불 가운데로 지나가게 하며 또 점치며 사술과 요술을 행하며 신접한 자와 박수를 신임하여 여호와 보시기에 악을 많이 행하여 여호와를 진노하게 하였으며

(스1:3-4) 3 이스라엘의 하나님은 참 신이시라 너희 중에 그의 백성 된 자는 다 유다 예루살렘으로 올라가서 이스라엘의 하나님 여호와의 성전을 건축하라 그는 예루살렘에 계신 하나님이시라
4 그 남아 있는 백성이 어느 곳에 머물러 살든지 그 곳 사람들이 마땅히 은과 금과 그 밖의 물건과 짐승으로 도와 주고 그 외에도 예루살렘에 세울 하나님의 성전을 위하여 예물을 기쁘게 드릴지니라 하였더라

(시86:10) 무릇 주는 위대하사 기이한 일들을 행하시오니 주만이 하나님이시니이다

(시88:10-11) 10 주께서 죽은 자에게 기이한 일을 보이시겠나이까 유령들이 일어나 주를 찬송하리이까 (셀라) 시6:5
11 주의 인자하심을 무덤에서, 주의 성실하심을 멸망 중에서 선포할 수 있으리이까

(시95:2-3) 2 우리가 감사함으로 그 앞에 나아가며 시를 지어 즐거이 그를 노래하자

3 여호와는 크신 하나님이시요 모든 신들보다 크신 왕이시기 때문이로다

(시136:1-5) 1 여호와께 감사하라 그는 선하시며 그 인자하심이 영원함이로다

2 신들 중에 뛰어난 하나님께 감사하라 그 인자하심이 영원함이로다

3 주들 중에 뛰어난 주께 감사하라 그 인자하심이 영원함이로다

4 홀로 큰 기이한 일들을 행하시는 이에게 감사하라 그 인자하심이 영원함이로다

5 지혜로 하늘을 지으신 이에게 감사하라 그 인자하심이 영원함이로다

(시135:15-18) 15 열국의 우상은 은금이요 사람의 손으로 만든 것이라

16 입이 있어도 말하지 못하며 눈이 있어도 보지 못하며

17 귀가 있어도 듣지 못하며 그들의 입에는 아무 호흡도 없나니

18 그것을 만든 자와 그것을 의지하는 자가 다 그것과 같으리로다

(사42:17) 조각한 우상을 의지하며 부어 만든 우상을 향하여 너희는 우리의 신이라 하는 자는 물리침을 받아 크게 수치를 당하리라

(사44:10-11) 10 신상을 만들며 무익한 우상을 부어 만든 자가 누구냐

11 보라 그와 같은 무리들이 다 수치를 당할 것이라 그 대장장이들은 사람일 뿐이라 그들이 다 모여 서서 두려워하며 함께 수치를 당할 것이니라

현대인의 눈으로 본 성경

(렘10:11) ○너희는 이같이 그들에게 이르기를 천지를 짓지 아니한 신들은 땅 위에서, 이 하늘 아래에서 망하리라 하라

(렘14:14) 여호와께서 내게 이르시되 선지자들이 내 이름으로 거짓 예언을 하도다 나는 그들을 보내지 아니하였고 그들에게 명령하거나 이르지 아니 하였거늘 그들이 거짓 계시와 점술과 헛된 것과 자기 마음의 거짓으로 너희에게 예언하는도다 렘23:16

(고전8:5-6) 5 비록 하늘에나 땅에나 신이라 불리는 자가 있어 많은 신과 많은 주가 있으나
6 그러나 우리에게는 한 하나님 곧 아버지가 계시니 만물이 그에게서 났고 우리도 그를 위하여 있고 또한 한 주 예수 그리스도께서 계시니 만물이 그로 말미암고 우리도 그로 말미암아 있느니라

(고전10:14) 그런즉 내 사랑하는 자들아 우상 숭배하는 일을 피하라

(고전10:20) 무릇 이방인이 제사하는 것은 귀신에게 하는 것이요 하나님께 제사하는 것이 아니니 나는 너희가 귀신과 교제하는 자가 되기를 원하지 아니하노라

(고후11:14-15) 14 이것은 이상한 일이 아니니라 사탄도 자기를 광명의 천사로 가장하나니 갈1:8
15 그러므로 사탄의 일꾼들도 자기를 의의 일꾼으로 가장하는 것이 또

한 대단한 일이 아니니라 그들의 마지막은 그 행위대로 되리라 빌3:19

(빌2:5-11) 5 너희 안에 이 마음을 품으라 곧 그리스도 예수의 마음이니

6 그는 근본 하나님의 본체시나 하나님과 동등됨을 취할 것으로 여기지 아니하시고 또는 형체

7 오히려 자기를 비워 종의 형체를 가지사 사람들과 같이 되셨고 또는 본체

8 사람의 모양으로 나타나사 자기를 낮추시고 죽기까지 복종하셨으니 곧 십자가에 죽으심이라

9 이러므로 하나님이 그를 지극히 높여 모든 이름 위에 뛰어난 이름을 주사

10 하늘에 있는 자들과 땅에 있는 자들과 땅 아래에 있는 자들로 모든 무릎을 예수의 이름에 꿇게 하시고

11 모든 입으로 예수 그리스도를 주라 시인하여 하나님 아버지께 영광을 돌리게 하셨느니라

현대인의 눈으로 본 성경

11.
마음(생각)

　모든 사람의 '나'라는 정체성은 그 사람이 평생 살면서 겪었던 모든 기억과 지식과 경험의 총합입니다. 그것을 과학적으로 다시 말하면 '그것은 그 사람의 뇌에 기억된 모든 기억 정보의 총합'이라는 이야기입니다. 그것이 그 사람입니다. 사람이 몸의 기능은 살았어도 뇌가 죽으면 사망선고(뇌사)를 하는 이치와 같습니다.

　만약 사람의 영혼이 있다면 당연히 그 사람의 정체성을 유지해야 합니다. 그냥 멍한 에너지 같은 존재라면 아무 구원의 의미가 없습니다. 영혼은 과학적으로 굳이 설명하자면, 그 육체가 (뇌를 포함하여) 완전히 죽은 후에도 그 사람의 그 뇌에 기억되어 있던 모든 기억정보가 전자기파든, 어떤 형태로든 이 지구장 안 어딘가에 존재해야 하는 것을 말합니다. 그런데 그 영혼은 더 이상 몸(뇌)이 없으므로 그 정보가 업그레이드(새로운 경험)될 수가 없습니다. 죽는 그 순간 기억된 정보로 영원히 끝입니다. 그래서 그 순간 가지고 있던 기억들이 행복했으면 영원히 그 행복한 상태로 있는 것이고, 불행했으면 영원히 그 불행한 상태로 있는 것입니다.

그것이 성경에서 부활을 기다리는 음부나 연옥이나 스올에 있는 상태입니다. 그래서 성경에는 크리스천에게 특히 음욕과 욕심을 버리라 누누이 강조합니다. 그것이야말로 몸이 없어진 상태의 사람에게 치명적인 고통이 되기 때문입니다. 과학적으로 말하면 그것이 또한 성경에 기록된 행위책입니다. 자신의 뇌에 스스로 기록된 기억정보가 바로 그의 행위책인 것입니다. 그것으로 스스로가 심판을 받는 것입니다. 여기까지가 세상의 모든 다른 철학이나 종교 등에서 말하는 수양, 수련, 고행, 명상, 기도 등에서 얻을 수 있는 마지막입니다. 그러나 오직 성경에서만은 그다음에 모든 크리스천들의 육체의 부활을 약속하고 있습니다. 우리 크리스천들은 여기까지는 다 믿고, 그 다음부터의 부활을 안 믿을 이유가 전혀 없습니다.

그러므로 우리 크리스천은 살아생전에 자신의 삶을 항상 성찰하고 자신의 평생 기억을 좋은 것(좋은 추억)으로만 정리하고 모든 것을 사랑으로 이해하고 용서하고 마음을 깨끗이 정리하여 차후에 몸이 없어져도 영원히 살아야 할 그 기억들이 천국이 되어 있도록 미리미리 준비해 두어야 합니다. 그리고 그것이 혼자 역부족일 때에는 우리를 도와주시는 보혜사 성령님께 도움을 구해야 합니다. 그곳이 바로 내가 부활을 기다리는 곳입니다.

[천국은 우리 마음속에 있고, 또한 우리가 어떤 마음을 가지는가에 따라 천국과 지옥의 길이 갈리고, 우리가 생각하고 결정하는 것이 바로 우리가 영원히 들어갈 천국과 지옥이 됩니다. (성경에는 두 개의 심판책이

현대인의 눈으로 본 성경

나오는데, 하나는 행위책이고, 다른 하나는 생명책인데, -그 기록에 따라 심판을 받는데- 행위책은 우리 마음속에 기록되어 있고, 생명책은 성령으로 구원의 인침을 받음으로 결정됩니다. 성경에 그렇게 쓰여 있습니다.)]

(겔36:26-27) 26 또 새 영을 너희 속에 두고 새 마음을 너희에게 주되 너희 육신에서 굳은 마음을 제거하고 부드러운 마음을 줄 것이며

27 또 내 영을 너희 속에 두어 너희로 내 율례를 행하게 하리니 너희가 내 규례를 지켜 행할지라

(마5:1-12) 1 예수께서 무리를 보시고 산에 올라가 앉으시니 제자들이 나아온지라

2 입을 열어 가르쳐 이르시되

3 심령이 가난한 자는 복이 있나니 천국이 그들의 것임이요

4 애통하는 자는 복이 있나니 그들이 위로를 받을 것임이요

5 온유한 자는 복이 있나니 그들이 땅을 기업으로 받을 것임이요

6 의에 주리고 목마른 자는 복이 있나니 그들이 배부를 것임이요

7 긍휼히 여기는 자는 복이 있나니 그들이 긍휼히 여김을 받을 것임이요

8 마음이 청결한 자는 복이 있나니 그들이 하나님을 볼 것임이요

9 화평하게 하는 자는 복이 있나니 그들이 하나님의 아들이라 일컬음을 받을 것임이요

10 의를 위하여 박해를 받은 자는 복이 있나니 천국이 그들의 것임이라

11 나로 말미암아 너희를 욕하고 박해하고 거짓으로 너희를 거슬러 모

든 악한 말을 할 때에는 너희에게 복이 있나니

12 기뻐하고 즐거워하라 하늘에서 너희의 상이 큼이라 너희 전에 있던 선지자들도 이같이 박해하였느니라

(마5:16) 이같이 너희 빛이 사람 앞에 비치게 하여 그들로 너희 착한 행실을 보고 하늘에 계신 너희 아버지께 영광을 돌리게 하라

(마9:2) 침상에 누운 중풍병자를 사람들이 데리고 오거늘 예수께서 그들의 믿음을 보시고 중풍병자에게 이르시되 작은 자야 안심하라 네 죄 사함을 받았느니라

(마16:15-20) 15 이르시되 너희는 나를 누구라 하느냐

16 시몬 베드로가 대답하여 이르되 주는 그리스도시요 살아 계신 하나님의 아들이시니이다

17 예수께서 대답하여 이르시되 바요나 시몬아 네가 복이 있도다 이를 네게 알게 한 이는 혈육이 아니요 하늘에 계신 내 아버지시니라

18 또 내가 네게 이르노니 너는 베드로라 내가 이 반석 위에 내 교회를 세우리니 음부의 권세가 이기지 못하리라

19 내가 천국 열쇠를 네게 주리니 네가 땅에서 무엇이든지 매면 하늘에서도 매일 것이요 네가 땅에서 무엇이든지 풀면 하늘에서도 풀리리라 하시고

20 이에 제자들에게 경고하사 자기가 그리스도인 것을 아무에게도 이르지 말라 하시니라

현대인의 눈으로 본 성경

(마22:30-32) 30 부활 때에는 장가도 아니 가고 시집도 아니 가고 하늘에 있는 천사들과 같으니라

31 죽은 자의 부활을 논할진대 하나님이 너희에게 말씀하신 바

32 나는 아브라함의 하나님이요 이삭의 하나님이요 야곱의 하나님이로라 하신 것을 읽어 보지 못하였느냐 하나님은 죽은 자의 하나님이 아니요 살아 있는 자의 하나님이시니라 하시니 출3:6, 막12:26

(눅11:20) 그러나 내가 만일 하나님의 손을 힘입어 귀신을 쫓아낸다면 하나님의 나라가 이미 너희에게 임하였느니라

(눅16:23-26) 23 그가 음부에서 고통중에 눈을 들어 멀리 아브라함과 그의 품에 있는 나사로를 보고

24 불러 이르되 아버지 아브라함이여 나를 긍휼히 여기사 나사로를 보내어 그 손가락 끝에 물을 찍어 내 혀를 서늘하게 하소서 내가 이 불꽃 가운데서 괴로워하나이다

25 아브라함이 이르되 얘 너는 살았을 때에 좋은 것을 받았고 나사로는 고난을 받았으니 이것을 기억하라 이제 그는 여기에서 위로를 받고 너는 괴로움을 받느니라 시73:12

26 그뿐 아니라 너희와 우리 사이에 큰 구렁텅이가 놓여 있어 여기에서 너희에게 건너가고자 하되 갈 수 없고 거기에서 우리에게 건너올 수도 없게 하였느니라 사59:2

(눅16:31) 이르되 모세와 선지자들에게 듣지 아니하면 비록 죽은 자

가운데서 살아나는 자가 있을지라도 권함을 받지 아니하리라 하였다 하시니라 요11:46

→ 모든 사람이 죽은 후 부활을 기다리는 곳을 신학적으로 중간지대라고 하는데 개신교에서는 음부(음부에는 착한 사람이 가는 곳이 있고, 악한 사람이 가는 곳이 음부 안에 별도로 있습니다.)라 하고, 카톨릭에서는 연옥(연옥은 불완전한 자가 완성되어 천국으로 가는 정화의 장소)이라 합니다.

(눅18:17) 내가 진실로 너희에게 이르노니 누구든지 하나님의 나라를 어린 아이와 같이 받아들이지 않는 자는 결단코 거기 들어가지 못하리라 하시니라

(눅21:32-33) 32 내가 진실로 너희에게 말하노니 이 세대가 지나가기 전에 모든 일이 다 이루어지리라
33 천지는 없어지겠으나 내 말은 없어지지 아니하리라

(눅21:34-36) 34 ○너희는 스스로 조심하라 그렇지 않으면 방탕함과 술취함과 생활의 염려로 마음이 둔하여지고 뜻밖에 그 날이 덫과 같이 너희에게 임하리라
35 이 날은 온 지구상에 거하는 모든 사람에게 임하리라
36 이러므로 너희는 장차 올 이 모든 일을 능히 피하고 인자 앞에 서도록 항상 기도하며 깨어 있으라 하시니라

현대인의 눈으로 본 성경

(요5:29) 선한 일을 행한 자는 생명의 부활로, 악한 일을 행한 자는 심판의 부활로 나오리라 고전15:52

(요15:12) 내 계명은 곧 내가 너희를 사랑한 것 같이 너희도 서로 사랑하라 하는 이것이니라

(롬1:17) 복음에는 하나님의 의가 나타나서 믿음으로 믿음에 이르게 하나니 기록된 바 오직 의인은 믿음으로 말미암아 살리라 함과 같으니라

(롬5:1-5) 1 그러므로 우리가 믿음으로 의롭다 하심을 받았으니 우리 주 예수 그리스도로 말미암아 하나님과 화평을 누리자 또는 믿음으로 서 있는 이 은혜에 들어감을 우리로 얻게 하신 우리 주 예수 그리스도로 말미암아 하나님으로 더불어 화평을 누리며

2 또한 그로 말미암아 우리가 믿음으로 서 있는 이 은혜에 들어감을 얻었으며 하나님의 영광을 바라고 즐거워하느니라

3 다만 이뿐 아니라 우리가 환난 중에도 즐거워하나니 이는 환난은 인내를,

4 인내는 연단을, 연단은 소망을 이루는 줄 앎이로다

5 소망이 우리를 부끄럽게 하지 아니함은 우리에게 주신 성령으로 말미암아 하나님의 사랑이 우리 마음에 부은 바 됨이니 딛3:6

(롬7:21-25) 21 그러므로 내가 한 법을 깨달았노니 곧 선을 행하기 원하는 나에게 악이 함께 있는 것이로다

22 내 속사람으로는 하나님의 법을 즐거워하되

23 내 지체 속에서 한 다른 법이 내 마음의 법과 싸워 내 지체 속에 있는 죄의 법으로 나를 사로잡는 것을 보는도다

24 오호라 나는 곤고한 사람이로다 이 사망의 몸에서 누가 나를 건져내랴

25 우리 주 예수 그리스도로 말미암아 하나님께 감사하리로다 그런즉 내 자신이 마음으로는 하나님의 법을 육신으로는 죄의 법을 섬기노라

(고전2:16) 누가 주의 마음을 알아서 주를 가르치겠느냐 그러나 우리가 그리스도의 마음을 가졌느니라 사40:13

(고후4:6-7) 6 어두운 데에 빛이 비치라 말씀하셨던 그 하나님께서 예수그리스도의 얼굴에 있는 하나님의 영광을 아는 빛을 우리 마음에 비추셨느니라

7 ○우리가 이 보배를 질그릇에 가졌으니 이는 심히 큰 능력은 하나님께 있고 우리에게 있지 아니함을 알게 하려 함이라

(엡4:30) 하나님의 성령을 근심하게 하지 말라 그 안에서 너희가 구원의 날까지 인치심을 받았느니라

(빌2:3) 아무 일에든지 다툼이나 허영으로 하지 말고 오직 겸손한 마음으로 각각 자기보다 남을 낮게 여기고

현대인의 눈으로 본 성경

(엡4:32) 서로 친절하게 하며 불쌍히 여기며 서로 용서하기를 하나님이 그리스도 안에서 너희를 용서하심과 같이 하라

12.
신이 된 인간

　처음에 하나님들(엘로힘)이 사람을 그들의 모양과 형상대로만 만들었는데(진화의 원리대로만 만들어진 창세기 1장의 영혼이 없는 인간), 여호와 하나님(야웨)이 그 인간을 너무 사랑하셔서 인간에게 생기를 불어넣은 후 사람은 생령(창세기 2장의 영적인 존재)이 되었습니다. 그런 후 인간은 해서는 안 될 선악을 알게 하는 나무의 열매를 먹고, 바로 옷 벗은 것을 알게 되고, 부끄러워 나뭇잎으로 몸을 가리고(개념을 가지게 된 것이고, 무엇이든 자유롭게 선택할 수 있는 능력을 소유하게 되고, 그것이 하나님들에겐 '선악을 아는 일에 하나님들과 같이 된 것')으로 여겨지고 (인간이 神이 된 것임), 인간은 생명을 잃게 되고(흙으로 다시 돌아가는 사망을 얻게 됨), 그래서 지극히 높은 분으로부터 여호와 하나님은 이스라엘만 얻게 되고, 대신, 후에 그의 아들 예수님이 이 땅에 인간의 모습으로 와서 대신 죽고, 하늘엔 다시 평화가 오고, 지극히 높은 곳에서는 영광이 되었고, 그 후에야 모든 인간에겐 다시 하나님이 영(성령)으로 오게 되고, 인간은 다시 생명(영생)을 얻게 되었습니다. 그리고… 하나님은 후에 이 세상을 모두 불못에 넣고 새 하늘과 새 땅으로 세상을 재창조를 하시게 되고, 성령으로 인침을 받고, 새 영을 받아 구원받은 인간만 새 육체를

현대인의 눈으로 본 성경

다시 가진 부활로 다시 살아나 영원히 새로운 세상에서 하나님과 같은 영생하는 신들로서 하나님들과 함께 영원히 살게 되는 것입니다.

이것이 진실로 성경에서 말하는 구원입니다.

→ 성경에 그렇게 써져 있습니다. 성경을 믿는다면 이런 사실들을 믿어야 합니다.

(창1:26-27) 26 *하나님이 이르시되 우리의 형상을 따라 우리의 모양대로 우리가 사람을 만들고 그들로 바다의 물고기와 하늘의 새와 가축과 온 땅과 땅에 기는 모든 것을 다스리게 하자 하시고*
27 하나님이 자기 형상 곧 하나님의 형상대로 사람을 창조하시되 남자와 여자를 창조하시고

(창2:4-9) 4 ○이것이 천지가 창조될 때에 하늘과 땅의 내력이니 여호와 하나님이 땅과 하늘을 만드시던 날에
5 여호와 하나님이 땅에 비를 내리지 아니하셨고 땅을 갈 사람도 없었으므로 들에는 초목이 아직 없었고 밭에는 채소가 나지 아니하였으며
6 안개만 땅에서 올라와 온 지면을 적셨더라
7 여호와 하나님이 땅의 흙으로 사람을 지으시고 생기를 그 코에 불어넣으시니 사람이 생령이 되니라
8 여호와 하나님이 동방의 에덴에 동산을 창설하시고 그 지으신 사람을 거기 두시니라
9 여호와 하나님이 그 땅에서 보기에 아름답고 먹기에 좋은 나무가 나

게 하시니 동산 가운데에는 생명 나무와 선악을 알게 하는 나무도 있더라 겔31:8

(창3:5-7) 5 *너희가 그것을 먹는 날에는 너희 눈이 밝아져 하나님과 같*
이 되어 선악을 알 줄 하나님이 아심이니라

6 여자가 그 나무를 본즉 먹음직도 하고 보암직도 하고 지혜롭게 할 만
큼 탐스럽기도 한 나무인지라 여자가 그 열매를 따먹고 자기와 함께 있는
남편에게도 주매 그도 먹은지라

7 이에 그들의 눈이 밝아져 자기들이 벗은 줄을 알고 무화과나무 잎을
엮어 치마로 삼았더라

(창3:11) 이르시되 누가 너의 벗었음을 네게 알렸느냐 내가 네게 먹지
말라 명한 그 나무 열매를 네가 먹었느냐

(창3:22-24) 22 ○여호와 하나님이 이르시되 보라 이 사람이 선악을 아
는 일에 우리 중 하나 같이 되었으니 그가 그의 손을 들어 생명나무 열
매도 따먹고 영생할까 하노라 하시고

23 여호와 하나님이 에덴동산에서 그를 내보내어 그의 근원이 된 땅을
갈게 하시니라

24 이같이 하나님이 그 사람을 쫓아내시고 에덴동산 동쪽에 그룹들과
두루 도는 불 칼을 두어 생명나무의 길을 지키게 하시니라

(창5:2-3) 2 남자와 여자를 창조하셨고 그들이 창조되던 날에 하나님이

현대인의 눈으로 본 성경

그들에게 복을 주시고 그들의 이름을 사람이라 일컬으셨더라

3 아담은 백삼십 세에 자기의 모양 곧 자기의 형상과 같은 아들을 낳아 이름을 셋이라 하였고

(시82:6-8) 6 내가 말하기를 너희는 신들이며 다 지존자의 아들들이라 하였으나 요10:34

7 그러나 너희는 사람처럼 죽으며 고관의 하나 같이 넘어지리로다

8 하나님이여 일어나사 세상을 심판하소서 모든 나라가 주의 소유이기 때문이니이다

(시110:4) 여호와는 맹세하고 변하지 아니하시리라 이르시기를 너는 멜기세덱의 서열을 따라 영원한 제사장이라 하셨도다

(마5:44-45) 44 나는 너희에게 이르노니 너희 원수를 사랑하며 너희를 박해하는 자를 위하여 기도하라

45 이같이 한즉 하늘에 계신 너희 아버지의 아들이 되리니 이는 하나님이 그 해를 악인과 선인에게 비추시며 비를 의로운 자와 불의한 자에게 내려주심이라

(마5:48) 그러므로 하늘에 계신 너희 아버지의 온전하심과 같이 너희도 온전하라

(마10:40) ○너희를 영접하는 자는 나를 영접하는 것이요 나를 영접하는 자는 나를 보내신 이를 영접하는 것이니라

(마22:30-32) 30 부활 때에는 장가도 아니 가고 시집도 아니 가고 하늘에 있는 천사들과 같으니라

31 죽은 자의 부활을 논할진대 하나님이 너희에게 말씀하신 바

32 나는 아브라함의 하나님이요 이삭의 하나님이요 야곱의 하나님이로라 하신 것을 읽어 보지 못하였느냐 하나님은 죽은 자의 하나님이 아니요 살아 있는 자의 하나님이시니라 하시니 출3:6, 막12:26

(막1:9-11) 9 ○그 때에 예수께서 갈릴리 나사렛으로부터 와서 요단 강에서 요한에게 세례를 받으시고

10 곧 물에서 올라오실새 하늘이 갈라짐과 성령이 비둘기 같이 자기에게 내려오심을 보시더니 요1:32

11 <u>하늘로부터 소리가 나기를 너는 내 사랑하는 아들이라 내가 너를 기뻐하노라 하시니라</u>

(마4:1-11; 눅4:1-13) 시험을 받으시다

(막1:12) ○성령이 곧 예수를 광야로 몰아내신지라

(막3:30) 이는 그들이 말하기를 더러운 귀신이 들렸다 함이러라

(마12:46-50; 눅 8:19-21) 예수의 어머니와 형제 자매

(막3:31-35) 31 ○그 때에 예수의 어머니와 동생들이 와서 밖에 서서 사람을 보내어 예수를 부르니 눅8:19

32 무리가 예수를 둘러앉았다가 여짜오되 보소서 당신의 어머니와 동

생들과 누이들이 밖에서 찾나이다 마13:55, 요7:3

33 대답하시되 누가 내 어머니이며 동생들이냐 하시고

34 둘러앉은 자들을 보시며 이르시되 내 어머니와 내 동생들을 보라

35 누구든지 하나님의 뜻대로 행하는 자가 내 형제요 자매요 어머니이
니라

(막16:14-18) 14 ○그 후에 열한 제자가 음식 먹을 때에 예수께서 그들
에게 나타나사 그들의 믿음 없는 것과 마음이 완악한 것을 꾸짖으시니
이는 자기가 살아난 것을 본 자들의 말을 믿지 아니함일러라 눅24:36, 요
20:19, 고전15:5

15 또 이르시되 너희는 온 천하에 다니며 만민에게 복음을 전파하라

16 믿고 세례를 받는 사람은 구원을 얻을 것이요 믿지 않는 사람은 정
죄를 받으리라

17 믿는 자들에게는 이런 표적이 따르리니 곧 그들이 내 이름으로 귀신
을 쫓아내며 새 방언을 말하며

18 뱀을 집어 올리며 무슨 독을 마실지라도 해를 받지 아니하며 병든
사람에게 손을 얹은즉 나으리라 하시더라 눅10:19, 행28:5

(막16:19-20) 19 ○ 주 예수께서 말씀을 마치신 후에 하늘로 올려지사
하나님 우편에 앉으시니라

20 제자들이 나가 두루 전파할새 주께서 함께 역사하사 그 따르는 표적
으로 말씀을 확실히 증언하시니라 행5:12, 히2:4

(요10:33-36) 33 유대인들이 대답하되 선한 일로 말미암아 우리가 너를 돌로 치려는 것이 아니라 신성모독으로 인함이니 네가 사람이 되어 자칭 하나님이라 함이로라 요10:29

34 *예수께서 이르시되 너희 율법에 기록된 바 내가 너희를 신이라 하였노라 하지 아니하였느냐 시82:6*

35 *성경은 폐하지 못하나니 하나님의 말씀을 받은 사람들을 신이라 하셨거든*

36 하물며 아버지께서 거룩하게 하사 세상에 보내신 자가 나는 하나님의 아들이라 하는 것으로 너희가 어찌 신성모독이라 하느냐

→ 성경이 사실이라면 하나님도 하나님의 말씀을 받은 사람을 신이라 했습니다.

(롬8:14) 무릇 하나님의 영으로 인도함을 받는 사람은 곧 하나님의 아들이라

(롬8:19) 피조물이 고대하는 바는 하나님의 아들들이 나타나는 것이니

(롬8:29) *하나님이 미리 아신 자들을 또한 그 아들의 형상을 본받게 하기 위하여 미리 정하셨으니 이는 그로 많은 형제 중에서 맏아들이 되게 하려 하심이니라*

→ *그래서 예수님이 하나님의 맏아들이 된 것입니다.*

현대인의 눈으로 본 성경

(고전15:35) 누가 묻기를 죽은 자들이 어떻게 다시 살아나며 어떠한 몸으로 오느냐 하리니

(고전15:44) 육의 몸으로 심고 신령한 몸으로 다시 살아나나니 육의 몸이 있은즉 또 영의 몸도 있느니라

(고전15:51-53) 51 보라 내가 너희에게 비밀을 말하노니 우리가 다 잠잘 것이 아니요 마지막 나팔에 순식간에 홀연히 다 변화되리니
52 나팔 소리가 나매 죽은 자들이 썩지 아니할 것으로 다시 살아 나고 우리도 변화되리라
53 이 썩을 것이 반드시 썩지 아니할 것을 입겠고 이 죽을 것이 죽지 아니함을 입으리로다

→ 성경이 사실이라면 부활은 어떤 한순간에 죽은 자나 산 자나 홀연히 다 변화된다는 것입니다.

(갈3:26) 너희가 다 믿음으로 말미암아 그리스도 예수 안에서 하나님의 아들이 되었으니

(빌3:20) 그러나 우리의 시민권은 하늘에 있는지라 거기로부터 구원하는 자 곧 주 예수 그리스도를 기다리노니

→ 성경이 사실이라면 하나님의 아들들은 하늘에서 그리스도를 기다

립니다.

(살전4:16-17) 16 주께서 호령과 천사장의 소리와 하나님의 나팔 소리로 친히 하늘로부터 강림하시리니 그리스도 안에서 죽은 자들이 먼저 일어나고

17 그 후에 우리 살아 남은 자들도 그들과 함께 구름 속으로 끌어 올려 공중에서 주를 영접하게 하시리니 그리하여 우리가 항상 주와 함께 있으리라

(벧후1:21) 예언은 언제든지 사람의 뜻으로 낸 것이 아니요 오직 성령의 감동하심을 받은 사람들이 하나님께 받아 말한 것임이라

(계21:3) 내가 들으니 보좌에서 큰 음성이 나서 이르되 보라 하나님의 장막이 사람들과 함께 있으매 하나님이 그들과 함께 계시리니 그들은 하나님의 백성이 되고 하나님은 친히 그들과 함께 계셔서 레26:11

→ 성경이 사실이라면 세상의 종말 후에는(인류의 멸종이든, 지구의 종말이든, 이 우주의 종말이든) 하나님의 장막이 사람과 함께 있고 하나님도 사람과 친히 함께 계셔서 친히 사람들을 보살펴 주신다는 것입니다.

→ 이는 처음 것들은 다 지나갔기 때문입니다. 또한 하나님은 그때 만물을 새롭게 하노라고 선포하십니다. 이것이 성경에서 말하는 마지막 구원이고 영생이고 천국이고 행복이고 완성입니다.

현대인의 눈으로 본 성경

(계21:4-7) 4 모든 눈물을 그 눈에서 닦아주시니 다시는 사망이 없고 애통하는 것이나 곡하는 것이나 아픈 것이 다시 있지 아니하리니 처음 것들이 다 지나갔음이러라 (인간도 부활한 그때에는 다시는 사망이 없는 존재입니다.)

5 보좌에 앉으신 이가 이르시되 보라 내가 만물을 새롭게 하노라 하시고 또 이르시되 이 말은 신실하고 참되니 기록하라 하시고

6 또 내게 말씀하시되 이루었도다 나는 알파와 오메가요 처음과 마지막이라 내가 생명수 샘물을 목마른 자에게 값없이 주리니

7 이기는 자는 이것들을 상속으로 받으리라 나는 그의 하나님이 되고 그는 내 아들이 되리라

(계22:1-5) 1 또 그가 수정 같이 맑은 생명수의 강을 내게 보이니 하나님과 및 어린양의 보좌로부터 나와서 창2:10, 겔47:1

2 길 가운데로 흐르더라 강 좌우에 생명나무가 있어 열두 가지 열매를 맺되 달마다 그 열매를 맺고 그 나무 잎사귀들은 만국을 치료하기 위하여 있더라 겔47:12

3 다시 저주가 없으며 하나님과 그 어린양의 보좌가 그 가운데에 있으리니 그의 종들이 그를 섬기며

4 그의 얼굴을 볼 터이요 그의 이름도 그들의 이마에 있으리라

5 다시 밤이 없겠고 등불과 햇빛이 쓸 데 없으니 이는 주 하나님이 그들에게 비치심이라 그들이 세세토록 왕 노릇 하리로다

→ 그때에는 하나님도 얼굴로 나타나셔서 우리 사람들도 하나님을 직

접 얼굴로 보며 영원히 함께할 것입니다. 이것이 마지막 "성경 속의 사실과 진실"입니다.

현대인의 눈으로 본 성경

　지금까지 성경에는 여러 풀리지 않은 난제들이 있었습니다. 그 난제들로 인하여 크리스천들이 신앙생활이나 선교에 많은 어려움을 겪은 것이 사실이었고, 불신자들이나 타 종교인들 역시 성경에 접근하는 일에 어려움을 겪었습니다.

　그 난제들은 먼저,

　왜 하나님이 세상과 사람을 창조하셨는가에 있었습니다. 또 성경이 말하는 세상의 역사 연대와 과학적 근거에 의한 세상과 우주의 역사 연대가 왜 다른가에 있었습니다.

　그리고 왜 성경에는 사람을 창조하신 기록이 두 번 기록되어 있는가?

　천국은 어디에 있으며 그 의미는 구체적으로 무엇인가?

　하늘의 그들은 누구이며, 왜 성경에는 '하나님'을 '하나님들'이라 복수형으로 기록하고 있는가?

　성경에 기록된 불못은 무엇인가?

　그 불못은 실제로 존재하는가?

　처음 하늘과 처음 땅이 두루마리처럼 말려 사라지고 새 하늘과 새 땅이 하늘에서 내려온다는 것은 신화인가, 사실인가?

　사람이 몸으로 다시 부활한다는 것이 실제로 가능한가?

휴거는 무엇인가?

그것 또한 말 그대로 믿음으로만 존재하는 신화인가?

사람이 선악과(善惡果) 하나 먹었다고 그것이 이리도 험한 죄가 되어 영원히 사람을 죄라는 속박 아래 가두어 놓는가?

심판을 하는 두 책, 행위책과 생명책은 무엇인가?

음부는 무엇이며, 어디에 있는가? 등 등…입니다.

이 책을 여기까지 읽은 독자들은 이제 그 답을 얻게 되었을 것입니다. 지금까지 이 책의 내용은 모두 성경을 있는 그대로, 과학적 사실을 있는 그대로 기록한 것입니다.

그 결과 성경이야말로 모든 과학적 사실들과 인간이 사유하고 있는 모든 철학적, 종교적, 인문적 행위를 포함할 뿐만 아니라, 그 모든 것의 근본이 된다는 결론에 이르게 되었습니다.

현대 과학과 현대인의 관점에서 봐도 성경은 명백한 진실입니다.

이것은 그냥 맹목적인 믿음이 아니라, 지금까지 이 책 "현대인의 눈으로 본 성경"에서 본 대로 세상의 모든 것을 대비해 볼 때에 성경 안에는 세상의 모든 것이 녹아 있기 때문입니다.

이제, 특히 크리스천들은 모든 의문과 불확실한 믿음에서 벗어나, 오직 "주는 그리스도시요, 살아계시는 하나님의 아들이십니다."라고 고백하고, 예수님을 자신의 구세주(救世主)로 받아들이고, 몸과 마음을 스스로 성찰하여 깨끗하고 행복한 상태로 유지하고, 항상 지금 이 상태가 바로 천국의 현현인 것을 인식하고, 늘 감사하며, 살아서도, 죽어서도, 즉시 크신 사랑의 성령의 안으로 값없이 들어가 기쁨 속에서 부활을 준비하면 되는 것입니다. 그리고 힘든 것이 있으면 무엇이든 언제든지 하나님께 도움을 구하십시오. 그러면 도와주실 것입니다.

그리고 현재 어떤 종교나 철학을 가지고 있는 독자라 할지라도 모든 사람들의 가장 중요한 행복의 근원은 바로 지금의 '나'입니다. 온 우주에 하나밖에 없는 존재로서의 신기하고, 신비로운 '나'입니다. 현재 내 몸이 살로 만져지고, 사랑이 느껴지고, 아름다움과 충만감을 느끼고 있는 지금 이 순간의 '나'야말로 진짜 행복입니다. 이것은 지금 살아 있는 모든 사람이 다 가지고 있는 (세상 어떤 것보다 소중한) 재산입니다. 이것을 누리시기 바랍니다.

그때에는 하나님도 얼굴로 나타나시고, 우리 사람들도 하나님을 직접 얼굴로 보며 영원히 함께할 것입니다. 이것이 성경 속의 마지막 "진실"입니다.

끝

현대인의
눈으로 본 성경

ⓒ 정명철, 2024

초판 1쇄 발행 2024년 2월 2일

지은이   정명철
펴낸이   이기봉
편집   좋은땅 편집팀
펴낸곳   도서출판 좋은땅
주소   서울특별시 마포구 양화로12길 26 지월드빌딩 (서교동 395-7)
전화   02)374-8616~7
팩스   02)374-8614
이메일   gworldbook@naver.com
홈페이지 www.g-world.co.kr

ISBN   979-11-388-2739-3 (03230)